よくわか

〔気

三木義一　編著

有斐閣選書

第18版　は し が き

　本書も，おかげさまで多くの読者に支えられてきました。

　この 1 年も，ウクライナ情勢の影響，能登半島地震への支援，子育て支援など国の財政課題が重要になっています。そのため，今回も税のあり方について考えてもらいたい，税法について学んでほしいという思いを込めて，改訂にあたりました。

　また，本書で扱ってきた消費税のインボイス制度が施行され，様々な問題が生じてきているように思います。こうした基本問題を中心に，難解といわれる税法の問題について，このシリーズではかみ砕いて解説するように心がけています。税法に関心を持ってもらい，理論的に考えて問題に対応してほしいからです。ですから，この本は簡単にわかったつもりにさせる本でもないし，結論だけを書いている本でもありません。税法のおもしろさを実感し，さらに専門的に勉強しようという気持ちになってもらい，税理士や弁護士等の税法の専門家を目指してほしいという願いを込めています。

　本書を通じて，計算が中心だと思っていた税法が，法的な理論を中心とする学問分野であることを感じてもらえたら，こんなうれしいことはありません。

　2024 年 2 月

執筆者一同

初　版　はしがき

　税法というと，税額計算のための法で，技術的でとても難解だという
イメージを持たれているようです。しかし，税法は憲法や民法等の基本
的な法分野と密接に関係し，人々の日常生活に深く関わっています。た
とえば，税負担問題を考慮しないで，不動産売買契約を締結する人は通
常いないはずですし，相続税負担を考慮しないで遺産分割をすることも
通常はないはずです。ですから，大学卒業後，刑法のお世話になる人は
あまりいないはずですが，税法はほぼ全員に関わってきます。それだけ
に学生に税法の面白さ，楽しさを感じてもらい，税法に関心を持っても
らいたいと考えてきました。

　そのために，この本では，従来の教科書とは少し視点を変え，また，
解説方法も少し工夫してみました。

　まず，取り上げるテーマを学生にとって身近なものにし，それを質問
形式にし，学生と税理士との会話を通じて学生が誤解しやすい論点を解
きほぐした上で，解説することにしてみました。取り上げたテーマは全
部で28となり，それを体系的に編成しています。これらのテーマが本当
に学生にとって身近なものなのか，それとも私が面白がっているだけな
のかは，読者の批判を待ちたいと思います。なお，税理士を登場させた
のは，税理士はまだまだ単に税の計算をする専門家と誤解されているか
らで，この機会に税理士は税法という特殊法の法律専門家でもあること
を理解してもらいたかったからです。『税研』という税の専門誌に「税
理士・春香の事件簿」というのを連載していますので，この税理士・春
香さんにこの本でも登場してもらうことにしました。

　次に，税法をわかりやすく解説するためには，どうしても図表等が必
要になります。改正が激しい税法で図表を用いるのは，すぐに図表が古

くなるという意味で冒険なのですが，あえて多くの図表を用いました。

　以上の方法に力点を置いたため，教科書的な解説の部分は必要最小限の記述となり，教科書としてはもう少し記述した方がよいところも少なくないかもしれません。ただ，入門書としての手軽さをこの本では重視しましたので，もう少し調べたいと思った方は，優れた税法の教科書が多くありますので，それらを是非参照してください。

　この本を読んだ方が，税法の中に数式ではなく，人々の生活の息吹や社会の動きを感じ取って，税法の面白さを少しでも理解してくれたら，私としてはこんなうれしいことはありません。

　　2001 年 7 月

三 木 義 一

目　　次

第18版　は　し　が　き
初　版　は　し　が　き
凡　　例
執筆者紹介

凡　　例

行訴法	行政事件訴訟法
刑訴法	刑事訴訟法
憲法	日本国憲法
自治法	地方自治法
酒規	酒税法施行規則
酒法	酒税法
酒令	酒税法施行令
消法	消費税法
消令	消費税法施行令
所基通	所得税基本通達
所法	所得税法
所令	所得税法施行令
相法	相続税法
措法	租税特別措置法
地法	地方税法
徴法	国税徴収法
通法	国税通則法
法法	法人税法
法令	法人税法施行令
民訴法	民事訴訟法
最判	最高裁判所判決
高判	高等裁判所判決
地判	地方裁判所判決

民集	最高裁判所民事判例集
刑集	最高裁判所刑事判例集
行集	行政事件裁判例集
判時	判例時報
判タ	判例タイムズ
訟月	訟務月報
税資	税務訴訟資料

執筆者紹介（50音順）（＊は編著者）

■伊川　正樹（9〜13章，23章担当）
名城大学法学部教授

■奥谷　健（1〜5章，17〜18章担当）
広島修道大学法学部教授

■木山　泰嗣（25〜29章担当）
青山学院大学法学部教授，弁護士

■藤間　大順（6〜8章担当）
神奈川大学法学部准教授

■三木　義一（プロローグ，エピローグ担当）＊
青山学院大学元学長，弁護士

■望月　爾（19〜22章，24章担当）
立命館大学法学部教授

■安井　栄二（14〜16章担当）
立命館大学法学部教授

Easy to Comprehend Introduction to Japanese Tax Law

プロローグ

ゼミ初日・春香税理士のご挨拶

　税法を学ぶ皆さん，こんにちは。私もこの大学の法学部で税法ゼミを専攻し，その後大学院に進み，税理士試験合格後，実務経験を経て，数年前に税理士として登録した新米税理士です。税理士だから税金問題は何でも答えられると思われているのですが，実際は大変で，毎日緊張の連続です。専門家というのは毎日が勉強で，それに耐えられるから専門家なのだと，最近つくづく思います。税法は種類も多いし，民法や商法，さらには行政法や憲法の問題とも密接に絡んでいます。いろいろわからないことが多く，事務所の所長やゼミの先生にご迷惑をおかけしています。先日も，ゼミの先生に相談したら，いっそのことゼミに参加して，後輩の学生たちに刺激を与えてくれ，といわれました。そこで，私も学生時代に戻って，基本的な問題をもう一度考え直してみたいと思い，ゼミに参加することにしました。私の質問に，皆さんも一緒によ〜く考えてください。

ゼミの先生のご挨拶

　ということで，君たちの先輩税理士が今年はゼミに参加してくれることになりました。彼女は学生時代から問題意識が鋭かったから，君たちにとって良い刺激になると思いますし，税法が君たち学生の日常生活とも密接な関係があることをわかりやすく教えてくれると思います。先輩と活発に議論してもらって，私が出る幕はできるだけ少なくしましょう。

第1章 税って何?

【税の意義】

春香の質問　1

> 　皆さん,「税」法の勉強を始めますが, まず, 日本にはどんな種類の税金があるのか調べてください。そもそも「税法」という法律があるのでしょうか。
>
> 　また「税」って何でしょうか。大学生の皆さんが小学生や中学生に「『税』って何ですか?」と聞かれたら, どう答えますか?

ゼミ　1-1

市木：税金の種類?　まず, 最近話題の消費税, それに所得税, それから相続税もありますね。

春香：消費税の税率が上がってみんなの興味が消費税に向いているわね。消費税の税収も本当に増えてきて, 国の税収の中心になってきたわね。

仁木：本当ですね。**資料1-1**を見ると, 消費税の税収は3番目に多くなっている。それに対して, 相続税って意外に少ないんですね。

市木：それにしても, ずいぶんたくさんの税金があるんだな。一体どれだけ税金があるんだろう。

春香：**資料1-2**が主な税金よ。

市木：こんなにあるんですか!?　こんなの全部勉強しないといけな

資料 1 - 1 国税・地方税の内訳

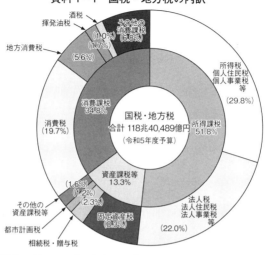

※財務省HP(https://www.mof.go.jp/tax_policy/summary/condition/a01.htm)より。

いなんて大変ですよ。

仁木:私も無理です。先輩は全部わかるのですか?

春香:まさか。そんな人いないわよ。先生だってそうよ。必要なと
きにどうやって調べるのか,という基本が身についていれば
大丈夫よ。ね,先生。

解説 1 - 1

日本にはたくさんの種類の税金があります。この税金の種類と同

資料1−2　国税・地方税の税目・内訳

	国　税	地方税		国　税	地方税
所得課税	所得税 法人税 地方法人税 特別法人事業税 復興特別所得税	住民税 事業税	消費課税	消費税 酒税 たばこ税 たばこ特別税 揮発油税 地方揮発油税 石油ガス税 航空機燃料税 石油石炭税 電源開発促進税 自動車重量税 国際観光旅客税 関税 とん税 特別とん税	地方消費税 地方たばこ税 ゴルフ場利用税 軽油引取税 自動車税 （環境性能 割・種別割） 軽自動車税 （環境性能 割・種別割） 鉱区税 狩猟税 鉱産税 入湯税
資産課税等	相続税・贈与税 登録免許税 印紙税	不動産取得税 固定資産税 特別土地保有税 法定外普通税 事業所税 都市計画税 水利地益税 共同施設税 宅地開発税 国民健康保険税 法定外目的税			

※財務省HP（https://www.mof.go.jp/tax_policy/summary/condition/a01.htm）より。

様に個別の税法も多数あります。つまり，税法というのは，民法や商法などのような個別の法律ではなく，税に関する法律の総称なのです。そして，これからそのすべてについて理解するということは不可能です。ですから，この授業では，税法について，必要なときにどうやって調べるのか，どう考えたらいいのか，という基本を身につけてもらいたいと思います。

☆理論上の体系

　では，どうやって勉強していくのでしょうか。この教科書では，次のような理論上の体系に基づいて解説していきます。多くの税法の教科書は，税法の基本原則から始まって，租税実体法，租税手続

法，税務争訟法，租税処罰法という順番で構成されています。

　①基本原則では，憲法が要求している租税法律主義を中心に各個別税法に共通する原則を解説しています。本書では第5章までがこの部分に該当します。

　②**租税実体法**というのは各個別税法のうち，どういう要件を満たすと，納税義務が成立するのか（課税要件）ということを解説したものです。たとえば，所得税は所得に課税されるのですが，どのような利得が所得に該当し，かつ，何所得に分類され，必要経費等をどう控除し，納税義務はいくら生じるのかということが，この領域の問題です。すべての税の課税要件を具体的に解説するのは本書では不可能ですので，所得税法を中心に，相続税法や消費税法等の主要な個別税法の基本的な考え方に絞って解説することにします。本書では第6章から第24章までがこの部分に該当します。

　③**租税手続法**というのは，成立した納税義務が具体的に納付されるまでの手続を解説する部分です。所得税は，所得を得た人が1年間に得た所得に対して課税されるものですが，具体的には納税者自身が行う申告で確定し，納付するのが原則です。この申告が税務署の考えと異なると，申告を修正するか（修正申告），もしくは更正処分を受け，場合によっては滞納処分を受けることになります。本書では第25章と第26章がこれに該当します。

　④**租税争訟法**というのは，不利益な更正処分等を受けた納税者が救済を受けるための手続を解説する部分です。通常は税務署長に対する再調査の請求，国税不服審判所での審査請求の両方または審査請求のみを経て，裁判所への訴訟提起ということになります。本書では第28章と第29章がこれに該当します。

　⑤**租税処罰法**は，脱税をした場合にどのような制裁があるかを解説したものです。税金を減らしたいと考えるのは当然ですが，違法

な行為を通じて税金を減らすと脱税になります。脱税に対する社会的批判も強く，実刑判決も出ていますので，甘く見てはいけません。本書では第27章でこの問題を概説しています。

ゼミ　1-2

春香：ところで，さっきの質問の答えわかった？

市木：いきなり，「税金って何」って聞かれてもあまり考えたことないですよ。

仁木：私もそうです。税金って何なのでしょう。改めて聞かれると難しいです。

春香：でしょう。「税」って何なのか，ということを考えるのは結構大変なのよ。
たとえば，買い物の時に「消費税」っていわれて10％を本体価格とは別に払っているわよね。あの「消費税」は誰に払っているの？

市木：簡単です。お店の人ですよ。

春香：お店の人に税金を払うの？　憲法では30条に納税の義務が定められているけど，誰に納税する義務を負うの？

仁木：それは国ではないんですか？

春香：じゃあ，買い物の時に払っている「消費税」はお店の人に払っているのなら，税金ではなくなるわね。

市木：え〜？　じゃあ，買い物の時に支払っている「消費税」は税金じゃないってことですよね？　あれは何なんですか？　税金って何なのか，わからなくなってきましたよ。

春香：市木君が，小学生や中学生に「税金って何ですか？」と聞かれたら，どう教えてあげるの？

市木：う〜ん。国とかが必要なお金のために，国民が払わなければ

　　　ならないお金，とかってどうでしょう。

仁木：あの……確か，税金というのは国に対する会費のようなもの
　　　だとかいう説明を聞いたようなことがあったのを思い出した
　　　んですけど。

春香：そうね，国税庁のHPには「税金は，民主主義国家の国民に
　　　とって，共同社会を維持するためのいわば『会費』といえる
　　　でしょう」という説明があったわね。

市木：会費か。いいですね，わかりやすくて。

春香：市木君，確かに，国民として日本に住んでいるから，そのた
　　　めの会費といわれれば納得しやすいわね。でも，市木君は税
　　　金，そうね，たとえば所得税を払っているの？

市木：いいえ，アルバイトはしていますが，税金を払うほどバイト
　　　代をもらったことがありません。

春香：ということは，市木君は会費を払っていないことになるわ。
　　　サークルなどで会費を払わなかったらどうなる？　退部にな
　　　ったりしない？　市木君は税金を払っていないから日本国民
　　　ではなくす，なんてことあるのかしら？

市木：先輩，なんだか意地が悪いですね。そんなことはないと思い
　　　ますよ。だって，僕は消費税をきちんと払ってます。

春香：あら，さっき買い物の時に払う「消費税」は国に払っていな
　　　いから，税金じゃないとかいってなかった？

仁木：払わなくても国外に追放されたりしないから，純粋な「会
　　　費」じゃなくて，「いわば『会費』といえるでしょう」なん
　　　ですか？

春香：税金って何なのか，とっても難しいわよね。どう考えたらい
　　　いのかしら。先生，お願いします。

解説　1-2

　「税」とは何か，ということを定義づけることは非常に難しい問題です。しかし，国や地方公共団体が，国民に公共サービスを提供するためには資金が必要です。その資金を調達するために「税」というものがあるといえるでしょう。その意味で国は，「国や地方公共団体は，行政活動を通じ，私たちの生活に欠かすことのできない公共サービスなどを提供していますが，そのような活動に必要な費用を，私たちは税金という形で負担しています。税金は，民主主義国家の国民にとって，共同社会を維持するための，いわば『会費』といえるでしょう。」(http://www.nta.go.jp/publication/tenji/pdf/03.pdf) とか，「みんなが互いに支え合い，共によりよい社会を作っていくため，公共サービスの費用を広く公平に分かち合うことが必要です。まさに，税は『社会の会費』であると言えます。」(https://www.mof.go.jp/tax_policy/publication/brochure/zeisei0507_pdf/01.pdf) と説明しています。

　税法の教科書では，租税について，「国家が，特別の給付に対する反対給付としてではなく，公共サービスを提供するための資金を調達する目的で，法律の定めに基づいて私人に課する金銭給付である」（金子宏『租税法〔第24版〕』〔弘文堂，2021年〕9頁）と説明したり，「国または地方公共団体がその必要な経費に充てるために，国民から反対給付なしに強制的に徴収する金銭給付である」（北野弘久編著『現代税法講義〔5訂版〕』〔法律文化社，2009年〕4頁）であったり，

「国又は地方公共団体が，収入を得ることを目的にして，法令に基づく一方的義務として課す，無償の金銭的給付である」（清永敬次『税法〔新装版〕』〔ミネルヴァ書房，2013年〕3頁）と説明したりされます。また，ドイツ租税通則法（Abgabenordnung）3条1項には，税に関する定義規定があり，そこでは「特別の給付に対する反対給付ではなく，法律が給付義務をそれに結び付けている要件に該当するすべてのものに対し，公法上の団体が収入を得るために課す金銭給付」と定められています。

　このように，いくつかの定義の仕方が考えられます。日本では，憲法において30条と84条において「税」という文言が用いられていますが，明確に「税」とは何かという定義については定めがありません。しかし，様々な「税」に共通する性格や特徴として，次のようなものが指摘できます。

　(1)　**主体**　　税を課す主体は国または地方公共団体です。国が課す税を国税，地方公共団体が課す税を地方税と区分します。言い換えれば，税の納付先は国か地方公共団体であるということです。この点から，ゼミでも指摘のあったように，買い物の時にお店に支払っている「消費税」は国や地方公共団体に払っているものではないので，「税」ではないと考えられます。では，あの「消費税」は何なのか。この問題は消費税のところで考えることにしましょう（第19章参照）。

　(2)　**公益性**　　税は，国または地方公共団体が，その提供する公共サービスに必要な資金を調達することを目的としています。いわば公益目的を達成するための資金調達の手段なのです。この点では，同じく国が課す給付義務であっても，制裁としての性格をもつ罰金などとは区別されます。

　(3)　**非対価性**　　税には特別の反対給付がありません。税金を払

11

うことで公共サービスの提供を受けていることは確かですが，具体的な行政サービスと直接的な対価関係はありません。この点では，住民票の交付などの際に支払う手数料などと区別されます。

　(4)　**権力性**　　税は，国または地方公共団体が一方的に課すという性格をもっています。この点で，先ほど挙げた罰金などと類似性があります。しかし，その目的が異なるという点に注意してください。また，税については，憲法30条で納税の義務が定められており，きちんと支払わなければ脱税として犯罪となったり，滞納処分などで強制的に徴収されることになります。

　このように税というのは，国民の財産の一部を強制的に国や地方公共団体に移すという効果があります。これは，いわば国民の財産権（憲法29条）に対する侵害的な行政行為ということができます。そうすると，課税は**侵害行政**の１つであるといえます。侵害行政については，行政法における**法律の留保の原則**が妥当することになります。

　(5)　**金銭給付**　　税はお金で国や地方公共団体に納めるのが原則ということです。ただ，例外的に相続税では**物納**（相法41条）が認められています。

　このように，「税」というものの性格，特徴を考えることができます。特に，納税者である国民の権利という観点からは，税が財産権に対する侵害的効果をもつという点に重要な意味があるといえます。この点から，税法において，憲法上重要な原則が導かれます。次章でこの点について詳しく見ていきましょう。

第2章　社長の報酬を自由に決められない？

【租税法律主義】

春香の質問　2

皆さん，先日私はある中小企業の社長さんから，自分の給与を引き上げたいのだが，いくらぐらいまで可能か，と質問されました。社長さんは，これまで会社を何とか黒字にしようと，自分の給与を年間300万円に抑えてきました。ところが，昨年から社長さんが考案した新商品が売れはじめ，もう自分の給与を抑える必要がなくなったので，社長にふさわしい給与を取りたい，という相談です。どう答えます？

ゼミ　2−1

市木：先輩，何でそんなことが問題なんですか。いくらでも，社長にふさわしい給与を取ればいいじゃないですか？

春香：それがそうじゃないんだな〜。

仁木：なぜ税理士の先輩に，社長さんからこんな質問が来るのかがわからないんですけど……。社長の給与が高いと法律で罰せられるんですか？

春香：給料をいくらにしようが，商法や民法では規制されていないわ。でも，法人税法34条2項を見て。

内国法人がその役員に対して支給する給与の額のうち不相当に

　　高額な部分の金額として政令で定める金額は，その内国法人の各
　　事業年度の所得の金額の計算上，損金の額に算入しない。

仁木：「不相当」に高額だと損金にならないんですか？

春香：そうなの。「不相当」に高額だと損金算入が否認されるの。

市木：なんですか？　損金算入否認って？

春香：役員に対する給与は原則として法人の経費として差し引くことができるの。これを経費として控除するというの。そして，この34条2項では，高すぎる部分は，法人税の計算の上で経費として控除を認めない，と定めているの。

仁木：そうすると，たとえば，1,500万円の役員給与を払っても，1,000万円が相当な場合は，1,000万円しか法人税法上は経費として引けないんですね。それでは，社長は500万円多くもらいすぎたのだから，会社に返すのですか？

春香：いいえ。社長さんの給与1,500万円は私法上有効。だから，社長さんの所得税の計算に際しては1,500万円を収入に入れるのよ。でも，法人税の計算の場合は1,000万円しか会社の経費にできないの。1,500万円分の所得税が課され，法人税では1,000万円分しか引けないから，社長さんと会社とを合わせて考えると，税金が増えてしまうの。

仁木：なら，不相当にならないようにしなければなりませんね。どうすればいいんですか？

春香：法人税法施行令70条に2つの基準が規定されているわ。1つは定款等に定められている報酬額を超えてはいけないってこと。これは形式基準。もう1つは実質基準といって，次のような基準が示されているわ。

　当該役員の職務の内容，その内国法人の収益及びその使用人に
対する給与の支給の状況，その内国法人と同種の事業を営む法人
でその事業規模が類似するものの役員に対する給与の支給の状況
等に照らし，当該役員の職務に対する対価として相当であると認
められる金額を超える場合におけるその超える部分の金額

市木：類似する法人の役員給与にあわせればいいということじゃな
　　　　いですか。何が難しいんですか？

春香：類似法人の役員給与を，どうやったら知ることができるの？

市木：あれ，先輩，知らないんですか？

春香：税理士の私がお客さんの類似会社のデータを持っているわけ
　　　　ないでしょ。それに，類似会社ってライバル会社でしょ。社
　　　　長だって，ライバル会社のデータはなかなか教えてもらえな
　　　　いわ。

仁木：それじゃ，社長の給与をどこまで上げたらいいのか，わから
　　　　ないじゃないですか？

春香：そこなのよ，問題は。こんな税法の規定って許される？

市木：税法は法学部の先生もわかんないというから，わかんなくて
　　　　当然じゃないですか？

春香：そうかな？　何か，憲法上の大問題がな〜い？

市木：憲法に税金のこと書いてあったかな？　30条に納税の義務が
　　　　規定されていたことは覚えているけど……。

解説　2-1

☆**租税法律主義**

　税法を学ぶにあたって，最も重要な原則は憲法30条・84条の**租税法律主義**です。この租税法律主義の原則も「人類の多年にわたる自由獲得の努力の成果」の1つです。この原則がなければ，課税権者はいつでも恣意的に課税できることになります。租税法律主義の原則は，納税者の代表で構成される議会の同意＝法律なくしては課税できないというものです。その目的は**恣意的な課税を防ぐこと**にあります。つまり，どのような場合に，誰に，どのような税金が，どれだけ課されるか，ということを法律に定めなければならないのです。これを定めるのが，納税者の代表である議会ですから，課税権者は恣意的に課税できなくなるのです。そして，これを納税者の側から見ると，どういった場合に，どのような税金がどれだけ課されるか，法律に基づいて事前に予測できることになります（課税に対する**予測可能性の確保**）。また，法律に定められている以上の税負担を負わないというように，経済生活においてその立場が安定することになります（経済生活における**法的安定性の確保**）。こういったことも，租税法律主義の目的といえるでしょう。

　このような目的を達成するために，租税法律主義の具体的な内容として，次のことが考えられます。

　①**課税要件法定主義**

　どのような場合に，誰に，どのような税金が，どの程度課される

のか，それはどういった手続で決まり，どのように納税するかといった，課税に関する事項（**課税要件**）を，法律に規定しなければならないということです。当たり前のように思われるでしょうが，これが大原則であり，ここから導かれる法理もあるのです。

②課税要件明確主義

課税要件がいくら法律に規定されていても，それが不明確に書かれていては，納税者はどのような税金がどれだけ課されるのかわからずに困ってしまいます。つまり，課税に対する予測可能性が確保されなくなってしまいます。

このような内容が租税法律主義には含まれます。そして，恣意的な課税を防ぐためには，このように法律に定める以上，当然に法律に従って課税がなされなければなりません（**合法性の原則**）。さらに，課税要件をいくら法律で明確に定めても，課税や徴収の手続や課税処分を争う手続が適正なものでなければ恣意的な課税を防ぐことができないおそれがあるため，これらの手続が法律で適正に定められなければならない（**適正手続保障**。憲法31条参照）ともいえます。

☆租税法律主義から導かれる具体的法理

こういった租税法律主義の内容から，具体的な法理が導かれています。

まず，課税要件法定主義に関連して次のような法理が挙げられます。

・**通達の法源性否定**　　租税法律主義は納税者の代表で構成される議会の同意＝法律を重視しますから，行政内部の規則でしかない「通達」の法源性を否定することになります。所得税法を例にとると，所得税法施行令（政令），所得税法施行規則（省令）は法令ですが，所得税基本通達は法令ではありません。通達というのは，上級行政庁が法令の解釈や運用方針等を統一するために，下級行政庁に

対してなす命令・指令（国家行政組織法14条2項）です。通達は，行政内部では拘束力がありますが，裁判所や国民を拘束する力はありません。つまり，税務署が通達に従って課税した，ということを理由に課税を合法化できないということです。しかし，税務職員は通達に拘束されますので，税務行政の現場では通達は事実上，非常に強い力をもっているといわざるを得ません。というのも，もし皆さんが税務署に税法のことを尋ねに行ったら，対応してくれる職員さんは通達に従った答えしか教えてくれないからです。ただし，仮に通達に基づいて課税された処分が適法だとしても，それは通達に基づいたから適法なのではなくて，通達に基づく処分の内容がたまたま法の正しい解釈と一致していた，ということを意味しているにすぎないのです。

・**行政慣習法・先例法による課税の禁止**　他の法律では，長年続いた慣習を尊重し，それに法的な意味を認めていく場合もあります（商法1条2項参照）が，租税法律主義においては，あくまでも議会の同意としての制定法に基づかなければなりません。つまり，行政慣習法等の不文法によって課税されてはならないのです。

・**命令への白紙委任の禁止**　憲法41条は国会を国の「唯一の立法機関」と定め，国民の権利義務に関するルールなどは法律で定めなければならないとしています。他方でその例外として，法律の委任を受けて，本来法律で定めるべき事項を行政機関が命令で定めることも認められています（憲法73条6号ただし書参照）。このような命令への委任を**委任立法**といいます。専門的・技術的な事項まですべて法律で定めるのは困難である等の理由でこうした委任立法が認められています。しかし，命令への委任はあくまで個別的・具体的な事項に限定されなければなりません。こうした限定をしないままでの命令への包括的な委任は**白紙委任**と呼ばれ，憲法41条に反し許

されないと解されています。

このことは，租税法律主義においても同様です。具体的な課税要件が法律で規定されずに，施行令などの政令に丸投げされたら，租税法律主義の意味はなくなります。ですから，命令への委任は個別的・具体的でなければならないのです。

次に課税要件明確主義との関連では次のような具体的法理があります。

・**不確定概念の排除**　　課税に対する予測可能性を確保するためには，税法の規定を読んで，課税要件が一義的に理解できなければなりません。そこで，税法の規定は明確でなければなりません。つまり，税法においては不確定概念，自由裁量規定，概括条項は禁止されねばならないのです。

しかし，実際に現行の税法の規定を見てみると，「不当に減少させる」（所法157条，法法132条等）をはじめ，「不相当に高額」（法法34条2項，36条），「著しく低い価額」（所法59条1項2号，相法7条～9条）等の不確定概念が多用されています。このことを，租税法律主義の観点からどう考えるべきでしょうか？　この問題は，第3章で考えてみましょう。

・**類推・拡張解釈の禁止**　　税法に課税要件が明確に書かれていても，その課税要件が類推・拡張解釈されては納税者の予測可能性が損なわれてしまいます。そのため，課税要件の厳格解釈が求められます。また，類推解釈や拡張解釈が行われて，法律に定めのないまま課税をすることは禁止されなければなりません。この意味で，本来的には，この法理は課税要件法定主義の要請であるといえます。

このほかにも，適正な手続を保障するために，不利益な遡及立法が禁止されています。

・**課税の不利益遡及禁止**　　たとえば，今年の税法改正で，過去

３年分遡って税率を10％引き上げるから，差額を払え，と規定されたらどうでしょう。納税者としては，３年前の時点では，その時の税法を信頼して経済生活を営んでいたはずです。それが，今年になって変更されるようになっては納税者の予測可能性が失われ，安心して生活できません。ですから，このような納税者に不利益な遡及課税は禁止されます（最判平成23年９月22日民集65巻６号2756頁，最判平成23年９月30日判時2132号39頁参照）。

　また，税法の規定を解釈する際に，納税者の予測可能性・法的安定性を確保するためには，次の法理も重要です。

　・「**疑わしきは納税者の利益に**」　　所得があるかどうかわからないときに，疑わしいからといって課税されてはたまりません。事実関係等が明確でないときは，納税者の利益を重視して，課税は控えるべきでしょう。

ゼミ　2-2

市木：へえ〜，いろいろな法理があるんですね。納税者の権利はばっちりじゃないですか。

仁木：でも，この法理どこかで聞いたことない？

市木：類推解釈・拡張解釈の禁止とか，不利益遡及の禁止とかだろ。どこかにあったな〜。

仁木：そうだ，刑法の罪刑法定主義（憲法31条参照）だわ。

市木：え〜，刑法と税法が同じなの？

春香：刑法は国家による私人への身体的侵害に対する防波堤，税法は国家による財産的侵害に対する防波堤，という意味で共通するところがあるのかもよ。

仁木：租税法律主義の法理からすると，「不相当に」高額な役員給与は損金に入れちゃだめという規定は，違憲じゃないのです

か？

春香：そうなのよ。私もそう思うんだけど……。

解説　2-2

　この問題については，現行法と同様に「不相当に高額」，という文言が用いられていた旧法人税法34条の**過大役員報酬**損金不算入規定をめぐって悩んでいる税理士たちが，役員報酬が高額だとして否認された納税者を説得して憲法訴訟を起こしたことがあります。この規定からは専門家である税理士でも，どこまで役員報酬を上げることが可能なのか判断できないので，租税法律主義に反しているのではないか，ということが争われました。

　第1審の名古屋地裁平成6年6月15日判決（税資201号485頁）は「令69条〔現在は70条〕1号に定められた当該役員の職務の内容，当該法人の収益及び使用人に対する給料の支給の状況という判断基準は納税者自身において把握している事柄であり，同業種・類似規模の法人の役員報酬の支給状況（これが決定的基準でないことは，後記のとおりである。）についても入手可能な資料からある程度予測ができるものであるから，相当であると認められる金額を超える部分であるか否かは，申告時において納税者においても判断可能である」としました。税理士たちはそんな資料が入手できないから裁判しているのだとして控訴したら，名古屋高裁平成7年3月30日判決（税資208号1081頁）は「資料が入手困難な場合であっても，前記のような法34条1項〔現在は2項〕の趣旨及び令69条〔現在は70条〕1

号所定のその他の基準により，当該取締役報酬が相当であると認められる金額を超えるかどうかは，納税者においても申告時に判断可能であるといえる」と判示し，また，最高裁も平成9年3月25日判決（税資222号1226頁）で原審の判断を支持しました。

ゼミ 2-3

市木： はぁ？　税理士や納税者は資料も入手できないし，申告時点でどの程度が適正かわからないと主張したのに，裁判官は，いや資料もある程度入手できてわかるはずだ，というんですか？

春香： そうなの。だったら裁判官に私の代わりに申告してもらいたいわ。

仁木： 春香先輩，実際にはどうするんですか？

春香： 困ったわね。急に報酬を引き上げると不相当とされてしまうおそれがあるので，少しずつ引き上げていくわ。社長さんからは文句を言われそうだけど。

仁木： だけど，どうして税法は高すぎる役員報酬とか給与を否認するんですか？　なぜ，企業の自由にしないのですか？

春香： 役員さんというのは，会社を運営して，会社が儲かった利益の配分を受け取れる人よね。役員賞与というのがそれだったの。だから，税金を支払った後の残りの利益の配分である役員賞与は，法人税法の計算では損金として控除ができなかったの（旧法法35条）。役員報酬の方は職務執行の対価として，経費性をもつわ。だったら，会社が儲かったときは，賞与としてではなく，報酬として出せれば，その分，法人税を減らせるじゃない。

市木： な～るほど。企業の勝手に任せたら，利益をみんな役員の報

酬として分配して税金を安くできちゃう，ということか。それじゃ，規制すべきだ。

春香：ところが，会社法改正により役員賞与も報酬と同じように経費性をもつものとされたことから，2006（平成18）年改正で両方をまとめて役員給与として整備されたの。ただ，一定の要件を備えている給与しか損金算入できないとされた上に，従来同様，不相当に高額な役員給与は，損金算入が否認されてしまうの。判断基準が明確ではないから，問題はまだまだ残されているわ。

市木：こんな曖昧でも合憲なら，違憲になる規定はないんじゃないですか？

春香：確か，1つだけあったと思うわ。地方税だったと思う。

解説　2-3

　地方税の場合は，地方議会が定める税条例において具体的に税負担がわかるようにしなければなりません（**租税条例主義**）。ところが，秋田市の国民健康保険税条例では課税総額が「当該年度の初日における療養の給付及び療養費の支給に要する費用の総額の見込額から療養の給付についての一部負担金の見込額を控除した額の100分の65に相当する額以内とする」と規定されているだけでした。これでは市民も自分の税負担がわからないとして争われ，裁判所もこの条例を違憲としました（仙台高秋田支判昭和57年7月23日判時1052号3頁）。

【租税法律主義】

　不確定概念について租税法律主義違反を認定したのはこの事例だけです（租税法律主義との関係では，法律に委任されていない書面添付等を定めた施行規則を違憲，無効とした東京高判平成 7 年11月28日判時1570号57頁もあります）。従来の判決は，不確定概念で，この事例のように，裁判官でもその内容を確定できないものは違憲だが，裁判官が合理的にその概念を確定できるのであれば違憲とはいえないとしています。しかし，このような理解にはいくつかの疑問があります。民法の場合は，当事者が原則として契約の自由を行使して，紛争が生じたときに裁判所に判断してもらう規範（**裁判規範**）ですから，裁判官が合理的に判断できればいいかもしれません。しかし，税法は税務署と納税者に直接向けられていて，両者とも税法に定められたとおりにしなければならないという側面が第一義的にあります（**行為規範**）。しかも，納税者はその法律について解釈し自ら申告をしなければならないのです。申告しなければならないときに，どう判断したらいいかわからず，裁判所に行って初めてわかるというのでは納税者はたまりません。ですから，不確定概念はできるだけ避けるべきなのですが，実際の税法には，租税法律主義の要請に反して，不確定な概念が多用されています。なぜでしょうか？　その理由は納税者の租税回避行為と租税法律主義の関係にあります。次章でこのことを詳しく考えましょう。

第3章　脱税・租税回避・節税の違いは？

【租税回避】

春香の質問　3

　皆さん，今日は地主さんからの質問です。この地主さんは土地・建物を人に貸して，年間1億円の収入を得ています。このままだと所得税が大変です。そこで，この地主さん自身が代表取締役である不動産管理会社Aを作って，このA社と賃貸不動産管理委任契約を締結し，A社に不動産を管理してもらい，その対価として不動産の賃貸料収入の合計額の50％に相当する5,000万円を支払うことにしたい，というのです。管理料の相場は大体1,000万円ぐらいなんだけど，特に丁寧に管理してもらうし，自分の会社なので儲けさせてあげたい，というの。そうすれば，自分の所得税は減るし，会社の所得が増えるけど，会社の役員や従業員は自分の家族なので，所得を分散でき，税金もずいぶん減るんじゃないか，というの。どう答える？

ゼミ　3-1

市木：前章の質問に少し似てるな。今回も何か問題あるのですか？

仁木：地主さんがA社と契約するのは自由ですよね。

春香：そうね。だから，地主さんがA社といくらで契約しようが原則は自由よ。でも，この場合少しおかしいと思わない？

市木：会社を作ることですか？

春香：税金を減らすために会社を作ることは普通のことよ。日本には法人が286万社以上（国税庁HP「会社標本調査結果令和3年分」https://www.nta.go.jp/publication/statistics/kokuzeicho/kaishahyohon2021/pdf/kekka.pdf）もあり，国際的に見てかなり多いの（**資料14-1参照**）。税金対策のために個人企業が法人になるのはよくあるのよ。

仁木：管理料の相場が1,000万円なのに，5,000万円も払っていることですか？

春香：そう！　もし仁木さんが地主さんで，A社の社長が市木君だったらこんなに高額の管理料払う？

仁木：市木君が社長だったら？　いやだ！　絶対払いません。

市木：何いってんだよ。僕が地主だったら，市木社長には全面的な信頼をおいてもっと高額払いますよ。

春香：それは，市木君が地主で，かつ社長だからでしょ。市木君が地主で仁木さんがA社の社長だったら，どうするの？

市木：仁木さんと交渉して，少しでも管理料を安くしてもらいますよ，当然……あっ，そういうことか。

春香：でしょ。この管理料少し高すぎるわよね。通常の第三者間ではあり得ないような高額の管理料よね。

市木：これは，税金を減らすために，管理料として払う形で，所得を法人の方に移そうとしているんだ。こりゃ，だめだ。

春香：ちょっと待って。もし，市木君のいうとおりだとすると，この地主さんは管理料ではないものを管理料として払ったかのように仮装したことになるわ。そうすると，脱税よ！

市木：ひえ〜！　脱税！

仁木：脱税なんですか？

春香：この地主さんは本当に丁寧な管理をしてもらうことを前提に，

　　相場より高いけど管理料として本当に払おうとしている，と
　　考えてちょうだい。脱税とは少し違うのよ。

仁木：それじゃ，節税ということですか？

春香：節税というのは，法律が予定した手段で合法的に税負担を減
　　らす行為よね。「節税」とも少し違うんじゃない。

市木：脱税でも節税でもない？

春香：それを「租税回避」行為というの。これがわかったら，税法
　　が少し面白くなるわよ。

解説　3 – 1

☆「租税回避」

　一般に，人は私的自治の範囲内で税負担を少しでも回避しようと
して行動します。わざわざ税金が高くなるように行動する人は，お
そらくいないでしょう。こうした税金を減らそうとする納税者の行
為は，それが違法な行為でない限り，原則として否定できないはず
です。しかし，違法とはいえなくても，異常な行為で，その行為を
そのまま認めると，通常の場合と比較して著しく公平性を欠く場合
があります。こういう行為を「**租税回避**」行為といいます。一般に
いわれている「租税回避」行為とは，①納税者が異常な行為形式を
選択し，②それによって通常の行為形式を選択した場合と同一の経
済目的を達成し，③しかも，税負担の軽減を図る，という3つの要
件を満たす行為を意味しているとされています。

　したがって，「**節税**」行為とは異なります。「節税」行為は，ゼミ

であったような会社を作ることもそうですが，税制上の特例を利用するような，法律が予定している，いわば通常の行為を用いて税負担を軽減する行為です。

また，「**脱税**」とも異なります。「**脱税**」行為は，実際にあった取引や売上をなかったかのように隠したり（**隠ぺい行為**），実際には払っていない経費を払ったかのように水増ししたり（**仮装行為**），というように「偽りその他不正の行為」を用いて，税負担を違法に軽減する行為です。違法な行為ですから，脱税をした場合には罰せられることになります（第27章参照）。

これらはいずれも税負担を軽減するという点で共通していますが，脱税は違法で，節税と租税回避は適法であるという点に注意が必要です。

節税と租税回避行為は，どちらも適法な行為です。選択した行為が通常のものか，異常なものかということでの違いがあります。しかし，現実に行われた行為が「通常」なのか，「異常」なのか，節税なのか，租税回避なのか，いずれに該当するかを判断するのは必ずしも容易ではありません。適法だけれども異常な行為を通じて税負担を減らす行為が租税回避で，違法ではないので処罰はされません。けれども，第2章や**解説3-3**で紹介しているような否認規定が適用され，税額計算上は通常の場合と同様に計算され，負担軽減が実現できないことがある行為であると理解しておいてください。

ゼミ　3-2

市木：う〜ん。異常な行為で税負担を減らすと租税回避なのか。わかったようで，わかんないな〜。机やベッドの下に隠しちゃだめなんですよね？

春香：隠したら，脱税行為でしょ。

市木：そうか，異常である前に適法でなければいけないのか。

春香：そうよ。市木君が，ある会社のワンマン社長さんだったとしましょう。会社が儲かったので，社長である市木君に100万円のボーナスをあげることにします。でも，ボーナスだと，もらった市木君には給与として税金がかかるし，払った会社も法人税法34条によってその金額は損金不算入にされてしまうの。だから，法人税を減らすことはできないわ。市木君に100万円の利益をあげて，会社もその分法人税を減らすいい手はないかしら？

市木：僕が残業とか，いつもよりたくさん働いたことにして給料をくれたらいいんじゃないですか？

春香：ちょっと待って，それじゃ，働いていないのに働いていたと仮装するわけね。それは脱税よ。

仁木：そうですよね。違法な手段を使わずに，合法的な手段にしなければいけないんですよね。たぶん，契約の自由を利用するんだと思うんですけど……。

市木：そうだ！　会社に僕の中古パソコンを100万円で買ってもらえばいいんだ。

仁木：え～，市木君のあのボロボロのパソコン？

春香：これも，市木君は100万円儲かるけど，会社にはメリットはないわね。もうちょっと，本当にありそうなことを考えて。市木君は何かほしいものがある？

市木：そりゃありますよ。たとえば，車とかね。

春香：会社が300万円する車を買って，すぐに市木君に200万円で売るとしたら，どうなるかしら？

市木：僕は100万円儲かるな。

春香：会社は？

【租税回避】

仁木：300万円で買ったものをすぐに200万円で売るとすると，100万円損しますね。これで法人税は減るんですか？

春香：車を売ったことによる損失，つまり譲渡損が出たんだから，その分所得は減るし，税金も減るわ。でも，何か違法なことしている？

仁木：市木君が恐喝でもしたなら別ですが，契約は自由ですから，いくらで市木君に売ろうが自由だと思います。

春香：そうよね。だから，この行為は違法じゃない。でも……。

仁木：異常ですね。300万円で買って，すぐ200万円で売るなんて。

春香：そうでしょ。こういうのを租税回避というの。バブル時代，相続税を減らすために養子縁組がずいぶん行われたけど，あれも租税回避の一種だったわ。

市木：何ですか，それ？　養子をもらうと税金が減るんですか？

春香：相続税には基礎控除というのがあって，この金額が法定相続人の数によってどんどん増えていくの。だから，もうすぐ相続が開始になりそうだと，あわてて養子縁組をするというケースが流行したのよ。ひどいのになると，死亡2日前に12人と養子縁組をしたケースがあったわ。

市木：ひえ～，12人も！　そりゃ，異常だ！

仁木：本当ですか？　死亡2日前では，本当に養子縁組の意思があったかどうかも疑わしいですね。

春香：そう。養子制度を税金対策のために利用したため，ずいぶんと問題になり，結局，相続税法に規制措置が設けられてしまったわ（相法15条2項）。だから，現在はもう使えないの。でも，節税目的の養子縁組は適法よ。最高裁も，相続税の節税のために養子縁組をすることと，縁組をする意思は併存し得るという判断を示しているわ（最判平成29年1月31日民集71巻

1号48頁）。

解説　3-2

　納税者が合法的に税負担の軽減を図るのは当然の権利であり，何ら非難されるべきことではありません。ただ，複数の選択可能な行為のうち，もっぱら税負担を軽減するためだけにある行為を選択する場合，納税者は税負担軽減のみに眼を奪われ，当該行為を選択したことの私法上の効果を重視しないことがあります。たとえば，かつて相続税の基礎控除を増やすことを主目的として養子縁組が盛んに行われたことがありました。しかし，主たる目的が税金を減らすことだったため，せっかく養子にしたのに相続放棄させたり，相続開始後すぐに離縁したりするようなことが実際にあったといわれています。このような場合，養子縁組が適法に成立したといっても，当事者が真に養子縁組の意図を持っていたといえるか疑わしくなります。そのため，課税庁としては仮装とまで断定できなくとも，限りなく仮装に近い行為として少なくとも当該行為を否認したいと考えることになります。これが相続税法15条2項および63条を生み出し，養子は実子の有無によって1人もしくは2人までしか税法上は相続人の数に含まれなくなってしまいました（相法15条2項）。このような規制は，民法上の養子を実子と差別することにつながり，決して好ましいことではありません。しかし，納税者の目先の利益を追求した制度の濫用がこのような規制を生み出してしまったといえるでしょう。

相続税法15条

　相続税の総額を計算する場合においては，同一の被相続人から相続又は遺贈により財産を取得した全ての者に係る相続税の課税価格（第19条の規定の適用がある場合には，同条の規定により相続税の課税価格とみなされた金額。次条から第18条まで及び第19条の2において同じ。）の合計額から，3千万円と6百万円に当該被相続人の相続人の数を乗じて算出した金額との合計額（以下「遺産に係る基礎控除額」という。）を控除する。

　2　前項の相続人の数は，同項に規定する被相続人の民法第5編第2章（相続人）の規定による相続人の数（当該被相続人に養子がある場合の当該相続人の数に算入する当該被相続人の養子の数は，次の各号に掲げる場合の区分に応じ当該各号に定める養子の数に限るものとし，相続の放棄があつた場合には，その放棄がなかつたものとした場合における相続人の数とする。）とする。

　　一　当該被相続人に実子がある場合又は当該被相続人に実子がなく，養子の数が1人である場合　1人

　　二　当該被相続人に実子がなく，養子の数が2人以上である場合　2人

ゼミ　3-3

市木：納税者が租税回避をすると，それを規制しようと税法が改正される，ってことですか？

春香：そういうことね。残念だけど。そのせいで税法が毎年のように改正されることが多くて，私たち税理士も大変なのよ。

仁木：でも，そういう規制がない以上は合法なんですから，租税回避をしても問題ないんですよね。

春香：それが原則。法律が規制していないのであれば，さっきの養子縁組のように私法上の制度を濫用しているような場合は別として，租税回避はあくまでも違法じゃないんだから，当然認められると考えるべきだわ。でも，怖い規定があるのよ。

市木：え〜，なんですか。怖い規定って？

春香：この所得税法157条の規定なの。

　税務署長は，次に掲げる法人〔法人税法2条10号に規定する同族会社等のこと〕の行為又は計算で，これを容認した場合にはその株主等である居住者又はこれと政令で定める特殊の関係のある居住者（その法人の株主等である非居住者と当該特殊の関係のある居住者を含む。第4項において同じ。）の所得税の負担を不当に減少させる結果となると認められるものがあるときは，その居住者の所得税に係る更正又は決定に際し，その行為又は計算にかかわらず，税務署長の認めるところにより，その居住者の各年分の第120条第1項第1号若しくは第3号から第5号まで（確定所得申告），第122条第1項から第3号まで（還付等を受けるための申告）又は第123条第2項第1号，第3号，第5号若しくは第7号（確定損失申告）に掲げる金額を計算することができる。（〔　〕は著者補足）

市木：なんですか，同族会社って？

春香：法人税法2条10号の定義を見るとわかるけど，要するに，少数の人たちに支配されている会社のことなの。こういう会社は，社長の一声で，普通はやらない異常な取引をして，税金を減らそうとすることができるでしょう。それを規制するための一般的な規定で，同族会社の行為計算否認規定って呼ば

れているの。日本の会社の大部分が実は同族会社だから，この規定は相当幅広く適用されるの。だから怖いのよ。

市木：え〜，せっかくいろいろ工夫して税金がかからない方法を考えても，同族会社が行うと，異常な行為だからって否認されちゃうんですか。せっかくの苦労が水の泡じゃないですか。あれ？　でも否認されるって，どういうことだろう。罰金が科せられるということですか？

春香：何度もいうけど，租税回避は違法行為ではないわ。だから，処罰することは決してできないの。でも，税法上はその行為を通常の場合の行為に置き換えて，税金を課すことができるわけ。たとえば，普通は1,000万円の取引を5,000万円でしても，普通の場合の1,000万円の取引があったとして課税できることになっちゃうの。

市木：な〜んだ，そういうことか。だから今日の質問も5,000万円の取引が否認されて，1,000万円の取引に直されちゃうってことですね。

仁木：でも，春香先輩の質問の場合，管理会社は1,000万円ではなくて，5,000万円の収入があったんですよね。これを1,000万円に直されたら受け取った側の法人税は安くなっちゃうじゃないですか？

春香：仁木さん，いいことに気がついたわね。そう，同族会社は不当に税負担を減らしていないわよね。減らしているのは，同族会社の社長個人の所得よ。

仁木：なるほど，だから，同族会社と取引をした社長個人の取引が異常なものだと，その個人の所得税の計算に際して，異常な取引が否認されて，通常の場合の取引に直されちゃうんですね。そうすると，社長個人の所得については１億円から通常

34

の場合の管理料である1,000万円しか引けないんですか？

春香：そういうことにされてしまうおそれがあるのよ。おまけに，法人が得た5,000万円の収入は私法上は有効だから，法人は5,000万円の収入があったとして課税されてしまうわ。それで社長個人と法人とを合わせて考えたら，通常より多くの税金を課されてしまうことになるの。

市木：それじゃ，大変だ！　租税法律主義は納税者をちっとも護っていないじゃないですか！

春香：あまり厳格に租税法律主義を適用すると，納税者の租税回避行為を規制できない。だから，納税者の回避行為を規制するためにはこのような一般的で抽象的な否認規定が必要だといわれているの。でも，おかげで私たち税理士は的確なアドバイスができないで，困っているのよ。

解説　3-3

租税回避と節税等との違いをここで再度整理しておくと**資料3-**

資料3-1　租税回避と節税等との違い

適法	違法
節税：通常の行為	脱税：偽りその他不正の行為
租税回避：異常な行為　⇒否認の可能性	

【租税回避】

1のようになります。

　租税回避だと認められてしまうと，否認規定がある場合には，通常の行為に置き換えて課税されてしまうのですから大変です。しかも，この否認規定には**不確定概念**が多用されているのです。

　租税法律主義の要請からすれば不確定概念は原則として排除されなければならないはずです。しかし，通説・判例は，税負担の公平を図るためには，不確定概念を用いることはある程度不可避であり，また必要でもあると解する傾向にあり，多少不明確でも，裁判所での合理的・客観的な解釈により内容を確定しうるものであれば違憲とはいえない，と解しています。租税法律主義の原則があるにもかかわらず，不確定な概念が多用されている背景には，このような租税回避を規制するために必要だ，という大義名分があるのです。

　しかし，不確定な概念であっても裁判所でその内容が特定しうるものであればよいという考え方は，民法などの私法領域においては妥当しますが，税法やその他の行政法および刑法のような公法領域には妥当しないのではないでしょうか。なぜなら，前章でも述べたように，民法は契約の自由が原則で，トラブルが生じたときに裁判官に判断してもらう裁判規範であるのに対して，税法は何よりもまず行為規範であり，課税庁も納税者もこれに従って行動しなければならず，トラブルが起きたときに裁判官に判断してもらえばいいものではないからです。納税者が税法に従って申告をしなければならないのに，裁判所へ行かなければはっきりしないような概念を使われては，納税者は不安になり，萎縮してしまいます。その意味で，納税者の予測可能性・法的安定性の観点からすれば，このような抽象的な一般的否認規定を設けることは，憲法上問題があるといえるでしょう。仮に否認する必要があるのであれば，個別具体的な否認要件を規定すべきです。しかし現実には，税負担の公平が重視され，

一般的否認規定が増えています（たとえば法人の組織再編成に関する法人税法132条の 2 ，所得税法157条 4 項等。法人税法132条の 2 については最判平成28年 2 月29日民集70巻 2 号242頁参照）。

第4章　君と先生が同じ所得を得た場合，負担は同じか？

【応能負担原則】

春香の質問　4-1

　　税の平等問題というのは大変重要です。憲法14条は平等原則を規定しています。それでは皆さんは次のような税制を憲法14条から見てどう評価しますか？

① 　国民全員に1人あたり年間5万円の負担を求める人頭税。

② 　一律20%の所得税率。

③ 　消費行為に一律10%の負担を求める消費税。

④ 　所得が多くなればなるほど税率が高くなる累進所得税。

ゼミ　4-1

市木：①の人頭税って何ですか？

春香：人の頭数に応じて税金を負担する古い税制よ。1980年代に活躍したイギリスのサッチャー政権が，1990年に類似の税制を導入して，政権が崩れるきっかけになったわ。

仁木：所得に応じてではなく，所得があろうがなかろうが1人あたり5万円を負担しろ，という税制ですか。働けない赤ちゃんや老人にも負担を求めるなんて，こんな税制は不公平ですよ。

市木：そうですよ。先生や春香先輩とアルバイトも控えてまじめに勉学している僕が同じ5万円なんて許せないですよ。

春香：それじゃ，所得税の税率が一律に20%になったら？

市木：乏しい稼ぎの僕も，いっぱい稼いでいる春香先輩も同じ20%しか負担しないんですか？　割り切れないな〜。

仁木：でも，所得に応じて平等に2割は負担するんですよね。

春香：そうなの。だから，これを不平等といえるのかしら。所得税の最高税率も徐々に引き下げられて先進国ではすべてほぼ40〜50%程度になっているのよ。**資料4-1**を見て。

市木：本当だ。所得が増えてもあまり税の負担率が増えないぞ。

春香：そうなの。なにか割り切れないんじゃない？

仁木：でも，消費税の方が不公平な気がするんですけど……。

市木：そうですよ。標準税率の対象だったら僕らのようになけなしの所得で生活に必要な物を買っても10%，有り余っているお金で贅沢品を買っても10%っていうのは許せないな。

春香：私たちが実質的に消費税を負担させられているから，市木君の気持ちはよくわかるわ。それは，いわゆる逆進性の問題ね。累進性の逆で，所得が多い人ほど税負担が相対的に少なくなることを負担の逆進性っていうの。**資料4-2**は消費税導入時のものだけど，低所得者の方が相対的に負担が重くなっているでしょう。

市木：そう，これが実感なんだ。不公平だと思うよ，消費税。

春香：こういう状態を不平等だと思う人は，税負担の平等って何を基準に測っているのかしら。

市木：所得のある人はより多く負担すべきってことかな。

春香：形式的に同じ率で負担するのではなく，負担能力に応じて税を負担すべきだ，という応能負担の原則で，その負担能力を測る基準は「所得」だと考えているってことね。だから所得が多くなるにつれて，税負担の比率が増加していく累進税率の方が公平でしょう？

資料4−1　所得税の税率構造の国際比較（イメージ）

（2023年1月現在）

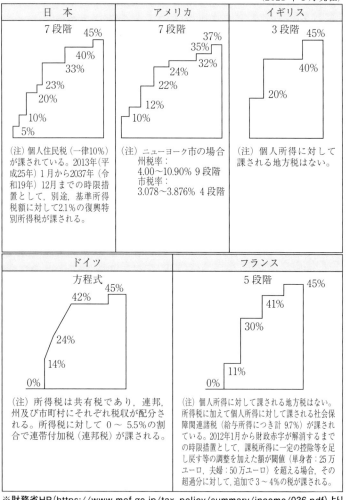

日　本	アメリカ	イギリス
7段階	7段階	3段階

日本

45%
40%
33%
23%
20%
10%
5%

（注）個人住民税（一律10%）が課されている。2013年（平成25年）1月から2037年（令和19年）12月までの時限措置として、別途、基準所得税額に対して2.1%の復興特別所得税が課される。

アメリカ

37%
35%
32%
24%
22%
12%
10%

（注）ニューヨーク市の場合
州税率：
4.00〜10.90% 9段階
市税率：
3.078〜3.876% 4段階

イギリス

45%
40%
20%

（注）個人所得に対して課される地方税はない。

ドイツ	フランス
方程式	5段階

ドイツ

45%
42%
24%
14%
0%

（注）所得税は共有税であり、連邦、州及び市町村にそれぞれ税収が配分される。所得税に対して 0 〜 5.5%の割合で連帯付加税（連邦税）が課される。

フランス

45%
41%
30%
11%
0%

（注）個人所得に対して課される地方税はない。所得税に加えて個人所得に対して課される社会保障関連諸税（給与所得につき計 9.7%）が課されている。2012年1月から財政赤字が解消するまでの時限措置として、課税所得に一定の控除等を足し戻す等の調整を加えた額が閾値（単身者：25万ユーロ、夫婦：50万ユーロ）を超える場合、その超過分に対して、追加で3〜4%の税が課される。

※**財務省HP**（https://www.mof.go.jp/tax_policy/summary/income/036.pdf）より作成。

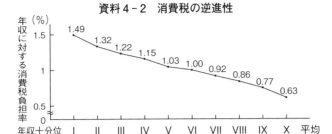

資料4-2　消費税の逆進性

※土居英二＝三木義一「欠陥消費税の見直しは効果がない」エコノミスト'89年10月31日号28頁より。

仁木：でも，だんだん税率が高くなるのが公平なんですか？

春香：所得200万円の人が10％，つまり20万円の税金を負担した時の負担感は重いわよね。残りは180万円しかないじゃない。一方所得2,000万円の人が同じ10％として200万円税金を負担しても，残りは1,800万円もあるので，負担感は相対的に小さくない？　この税負担効果をできるだけ平等にしようという発想から累進税率が生まれたのよ。

市木：でも，累進税率も問題ありますよね。昔みたいに最高税率が70％もあったら働く気がしなくなっちゃいますよね（**資料4-3**参照）。

春香：確かに，高すぎる税率は問題だけど，多くの人は税率の仕組みを誤解して「単純累進税率」と「超過累進税率」をごっちゃにしているから心配よ（第13章参照）。

資料4-3　所得税の税率の推移（イメージ図）

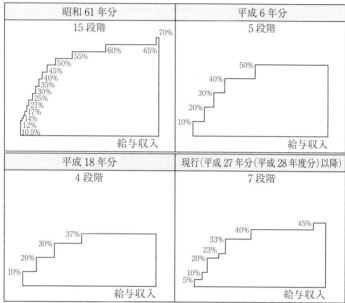

（注）2013年（平成25年）1月から2037年（令和19年）12月までの時限措置として，別途，復興特別所得税（基準所得税額の2.1％）が課される。（https://www.mof.go.jp/tax_policy/summary/income/033.pdf）より作成。

解説　4-1

　憲法における平等原則を税法において具体的に適用すると，それは「**応能負担原則**」になる，といわれています。憲法14条の「平等」が形式的平等ではなく，実質的平等を要求しているのと同様に，

税法でも形式的に一律な負担ではなく，「負担能力」に応じた負担が要請されているといえます。したがって，応能負担原則は税法上貫徹されるべき重要な原則です。この税金の負担能力のことを「**担税力**」といいます。

　この，「担税力」とは具体的に何を意味するか，を検討しておくことも重要です。この担税力を測る基準としては「所得」，「資産」，「消費」という基準がよく用いられます。所得があってはじめて税を負担できるので，所得を中心に考えるとしても，所得の実際の正確な把握は難しい点もあり，保有している資産はその人の所得を間接的に推計する基準になり得るし，消費も所得があってはじめて消費できるという意味では間接的に所得を推計する基準になり得ます。そのため，一国の税制ではこれらの基準が併用されているのです（**資料1-2**参照）。

　ところで，わが国で消費税が導入された根拠の1つは，わが国がきわめて所得平等度の高い社会であること，貧富の差が解消したことでした。確かにわが国は，1980（昭和55）年頃は平等度が高かったようです。しかし，その後の10年間でバブル経済等によりアメリカを上回る「驚異的な不平等度」をもつ社会になっていたともいわれており，不平等が深刻化しているときにわが国は所得税の累進度を低め，消費税を導入したように思われます。

　さて，税の平等を裁判所はどう考えているのでしょうか？

　有名な大島訴訟（給与所得課税の問題点は第10章を参照）の最高裁判決（昭和60年3月27日民集39巻2号247頁）は次のように述べています。

　　思うに，租税は，今日では，国家の財政需要を充足するという
　本来の機能に加え，所得の再分配，資源の適正配分，景気の調整

43

等の諸機能をも有しており，国民の租税負担を定めるについて，
財政・経済・社会政策等の国政全般からの総合的な政策判断を必
要とするばかりでなく，課税要件等を定めるについて，極めて専
門技術的な判断を必要とすることも明らかである。したがって，
租税法の定立については，国家財政，社会経済，国民所得，国民
生活等の実態についての正確な資料を基礎とする立法府の政策的，
技術的な判断にゆだねるほかはなく，裁判所は，基本的にはその
裁量的判断を尊重せざるを得ないものというべきである。

　このようにかなり広い立法府の裁量を認めているので，ある税制
が平等原則に反し違憲とされた事例は現時点ではありません。この
ことは，税制は国民および議会が基本的に選択すべき問題で裁判所
があまり介入すべきものではないと判断しているといえます。ただ
し，そのためには租税に関する情報が公平・公正に国民および立法
者である「はず」の議員に提供されていること，また，税制が国民
および立法者たる議員に理解されやすいものになっている必要があ
ります。しかし，現実には税務行政を担当する財務省が実質的に立
法をリードしているといってよさそうです。

春香の質問　4-2

　皆さん，税負担を公平なものにするためには税の仕組みを「物税」的なものにしないで，「人税」的なものにする必要があります。その意味を理解するための問題です。
① 　AさんとBさんがそれぞれ時価1,000万円の土地を持っています。Aさんはその土地しか持っておらず，Bさんは他にも多くの資産を持っていますが，この土地に対する固定資産税は同額です。これって平等？
② 　皆さんのゼミの先生と皆さんの所得が同じ500万円だったとしましょう。どちらの所得税負担を重くすべきですか？

ゼミ　4-2

市木：同じ1,000万円の土地に対する固定資産税が同額というのはそんなにおかしくないんじゃない？

仁木：そう？　その土地しか持っていない人と，他にもたくさん資産を持っている人との税負担が同じなのは，なんかおかしいわ。

春香：固定資産税は物税の代表的なものなのよ。

市木：なんですか，その物税っていうのは？

春香：課税対象である物自体の価値に着目して，それを所有してい

る人の事情を考慮しない税制のことをいうの。固定資産税は所有している固定資産の価値に着目している税なの。だから，1,000万円の土地に対しては，他に資産を持っていたとしてもみんな同じ税額になっちゃうわけ。これに対して，所有している人の人的事情を考慮して，同じ1,000万円の土地を持っていても，その土地しか持っていない人と他にもたくさん資産を持っている人とでは税金の負担能力が異なると考えて，前者の税負担を安くする仕組みを入れている税制を人税というの。

市木： 人税というのは納税者の人的事情を考慮する税という意味か。具体的には，何税が人税なんですか？

春香： 代表的な人税は所得税。だから，所得税は応能負担原則に一番合致しているといわれるの。じゃぁ次に問題②に答えられる？

市木： え〜と，先生と僕が同じ所得を稼いだ場合？　そりゃ，当然先生の方が重くあるべきですよ。

春香： なぜ？

市木： 先生は他にも隠れた所得がきっとあるに違いません！

春香： 市木君がそう疑いたくなるのはわかるけど，ここでは同じだと仮定してよ。

市木： やっぱり先生ですよ。何たって，これまで稼いできているんですよ，僕なんかまだほんのちょっぴりです。過去の蓄積が違うから，先生を重くすべきです。おまけに僕らは若い。将来に備えるために，僕らの税を安くすべきだ！

春香： あのね，市木君。所得税は期間税で一定期間に流入してきた所得を課税対象にしていて，現行法は1月1日から12月31日までの1暦年の所得を対象にしているの（**暦年課税**）。だか

ら，過去にどれだけ稼ごうが関係ないの。それに若さも基本
的には関係ないわ。

仁木：あの〜，やはり所得が同じなんだから，税負担も同じなんじ
ゃないでしょうか。

市木：仁木さん，そんなところで妥協しちゃだめだよ。考えてごら
ん。僕らが500万円稼ごうと思ったらものすごい努力をしな
けりゃならないのに比べて，先生の場合は……。

春香：う〜ん，どちらも人税の意味がまだわかっていないみたいね。
先生，先生の負担の方が重かったり，学生と同じだったり，
でいいですか？

解説　4-2

　所得税は人的事情を加味する**人税**の代表です。**物税**であれば，同
じ所得の人は同じ税負担ということになります。しかし，これでは
応能負担の要請を真には実現できません。なぜなら，同じ500万円
の所得があった人でも独身で親に扶養されており所得全部を自分の
趣味に使うことのできる人もいれば，家族を扶養し，所得の大半が
家族を養うために消えてしまう人もいるからです。具体的にいいま
しょう。皆さんのゼミの先生の多くは家族を養っているでしょう。
そうすると，家族を養うために，食費や学費などの様々な支出を余
儀なくされます。その先生と，君たち学生が同じ500万円を稼いだ
ときに，税負担も同じというのでは，あまりに酷ではないでしょう
か？　所得税法はこの点を配慮して，所得金額に単純に課税するの

ではなく，そこから基礎控除，扶養控除等の各種所得控除項目の金
額を控除します（第12章参照）。そうすると，所得金額は同じであっ
ても，課税される課税所得は異なってきます（**資料4-4**）。

資料4-4　個人所得課税の基本的な仕組み

　ですから，ゼミの先生と通常の学生とを比較した場合には当然先
生の方が税負担が少なくなります。ゼミの先生と自分たちが同じだ
と考えた人は，まだ物税的な考え方にとらわれているといえます。
　税制は憲法14条の要請に応じて応能負担原則を実現できる制度が
本来は望ましいのです。そうすると，無差別な負担を強いる消費税
をどう評価したらいいのでしょうか？　所得税から消費税への移行
がなぜ必要なのか，この機会に皆さんも考えてみてください。

第5章　健康で文化的な最低限度の生活費に税金？

【課税最低限】

春香の質問　5

> 憲法は25条で健康で文化的な最低限度の生活を保障していますよね。そうすると，健康で文化的な最低限度の生活費には課税されてもいいのでしょうか？

ゼミ　5-1

春香：皆さんは憲法で生存権を勉強したわね？

市木：生活保護の問題ですよね？　どうしてそれが税金に関係するんですか？

春香：だって，健康で文化的な生活がようやくできる程度の所得しかないのに課税されたら，健康で文化的な生活もできないじゃない？

仁木：確かにそうですね。生存権規定は生活保護の問題だとばかり思っていたけど，税金にも関係してくるんですね。

春香：そうよ。憲法は健康で文化的な最低限度の所得すらない人には所得を補助し，健康で文化的な最低限度の所得程度しか所得のない人に課税することを禁じているのよ。ところで，皆さんはどのくらいの生活費があれば健康で文化的な最低限度の生活をすごせる？

市木：最低でも月10万円はなければ生活できませんよ。

仁木：月15万円はほしいな。「文化」的な生活をしたいもん。

春香：市木君は年間120万円，仁木さんは180万円必要ということね。所得税法はいくらだと規定していると思う？

市木：所得税法にそんなこと書いてあるんですか？

春香：基礎控除というのがあるでしょ（所法86条）。これは1人の人間が健康で文化的な最低限の生活をおくれるように，この所得金額はすべての国民の所得税計算に際して控除するものなの。だから，これが憲法25条の具体化よ。

市木：へえ～。基礎控除が健康で文化的な最低生活費か。どれどれ……。

　　所得税法86条

　　合計所得金額が2,500万円以下である居住者については，その者のその年分の総所得金額，退職所得金額又は山林所得金額から次の各号に掲げる場合の区分に応じ当該各号に定める金額を控除する。

　　　一　その居住者の合計所得金額が2,400万円以下である場合
　　　　48万円

　　　二　その居住者の合計所得金額が2,400万円を超え2,450万円以下である場合　32万円

　　　三　その居住者の合計所得金額が2,450万円を超え2,500万円以下である場合　16万円

　　2　前項の規定による控除は，基礎控除という。

市木・仁木：え～!!

市木：先輩，これ間違っているんじゃないですか？　一番多くてもたった48万円ですよ，基礎控除の金額！　これ，月48万円じ

ゃないですよね。年ですよね？？

春香：そう，年48万円，月でいえば4万円よ。

仁木：それじゃ私，とても生活できませんよ。それに，16万円まで下がる場合もあるって。

春香：16万円になるのは，合計所得金額が2,450万円を超えて2,500万円以下の人。2,500万円を超えると基礎控除はなくなってしまうわ。つまり，お金持ちは自分の最低生活費をまかなえるから，税法上は面倒をみないということなのよ。そして，一般の納税者について考えると，1年間の合計所得金額が2,400万円以下の場合になるから，48万円ということになるわ。つまり，所得税法では皆さんが年間の所得金額48万円で最低限度の生活ができると考えられているのよ。所得が48万円を超えるとはじめて所得税が課されるの。

市木：そうなんですか。でも，春香先輩，確か，日本の所得税は低所得者にはかからない，って聞いたことがあるんですけど？年間に48万円しか稼げない人って低所得者じゃないんですか？

春香：さて，それはどうかしら？　1年間に48万円ちょっとしか稼いでいない人にでも，所得税は課されることがあるのよ。

市木：でも，僕はアルバイトで去年1年間で98万円もらいましたけど，所得税は納めた覚えがないな〜。

春香：それは，君のアルバイト収入が給与所得に該当するからよ（第10章参照）。

仁木：基礎控除だけを比較したら，どうなるんですか？

春香：2つとも大事な問題ね。先生に解説してもらいましょう。

解説 5-1

　憲法は25条で生存権を保障しています。**生存権**は一般に「社会権」，つまり，国民が国家に対して積極的な施策を求める作為請求権の１つに含められています。ですから，生活保護等の国の積極的な行為を求める「**社会権**」として理解されていますが，この権利は同時に，国家の干渉を排除するという意味での「**自由権**」としての機能も有しています。一生懸命働いて健康で文化的な最低限度の生活が可能な所得を得たのに，それに課税されたら憲法25条の意味が失われることは明らかです。ですから，憲法25条は健康で文化的な最低限度の生活費に相応する所得には課税してはならない，という意味での自由権としての機能も有しているのです。

　また，前章で学んだ応能負担原則との関係では，このような最低生活費部分については税金の支払のために充てることができないことから，担税力がないといういい方もできます。そのため，最低生活費には課税してはならないと考えられるのです。

　このような最低生活費に対する課税を禁止する考え方を，**最低生活費非課税の原則**といいます。

　そして，この最低生活費非課税の原則を具体化したのが，所得税法では基礎控除になります。この控除は納税者全員に保障されるものです。ですから，基本的には所得金額（注：この概念と収入金額とは違います。第６章参照）が48万円を超えない限り所得税はかかりません。ただし，ゼミでも説明があったように，合計所得金額が

2,400万円を超えると，基礎控除の金額が徐々に減っていきます。これは，高所得者は最低生活費を自分で十分に稼得しているという考えの表れと考えられます。しかし，基礎控除が生存権の具体化ということから考えると，所得の多寡に関係なく，すべての納税者に保障されなければならないのではないでしょうか。

　ところで，一般的に，この最低生活費非課税の原則を国際比較する際，**課税最低限**という概念が用いられます。この概念は「所得のうちここまでは課税されない」という金額のことを意味します。しかし，**資料5−1**にもあるように，その比較には所得金額ではなく，収入金額が用いられることが多くあります。そのため，納税者が事業所得者か給与所得者か，扶養すべき家族はどうなっているか，によって課税最低限は違うものとして示されます（第10・12章参照）。その結果に基づいて，よく，「日本の課税最低限は諸外国より高いので引き下げるべきだ」という主張がなされてきました。そして，この考え方によって日本の課税最低限は引き下げられてきました。

　実際に**資料5−1**では，一般的な家族として，夫婦と子ども2人の家庭が想定されています。このような給与所得者を例にすると，日本は他の国よりも課税最低限が相対的に高めになります。なぜそうなるかというと，他の国では給与所得者に対して給与所得控除というのを設けていないか，設けていてもきわめて少額で，実際にかかった必要経費を控除（実額控除）するのが原則になっているからです（第10章参照）。その結果，給与所得控除額分だけ課税最低限が高く見えることになります。このような比較が，課税最低限の比較として正当なのかきわめて疑問です。この比較は給与所得者という特定の層に対する比較にすぎないからです。

　このような，個々人によって異なる課税最低限を国際比較してみたところで，その国の税制のあり方がわかるわけはありません。も

【課税最低限】

資料 5 − 1　所得税の課税最低限および税額と一般的な給付の給付額が等しくなる給与収入の国際比較　（2023年1月現在）（単位：万円）

　夫婦子2人（片働き，大学生・中学生）のケースで，給与所得者の所得のうちその金額までは所得税が課されない給与収入（「所得税の課税最低限」）は日本の場合285.4万円。これに一般的な給付措置を加味した際に，税額が給付額と等しくなる（実質的に負担額が生じ始める）給与収入は631.5万円。主要国における同様の給与収入水準を比較している。

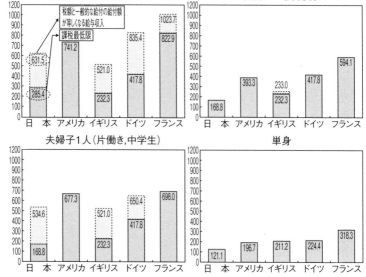

　（備考）　所得税額および給付額の計算においては，統一的な国際比較を行う観点から，一定の家族構成や給与所得を前提として一般的に適用される控除や給付等を考慮している。

（注）
1．比較のため，モデルケースとして夫婦子1人の場合にはその子を13歳として，夫婦子2人の場合には第1子が就学中の19歳，第2子が13歳として計算している。
2．日本については，2013年（平成25年）1月からの復興特別所得税を加味していない。
3．アメリカの児童税額控除は所得税の税額控除として含まれており，また児童手当制度は設けられていない。イギリスの夫婦子2人および夫婦子1人については，全額給付の児童税額控除・就労税額控除および児童手当を含めた場合の数字。なお，フランスの家族手当は子どもが2人以上いる場合に支給される。
4．邦貨換算レート：1ドル＝142円，1ポンド＝168円，1ユーロ＝145円（基準外国為替相場および裁定外国為替相場：令和5年（2023年）1月中適用）。なお，端数は四捨五入している。

※**財務省HP**（https://www.mof.go.jp/tax_policy/summary/income/028b.pdf）を一部加筆修正。

し比べるなら，すべての納税者に用いられる基礎控除を基準とすべきです。つまり，日本で最低生活費非課税の原則が守られているかどうかという問題は，基礎控除の48万円が妥当かどうかということから出発すべきではないでしょうか。皆さんは，基礎控除の金額，そして所得によって金額が減っていくという点をどう思いますか？

ゼミ 5-2

仁木：基礎控除が年間48万円じゃぁ，日本はだいぶ低額なんじゃないですか？

春香：そうね。これでも10万円引き上げられたのだけど，まだまだ不十分だと思うわ。それに消費税を合わせて見ると，「広く薄く」課税されるようになってきたといえるわね。

市木：もし所得税だけで考えるとしても，給与所得者以外の人だったら，基礎控除は48万円しかないんだから，48万円を超えると税金がかかるのか。大変だ。

春香：所得金額が48万円よ。収入金額から必要経費を引いた金額だから間違えないでね（第6章参照）。

仁木：でも48万円なんて低すぎますよ。生活扶助でも1人あたり70～80万円は支給しているって聞いたことがあります。おかしいですよね？

春香：少なくとも基礎控除の金額は生活扶助の基準額以上にすべきよね。

市木：これまで，誰も裁判で争わなかったんですか？

春香：実は2件あったのよ。

市木：判決はどうなったんですか？

春香：原告が給与所得者で，所得も多い人だったため，所得の多い人が健康で文化的な最低限度の生活が課税で脅かされている

というのはリアリティがない，ということで簡単に退けられてしまったわ。

仁木：そうすると，日本ではかつての基礎控除38万円で人間が生活できるのかどうかは正面から裁判所で争われていないんですか？

春香：そうなの。これをきちんと争ってみる必要があると思うの。でも，この問題を焦点にするためには給与所得者じゃ，だめね。給与所得控除を持ち出されるから……。

市木：じゃあ，誰がいいんですか？

春香：給与所得者でない人，つまり，事業所得者ね。それに基礎控除の金額に焦点をあてるなら独身の人がいいな……。

市木：それじゃ，春香先輩がいいじゃないですか？

春香：残念。リアリティが問題なの。私，顧問先が多くて結構所得があるのよ。だから，誰のために争ってるんだ，なんていわれてしまいそう。残念だわ。市木君がもし将来税理士になったらとするでしょう。市木君なら独立しても顧問先が少なくてリアリティがあるんじゃないかしら。市木君，頑張って裁判してね‼

解説　5−2

わが国の所得税法では1947（昭和22）年改正から**基礎控除**で最低生活費非課税の原則が守られている，とされています。この基礎控除は昭和40年代頃までは生活扶助基準より高額でしたが，生活扶助

基準が毎年改正されるのに対して，基礎控除の引上げは数年に一度しか行われなかったために，ついに1977（昭和52）年から社会給付と逆転しはじめ，今日では生活扶助基準額の50〜60％にすぎなくなっています（**資料5−2**参照，ただしここで示されている「課税最低限」とは，基礎控除のこと）。

　また1957（昭和32）年の基礎控除額と国会議員の歳費はほぼ同額（8万円）でした。ところが，国会議員の給与ともいうべき歳費の方は，現在月額129万4千円（国会議員の歳費，旅費及び手当等に関する法律1条）と基礎控除の金額と大きく差がついています。立法者たる議員は，自分のもらう分だけを引き上げておいて，国民全員に保障されるべき最低生活費控除にはほとんど関心がなかったことがわかるでしょう。

　こうした状況を背景に，所得課税における課税最低限のあり方が訴訟でも争われてきました。その最初の事例であるいわゆる池畑訴訟に対する最高裁平成元年2月7日判決（判時1312号69頁）は，この問題につき，「憲法25条の規定の趣旨にこたえて具体的にどのような立法措置を講ずるかの選択決定は，立法府の広い裁量にゆだねられており，それが著しく合理性を欠き明らかに裁量の逸脱・濫用と見ざるをえないような場合を除き，裁判所が審査判断するのに適しない事柄である」と述べ，かなり広範な立法裁量を認めるとともに，原告が基準として主張した総評理論生計費について，「日本労働組合総評議会（総評）にとっての望ましい生活水準ないしは将来の達成目標にほかならず，これをもって『健康で文化的な最低限度の生活』を維持するための生計費の基準とすることができない」と一蹴しています。

　この訴訟では課税最低限の基準として原告独自の生計費が主張さ

【課税最低限】

資料 5-2　生活扶助基準に対する課税最低限の割合

※佐々木潤子「所得税法における課税最低限と最低生活費(1)」民商法雑誌 117 巻 1 号
（1997年）42頁より。

れたため上記のような判旨になったのですが，それでは生活扶助基
準をもとに主張するとどうなるのかが問題となります。この点が，
東京地裁昭和61年11月27日判決（判時1214号30頁）で争われたので
すが，原告の所得が生活扶助基準を大幅に上回っていたために，争
点となっていた基礎控除額をそのまま適用しても「原告の健康で文
化的な最低限度の生活が侵害されるということのないことは明らか
である」とされてしまいました。いわゆる高額所得者による最低生
活費課税違憲の主張であったため，当該高額所得者の生存権が脅か
されたかどうかが焦点となり，課税最低限により高額所得者の税負
担が必要以上に高額になっていることや，最低生活費程度の所得し
かない者が訴訟を起こした場合の課税最低限と生活扶助基準との関
係については具体的判断が示されていないのです。

　生存権の法的性格については，プログラム規定説，抽象的権利説，
具体的権利説の対立がありますが（この内容については，憲法の教科
書を調べてください），生存権の自由権的側面とその侵害に対しては

いずれも憲法25条に裁判規範としての効力を認めていますので，課税によって健康で文化的な最低限度の生活ができない人は違憲を主張して争えると思います。

　なお，課税最低限と生活扶助基準の関係については3つの考え方があり得ます。

　①1つは，課税最低限が最低生活費を下回っても，生活保護等の制度全体で補塡されれば，違憲問題は生じないという見解です。

　②これに対し，一方で国家が健康で文化的な生活を侵害し，保護対象者を増やしておいて，他方で保護を行うことは社会法の補足性の原理に抵触するし，実際上も無駄なことのために行政費用を使うに等しいので許されないとする観点から，生活扶助の基準額と課税最低限は連動し，生活扶助の基準額を下回る課税最低限は違憲とする立場があります。

　③さらに，生活扶助の基準額ではなく，現実に「健康で文化的な生活を過ごすために必要な客観的な金額」を下回る課税最低限は違憲と解する説もあり得ます。

　これらのうち，私見によれば，理論的には負担能力のある層から税を徴収し，それを欠いている層には社会給付をするのですから，その基準は同一でなければならないし，少なくとも生活扶助基準を上回っていなければならないというべきでしょう。このような理解にとって，ドイツ連邦憲法裁判所1992年9月25日の違憲決定はきわめて注目されます。というのは，同決定は課税最低限と生活扶助基準の一致の必要性を認め，生活扶助基準を大幅に下回っていたドイツ所得税の課税最低限を違憲と判断し，そのためドイツは1996年改正で基礎控除を倍増し，その結果，給与所得者を例にした国際比較でも日本を上回っているのです（**資料5-1**）。

　なお，課税最低限の議論に関連して，基礎控除を所得控除とする

のは高額所得者に有利になるという批判もあります。これは基礎控
除の法的な性格をどう理解すべきかという重要な問題に関係してき
ますので，第12章を参照してください。

　また，課税最低限の問題を考えるときに忘れてはならないのは，
消費税等の間接税の問題です。生活必需品も課税対象になっている
ので，生活保護受給者も税を負担しているのは明らかだからです。
これは憲法25条違反の問題を生じさせないのでしょうか？　残念な
がら，憲法上の問題にはなりにくいと思われます。なぜなら，消費
者は納税義務を負っているわけではないからです。それでは，皆さ
んがこれまで負担してきた消費税は一体何なのでしょうか？　疑問
に思った人は第19章も読んでください。

第6章　土地は売ってなくても課税される？

【所得税法(1)——所得概念】

春香の質問　6

　皆さん，所得税法の勉強に入ります。所得税は個人の所得，つまり儲けに課される税だけど，そもそも「所得」って何でしょう。次のような利得は「所得」になると思う？

① 1,000万円で購入した土地の時価が3,000万円に値上がりした。この増加した価値2,000万円。

② 1,000万円で購入した土地を3,000万円で売却した。この売却によって得た利益2,000万円。

③ 横領など違法な行為をして得た利得。

④ 通常家賃10万円の社宅を2万円の家賃で借りている。

⑤ 自宅を所有している人が，家賃を払わないですむこと。

ゼミ　6-1

市木：②は所得だね。

春香：じゃぁ，①は？　市木家の土地が値上がりしたとしましょう。これって，所得？

市木：冗談じゃないですよ。ただ持っているだけで，売ったわけではないんでしょう？　儲けなわけないじゃないですか。

春香：そうかしら？　土地の価値が上がっていたら，持っている財産が増えているといえない？

仁木：でも，これを所得だといわれたって，税金を払えませんよ。
　　　私はこれは所得とはいえないと思います。

市木：そうですよ。

春香：まあ，2人とも必死ね。ところで，租税法律主義なんだから，
　　　まず所得税法を確かめてみない？　所得税法に「所得」とは
　　　何か，土地の値上り益が所得になるか，規定されている？

市木：どこを見ればいいんですか？

春香：所得税法2条の定義を調べてみて。所得税法上の重要な定義
　　　規定があるわ。税法では，重要な定義が2条で示されている
　　　ことが多いの。

仁木：でも，「所得」の定義はありませんよ？

春香：そうなのよ。

市木：え～！　じゃ，どうなっちゃうの，この質問？？

解説　6-1

　所得税は個人の所得に課されますが（所法7条），所得税法は
「所得」について明確に定義する規定を置いていません。利子所得
（所法23条）とか，給与所得（所法28条）といった個々の所得の種類
（所得分類，第9章参照）は定義していますが，肝心の「所得」につ
いて定義がないので，たとえば，雑所得は「いずれにも該当しない
所得」（所法35条）と規定されているものの，何が所得税の課税対
象になる所得といえるのか必ずしも明確ではないのです。

　所得税の対象である所得をどう捉えるか（所得概念論）は，2つ

の代表的な学説があります。1つは，**制限的所得概念（所得源泉説）**といわれるもので，個人に帰属した経済的利得のうち，反復的・継続的に得られる利得のみが所得税の対象となるという考え方です。この考え方によると，一時的・偶発的な利得は課税されないので，個人の土地の譲渡益等は課税対象とはなりません。かつて，国王が所有している土地を農民が利用して得られる農作物から税を払うというような社会で成立した考えであり，ヨーロッパにはこのような考え方を採用している国が現在でもあります。

　しかし，西部開拓史から想起される広大な土地開発と土地譲渡を繰り返したアメリカではこのような考え方は不公平になります。つまり，自分で開拓し，自分のものとした土地を売って儲けを得た人や，そこから偶然出てきた金脈から莫大な利益を得た人たちに課税しないのは不公平といえます。そこで，そういった土地を売った儲け（譲渡益）のような一回しか得られない利益や，発掘した金のような偶然に得られた利得も含めた，あらゆる経済的利得が所得であるとする**包括的所得概念（純資産増加説）**がアメリカでは採用されてきました。包括的所得概念は，その利得をどう使ったかという観点から，「所得＝消費＋蓄積」という数式で表されます。その年に使った分（消費）と将来に使うために貯めた分（蓄積）を合わせた全ての儲けを課税対象とする，ということです。

　日本の所得税法は，戦前は制限的所得概念を採用していました。しかし，戦後は所得税法において「譲渡所得」（33条）や「一時所得」（34条）といった一時的・偶発的な利得も課税対象にされ，「雑所得」のような包括的な規定があることから，アメリカ法の影響を受けて，包括的所得概念を採用していると考えられています。ただし，包括的所得概念の下では所得だと考えられる経済的利得の全てに対して現実に課税されているわけではありません。たとえば，①

のように個人が持っていた土地が値上がりしたとすると，所有者の蓄積が増加するのでこれも経済的利得（評価益）であり，包括的所得概念の下では所得に該当します。しかし，実際には，その土地はまだ売却されておらず，収入金額（所法36条）が生じていないので課税されていません。これに対して，②の利益は売却した対価が収入として実現しているので，課税されています。

　包括的所得概念は，どのような利得も課税対象として捉えるものであり，公平性の点から確かに優れた面があります。しかし，以上のように，実際には課税されていない利得も所得に含まれてしまうことから，所得の範囲を限定する機能を有しておらず，租税法律主義，特に課税要件明確主義の観点からすると疑問もあります。そこでドイツでは「営利目的をもった活動を通じて，市場において獲得した経済的利得」こそが所得だ，という**「市場所得説」**が支持されてきています。また，アメリカでは，すでに述べた利得の使い道に着目する観点をさらに進めて，消費に用いた経済的利得のみを課税対象と捉える**「消費型所得概念」**も唱えられています。

　なお，全ての経済的利得を所得として捉える包括的所得概念は，収入を所得とする考え方ではない点に注意しましょう。たとえば，②では3,000万円を収入として得ていますが，これを得るために1,000万円を支出して土地を購入していますから，所得は3,000万円ではなく3,000万円−1,000万円＝2,000万円です。このように，所得は，収入からその収入を得るために支出した経費を控除（マイナス）して算定するものと考えられています。ただし，実際の制度では，所得分類によって計算方法が異なります（第9章および第10章参照）。

ゼミ　6-2

春香：じゃあ，次の③横領したお金は所得になるかしら？

市木：違法でもお金を手に入れているなら，やはり課税すべきだと思います。

仁木：でも，そんなこといったら，違法なことを国が認めたことになるじゃない？　おかしいわよ，そんなこと！

市木：でもそうすると，違法なことをやった人には税金がかからなくて，まじめに働いた人にはかかることになるじゃないか？

仁木：違法に得たお金は没収すればいいじゃないの？

市木：違法なことをやったからって，没収されるとは限らないさ。

仁木：没収はされないとしても，横領だったなら被害者に返さないといけないんじゃないの？　そんなものまで課税しちゃったら，おかしくない？

春香：ちょっと待って，2人とも。さっき，日本の所得税法は包括的所得概念を採用していると教えてもらったでしょう。それを前提に話をしてみて。

仁木：ということは，経済的利得は何でも所得だから，違法な利得でも所得だ，ということですか？

春香：そうね。包括的所得概念によれば，違法であっても経済的利得は広く課税対象になるという考えに結びついて，課税されるといえるわ。

仁木：実際はどうなっているんですか？

春香：1942（昭和17）年頃の通達では闇取引は課税しないとされていたんですって。それが，1948（昭和23）年通達で方向転換し，法律上の所有権の移転の有無を基準に判断され，賭博は所得になるけど，窃盗や強盗は所得にはならなかったの。

市木：へえ〜，所有権の移転を根拠に課税したんだ。現在もそうなんですか？

春香：現在では，所有権の移転にかかわらず，違法な利得も所得で

65

あることについては異論はないわ。だって，まじめに働いた人が課税されて，違法なことで儲かったら課税されないなんて，やはりおかしいものね。

市木：違法なことをやって儲けたんだから，課税されるのは当然ですよね。

春香：先生に聞いてみましょう。先生，どう考えたらいいですか？

解説 6-2

　違法利得については，所得概念と直接には結びつかないのですが，ゼミの議論にもあったように，違法であっても利得を得ていれば，包括的所得概念の下では所得があることには間違いないでしょう。たとえば，盗んだお金でも，貯金すること（蓄積）や日用品を買うこと（消費）はできます。そこで，適法に得た所得との課税の公平性の観点から，違法利得であっても課税対象になることが実務上確立しています（最判昭和46年11月9日民集25巻8号1120頁，所基通36-1）。そして，裁判で違法であることが確定してそれを返還するなど，その利得が失われたら，その利得に対する税金を戻すというのが基本的な考え方になっています（所法152条参照）。

　ただ，このように違法利得が課税されるとした場合，申告義務と**自己負罪拒否特権**との関係が問題になります。違法利得を得たという申告を刑罰その他の制裁で強制することは，憲法38条1項の「何人も，自己に不利益な供述を強要されない」ということを保障した規定に反することにならないか，という問題です。適法な通常の利

得を得た者が申告しないと無申告加算税等の行政上の制裁や刑罰を科されますが（第27章参照），違法な利得を得た者が申告をしない場合にも，同様の制裁を科せるのでしょうか。

　現行の確定申告の様式では，所得を得たとしても，それがいかなる行為によって得たかを明示する必要はなく，収入金額等の一般的項目の下にそれを記入すればよいことになっています。つまり，所得があったことだけを申告すればいいので，その所得を違法な原因によって得たことまでは申告する必要がありません。そのため，違法な利得がある者に申告を強制することは合憲である，と一般に解されています。

　しかし，原因行為を記入する必要はないとはいえ，利得の申告により犯罪の端緒が発覚するおそれは十分にあります。やはり自己負罪拒否特権の観点から問題だ，と思う人もいるかもしれません。ただ，犯罪が発覚するおそれがあるから違法な利得を得た人には申告する義務がないというのでは，適法に所得を得た人との間で課税の公平が保たれているとはいえないでしょう。また，違法な利得は申告義務がないとすると，税務調査で無申告の所得を発見した場合，その所得は違法なものかどうか調べなければならなくなり，税務調査は「犯罪捜査のために認められたものと解してはならない」（通法74条の8）という原則に反してしまいます（第26章参照）。したがって，違法・適法を問わず一律に課税し，申告させるというのは，税務調査を犯罪捜査から引き離すためにも必要な措置だと考えてはどうでしょうか。

☆違法支出の控除

　このように，違法利得が課税対象になることについてはほぼ一致を見ているといえます。これに対し，**違法支出**を課税上控除すべきかについては学説上なお一致を見ていないし，比較法的に見ても差

67

があります。たとえば，ドイツの場合は違法利得が課税対象になるのと同様に違法支出も課税上控除されると解されています。一方，アメリカではいわゆる公序（パブリック・ポリシー）の理論が適用され，公序に反する結果を生じるような支出を控除することはできないとされているのです。

　判例は，法人税法に関するものですが，最高裁昭和43年11月13日大法廷判決（民集22巻12号2449頁）が株主優待金に関連して「事業経費の支出自体が法律上禁止されているような場合には，少なくとも法人税法上の取扱いのうえでは，損金に算入することは許されない」とし，違法な支出の損金性を否定しています。その後，最高裁平成6年9月16日決定（刑集48巻6号357頁）が脱税工作金の損金性を否定しているほか，一定の違法支出の損金性を認めない規定も設けられました（法法55条）。このようなことから，学説でも違法支出は収入や収益から控除できないという説が有力といえます。

　確かに，違法な支出を経費として控除できるとすると，その分税金が安くなり，国家がそのような違法行為を援助しているようにも見えます。しかし，違法支出は控除できないとすると，支出の事実が判明した後に当該支出の適法・違法を検討しなければならなくなります。さらに，税務調査でそのことを判断しなければならないとすると，税務調査は「犯罪捜査のために認められたものと解してはならない」という原則に反することにもなります。これらのことを考慮すると，収入を得るための経費性のある支出はその適法・違法を問わず控除を認めるべきではないかと考えられます。

ゼミ　6-3

春香：さて，次は④の問題ね。安い家賃で社宅に入っている人は得よね。同じ給料でも家賃の差額分，得しちゃうものね。

仁木：私の知っている人は，大企業に入社して，社宅だけではなくて，社員割引でいろいろなものが安く購入できるし，保養施設なんかも安く利用できるようです。うらやましい。

春香：こういうのは，企業が従業員に雇用関係に基づいて支給している給与の一部として，課税されるべきじゃない？

市木：給与の一部ですか？　でも，社宅なんて窮屈だな。なんか，会社の人間関係がそのまま私生活にも入ってくるようで，差額分が給与です，なんてとても喜べないけどな。

仁木：でも，社宅や割引がない企業の従業員と比べたら，やはり優遇されていますよ。こういう利得は所得なんですか？

春香：こういった，従業員が勤務先から得る賃金以外の利得をフリンジ・ベネフィット（付加的給付）というのよ。理論的には，もちろん所得よ。

市木：実際にも課税されているんですか？　社宅に入っている人が，税金を課されたという話は聞いたことがないですよ。

春香：法律上は所得なんだけど，実務上の取扱いでは差額が一定額以内だと課税しないようにしているので，多くの企業ではその枠内に収まるように家賃等を決めているみたい。だから，実際にはほとんど課税されていないの。同じサラリーマンでも大企業の従業員でこのようなフリンジ・ベネフィットを多く受けている人は優遇されているのよ。さて，⑤の問題はどう？　確かに，自宅を持っている人は家賃を払わないですんでいるわよね。

仁木：でも，たいてい住宅ローンを払っています。

春香：住宅ローンを払って，結局自分のものになるんでしょ。家賃はいくら払っても家が自分のものになることはないわ。

市木：でも，そんなこと言い出したら，きりがないんじゃないです

　　　か。日曜大工で家具を作ったら，家具代を払わないですんじ
　　　ゃいますよね。これも所得だ，ということになる。

春香：そうなの。そのように，自己の資産の利用や自己の労働のお
　　　かげで，払わざるを得ない支出を免れた利得を帰属所得（イ
　　　ンピューテッド・インカム）というの。これを所得として課税
　　　する例は結構あるのよ。特に帰属家賃がその代表で，ドイツ
　　　でも1987年まで，自宅を持っている人に対して家賃相当額を
　　　課税対象に入れていたのよ。

市木：え〜，ひどいな〜。それじゃ，自宅を持つと，住宅ローンに
　　　税負担が追い打ちをかけることになりますよ。

仁木：そうですよ。そんな税制になったら，自宅を持てなくなるん
　　　で，大反対運動が起こりますよ。

春香：2人ともそう思う？

市木・仁木：ええ。

春香：2人とも税法の素人ね。税法の一面しか見ていない。

市木・仁木：？？

春香：いい，住宅を持つと，そこから家賃相当額の帰属収入が生ま
　　　れるのよ。そうすると，住宅は収入を生み出す資産になるわ。
　　　だから，家のための支出は経費になるわね。まず，家の家賃
　　　を月10万円としておきましょう。年間の帰属収入は120万円
　　　ね。そこから，家のための経費が控除できるわ。どんなもの
　　　がある？

市木：まず，住宅ローン！

春香：ローンの利息分ね。年間100万円ぐらい払っている人が多い
　　　わ。それから？

仁木：家の減価償却費。

春香：そうね。その家が2,000万円ぐらいの家で5％程度引けると

　　　したら，さらに100万円。もう，赤字だわ。それに，固定資
　　　産税，修繕費等々の費用も控除できることになるわ。

仁木：家賃分を収入にするので，家にかかる費用が控除できてその
　　　所得が赤字になる。すると，どうなるんですか？

春香：他の所得をその赤字分だけ減らせるのよ。だから，所得税の
　　　負担がぐっと安くなるの。

市木：え〜！　家賃相当額が課税対象に含まれることで，かえって
　　　税金が減る。なんか，騙されているみたい。

春香：そうよ。だから，税法は表と裏を見ましょう，ということよ。
　　　最終的な税負担のところまで気をつけましょう。

仁木：日本の所得税法は，自宅から生じる帰属家賃を課税対象にし
　　　ているのですか？

春香：日本の所得税法は原則として外部から「収入」として流入し
　　　た所得のみを課税対象にしているので，外部から流入してこ
　　　ない帰属家賃は課税対象に入れていないわ。

市木：課税されないので，よかったと思っていたけど……。

仁木：課税されないので，家のための支出も経費にならない？

春香：そのとおり。一見住宅所有者に優しいようで，実は住宅は自
　　　分の生活のためのものだから，住宅のための支出は必要経費
　　　ではなく家事費にすぎないので控除できませんよ，としてい
　　　るわけなの（所法45条1項1号）。そうですね，先生？

解説　6-3

　所得といっても，その具体的内容は様々であり，現行所得税法が課税対象にしているといえるかどうか微妙な問題も少なくありません。ゼミでも議論されていた**評価益**や**フリンジ・ベネフィット**等がその代表例です。

　帰属家賃等の**帰属所得**論については，少し解説を加えておきましょう。帰属所得というのは，帰属家賃のように「払わざるを得ないものを免れた」利得という捉え方ができます。別の見方をすると，住居を所有している人は，他人に貸す場合には賃料を得ることができます。仮にその住居に自分で住む場合でも，家賃相当額の資産の運用益によって得られる利得は自分に帰属していると捉えることもできます。そのため，自分に帰属した所得として，帰属所得といわれるのです。帰属所得は，包括的所得概念では理論的には所得として考えられます。なぜなら，蓄積を減少させずに消費（たとえば，帰属家賃の場合は家に住むこと）ができているからです。

　しかし，現行所得税法は一部の例外を除き（所法39条，41条1項），帰属所得を所得税の課税対象にしていません。なぜなら，これらの利得が所得だと言い出せばきりがなく，たとえば，専業主婦（夫）が家事労働に従事している場合にも，家政婦（夫）を雇わないですんでいる利得があり所得が生じている，ということになりかねないからです。また，このような場合に得た帰属所得の金額の判断（評価）は困難でしょう。こういった，実際にどのように課税をするの

かわからないという実行可能性の観点から課税されていないのです。

　では，帰属所得に対して課税がされたことはないのかといえば，そうではなく，ドイツでは帰属家賃に対する課税が行われていました。どのように課税されていたのか説明しましょう。自己の家を持っていることにより家賃を払わずに済むので，その家賃分の利得が自己に帰属します。つまり，家賃相当額の帰属「家賃」があります。しかし，帰属家賃はあくまで収入であって，これを得るために必要な経費を控除しなければ「所得」とはいえません。したがって，所得を計算する際には，家賃相当額の帰属「収入」が擬制され，自宅にかかる減価償却費（使用による価値の下落という費用）やローン利子，固定資産税などがすべて「収入」を得るために必要な経費となります。帰属収入からこれらの経費を控除した結果は通常マイナス（損失）になり，この損失は他の所得から控除できます。損失を控除した結果，税負担が減少することにつながることもあります。そうすると，自宅を持っている人は課税されるのではなく，税法上優遇されることになるのです。

　しかし，日本の現行所得税法は帰属家賃を課税対象にしていません。これは「収入」を課税上把握しないことの反対に，自宅にいくら支出が生じても，その支出は経費ではないとして税法上控除する道を閉ざしているといえます。この点は留意が必要です。

　このように，税法の問題は，その最終的効果までよく見て理解するようにしてください。課税の対象になるからといって，必ずしも納税者が不利になるわけではないのです。

第7章　天皇の納税義務？

【所得税法(2)——納税義務の範囲】

春香の質問　7

　　皆さん，所得税の納税義務者は個人です。でも，個人といっても
いろいろな人がいますね。たとえば，次の人たちは日本で所得
税を払わなければいけないかしら？

① 　日本に住んでいて，3か月のアメリカ留学中に先生の目を
　　盗んでラスベガスで遊んだら，500万円も儲かった大学生A君。
② 　韓国籍で，生まれたときから日本に住んでいて，コンビニで
　　バイトして年間200万円の給与を得たB君。
③ 　アメリカから今年日本にきて，某球団で活躍していたが，シ
　　ーズン中に5億円の年俸を受け取った途端に帰国したC選手。
④ 　火曜から金曜まで香港で働いて年間1,000万円の給与を得て
　　いるが，週末から月曜までは家族の住む日本に戻って過ごして
　　いるDさん。
⑤ 　天皇。

ゼミ　7-1

市木：さっぱりわかりませんよ。日本で儲けたものは日本，外国で
　　　儲けたものは外国でいいじゃないんですか？

仁木：私もそう思います。国籍が日本ではないから，税金は払わな
　　　いでいいというのもおかしいし……。

春香：でも，日本国籍がないと選挙権は行使できないわよ。税金は
　　　　払わなければならないけど，どういう税制にすべきかについ
　　　　ての発言権はないわけね。

市木：それは僕らが外国で税金を払う場合も同じなんじゃないです
　　　　か？　だから，選挙権とは一緒にできないですよ。

春香：そうかもね。では①の場合から考えてみましょう。市木君な
　　　　ら先生の目を盗んでやりそうね。

仁木：市木君ならやると思うけど，当たりませんよ，きっと。

市木：いや～，僕はくじ運がいいから当たるかもしれませんよ。そ
　　　　うしたら，全部ぱーっと使っちゃうんだ。

春香：税金は？

市木：アメリカで儲けたんですよ？　アメリカの税金なら払うけど，
　　　　日本では関係ないんじゃないですか。

春香：それがそうじゃないんだな。所得税の納税義務者には「無制
　　　　限納税義務者」と「制限納税義務者」とがいるの。個人がそ
　　　　のどちらになるかで，日本の所得税の課税される範囲が異な
　　　　るのよ。所得税法7条1項1号を見て。

仁木：「非永住者以外の居住者」は「全ての所得」と規定されてい
　　　　ます。

春香：その「非永住者以外の居住者」を一般には「永住者」という
　　　　の。そして，この「全ての所得」というのは，国の内外を問
　　　　わず全世界で得た所得，という意味なのよね。つまり，永住
　　　　者は，どの国で得た所得かという制限のない，無制限納税義
　　　　務を負っているのよ。

市木：「永住者」っていうのはなんですか？

春香：所得税法2条の定義を調べてみて。

市木：「永住者」は「非永住者以外の居住者」だから，「居住者」の

　　　意義から見てみると，「居住者」というのは，国内に住所を
　　　有しているか，あるいは現在まで引き続いて１年以上居所を
　　　有する個人，となっていますね。ということは，僕は国内に
　　　住所があるから，居住者だ！

仁木：でも，非永住者の可能性は？

市木：非永住者というのは，居住者のうち「日本国籍」を有してい
　　　ない人で，かつ，過去10年間のうち国内に住所または居所を
　　　有していたのが５年以下の人をいうんだって。

仁木：だったら，私も市木君も非永住者ではなくて，永住者だわ。
　　　生まれてからずーっと日本に住んでいるんだもの。

市木：そ，それじゃ，日本の税金から逃げることはできないんだ！
　　　でも，アメリカで所得税を払ったらどうなるの？

春香：もし，外国で払った所得税があるときは日本の所得税を払う
　　　ときに，外国で払った税額を一定の方式で控除してくれるわ。
　　　だから，二重に課税されることはないけど，日本の所得税の
　　　対象にはされるのよ。

市木：どこで稼ごうとも，僕の貴重な所得には日本の税金がかかる
　　　んですね。で，その永住者かどうかということは住所や居所
　　　が決め手になるわけだ。そうすると，②のB君も永住者とし
　　　て国内に住所を有しているから，当然日本の所得税を払わな
　　　ければならないんですね。

春香：そのとおり。

仁木：C選手は日本にいたのは１年以内ですね。そうすると，どう
　　　なるのかしら。

春香：非居住者は，国内源泉所得，つまり日本で発生した所得だけ
　　　が日本の対象になるのだけど，日本のプロ野球で報酬を得た
　　　のだから，その分は当然日本の所得税の課税対象になるわね。

市木：Ｄさんは日本に住所はないんだから，当然日本の所得税は課されない……。

春香：どうして？　住所って何？

市木：え〜と，住民登録をしているところじゃないんですか？

春香：住民登録は，１つの手がかりにはなるけど，決定的ではないわ。住所は「生活の本拠」（民法22条）でしょ。

仁木：それじゃ，Ｄさんは家族のいる日本が生活の本拠だから，日本で所得税を払わなければならないんですか？

春香：家族の居場所だけで決まるわけではないけれど，生活の本拠が日本ならそうなるわね。先生に，住所と納税義務の関係を少し整理してもらいましょう。

解説　7 - 1

　所得税の納税義務者である個人について，所得税法は住所等を基準に**居住者**と非居住者に区分し，そしてその居住者をさらに非永住者とそれ以外の居住者（永住者）とに分類して，課税対象となる所得の範囲を規定しています。それぞれの意義と課税される所得の範囲は次のようになります。

　①**永住者**（国内に住所を有し，または，現在まで引き続いて１年以上居所を有する個人＝居住者で（所法２条１項３号），②の非永住者に該当しない個人）　　日本にいる個人の大半がこれに属しますが，どこで得たかによらず，その者が得た全ての所得（全世界所得）が日本の所得税の課税対象になります。

②**非永住者**（居住者のうち，日本国籍を有しておらず，かつ，過去10年間のうち5年以下の期間国内に住所または居所を有する個人　所法2条1項4号）　　基本的には全世界所得が課税対象になりますが，国外源泉所得（所法95条1項）のうち国外で支払われ，かつ国外から送金もされていないものは課税対象になりません。

③**非居住者**（国内に住所を有さず，かつ，現在まで引き続いて1年以上居所を有しない個人　所法2条1項5号）　　国内源泉所得（所法164条1項）のみに課税されますが，非居住者のその所得を取得する態様に応じて具体的な税額計算等には若干の差異があります。なお，日本国籍を有していても，非居住者であれば，国内源泉所得にしか課税されません。

永住者のように，課税される（納税義務を負う）所得の範囲（課税対象）に制限がない個人を**無制限納税義務者**といいます。これに対して，課税される所得の範囲が限定されている非永住者や非居住者を**制限納税義務者**といいます。

これまでは，課税される所得の範囲を区別するために重要な要件は住所・居所でした。住所の意義は民法22条に定められています。住所のような，税法以外の法律分野で明確な意味内容が決まっている言葉を「**借用概念**」といいます。住所以外の借用概念としては，「配偶者」（所法83条，民法725条2号）が挙げられます（配偶者控除については，第12章参照）。これに対して，税法の中で独自の意味内容を持つ言葉を「**固有概念**」といいます。固有概念としては，前章で議論した「所得」（所法7条）が挙げられます。

借用概念は，借用元の法律と同じ意義で税法上も解釈すべきだとされています（統一説）。そのため，所得税法上の住所も，民法22条が定めるとおり「各人の生活の本拠」を指すことになります（東京高判令和元年11月27日税資269号順号13345参照）。したがって，外国

で働いていたとしても，生活の本拠が日本にあれば，居住者として日本の所得税の納税義務を負うことになるのです。

　以上のように，従来は住所によって納税義務の範囲を区別してきましたが，人の移動が容易になった現代社会では，住所で合理的な区別をするのは徐々に難しくなっています。特にEUでは深刻で，たとえば，ベルギーに住んでいるのに，車で30分のフランスの会社に勤め，フランスで得た所得しかない人をフランスの居住者と区別して扱う必要があるでしょうか？　日本でも，近い将来に毎日韓国から通勤する人が出てきた場合，この人を非居住者として扱うことが合理的かどうか問われる時代がくるでしょう。さらに，リモートワークが普及している昨今では，国外から日本の会社に勤務する納税者が出てくることが予想され，この問題を議論する必要性は益々高まっています。

　実際に，住所のみをもって納税義務の範囲を区別することが必ずしも合理的ではなくなってきたことから，2006（平成18）年より，上述のとおり所得税法上の非永住者の定義に国籍が入っています。所得税の納税義務の範囲を定めるにあたり，住所と国籍が併用されはじめたといえるでしょう（第24章参照）。

ゼミ　7-2

春香：それでは，最後の天皇の納税義務を考えましょう。

仁木：天皇陛下も生活の本拠は日本ですよね。

市木：でも，天皇陛下が課税されるわけないさ！

春香：どうして？　天皇が所得を得た場合には非課税とする，という規定が所得税法にあるかしら？

仁木：所得税法9条に非課税規定があるんですが，ここに天皇陛下の所得は非課税にするという条文はないですね。

春香：誰々さんの所得は一切非課税にします，というのを人的非課税というのだけど，日本の所得税法にはそのような規定はないはずよ。

市木：いや，あった！　皇室経済法4条1項（内廷費）および6条1項（皇族費）の規定により受ける給付は非課税です（所法9条1項12号）。だから，天皇陛下は納税義務がないんだ。

春香：市木君。それは天皇だから所得をすべて非課税にするという人的非課税規定ではないわよ。天皇の所得のうち，皇室経済法により受ける給付は非課税にします，という物的非課税規定よ。だから，あくまでもその給付に限って非課税になっているだけなの。ほかに所得があれば，当然所得税の納税義務があるのよ。

市木：だったら，確定申告の時は芸能人より天皇陛下に申告セレモニーをしてもらった方が効果がありそうですね。

春香：それはいいアイデアかもね。ところで，ネットオークションなんかで学生がいろいろなものを「買ってください」って出品しているわね。もし，市木君が自分の自転車を売ったら，所得税はどうなる？

市木：え～，そんなこと考えたこともないな。税金なんてかかるわけないでしょう。

春香：どうしてそういえるの？　法律の根拠を探しましょう！

仁木：さっきの所得税法9条1項9号に「生活の用に供する」家具等を譲渡した場合が非課税となっていますけど……。

春香：ピンポーン。当たり。その規定が根拠ね。

市木：そうか，ありがたい。所得税法はやはり学生のこと考えてくれているんですね。貧しい苦学生のことを思って，生活用動産は売っても非課税だ！　それじゃ，昨年申告しなかったの

は正解だ！

仁木：あら，市木君，実際に売っていたの？

春香：相変わらずお人好しね，どうしてありがたがるの？

市木：えっ，だって非課税ですよ。いいじゃないですか。

春香：市木君が生活用動産を売って儲かると思う，仁木さん？

仁木：結構要領がいいから，儲かるんじゃないですか？

春香：儲かるということは10万円で買った自転車を15万円で売れるということよ？

市木：まさか。この間のは，確か３万円で買った自転車を，5,000円で売ったんですよ。

春香：それじゃ，損したんじゃない。譲渡所得は総収入金額から取得費と譲渡費用を引いたものよ。だから，5,000円から３万円を引いたら儲けなんてないじゃない。

市木：そうか，損したんだ。5,000円で売れてよかったと思っていたから，儲かったように思っていたけど，勘違いだ。春香先輩，今から損失を申告したら所得税を減らせますか？

春香：申告しても無駄なのよ。

市木：え，どうして？

春香：９条２項を見てみたら。

仁木：え～と，な～るほど。まあ，そうなんですか。

市木：なに，どういうこと？

仁木：売って儲かっても非課税にしているので，損してもないものとみなすんですって。

春香：市木君，税法は表と裏を見なきゃだめよ。

解説　7-2

　所得税法は，特定の個人に一切税を課さないという**人的非課税**の規定を設けていません。通達で大使・公使等の外交官に対しては国際慣行から課税しないという扱いを定めているだけです（所基通9-11）。これに対して，誰が得たかに関わりなく，当該所得を非課税とするのを**物的非課税**といい，所得税法の非課税規定はこれに該当します。したがって，天皇や皇族といえども物的非課税の対象になっている所得以外の所得を得た場合は納税義務を負うことになるのです。

　現行所得税法が定めている非課税（所法9条参照）は多様であり，①社会政策的配慮によるもの（恩給等），②実費弁償的性格を有するもの（給与所得者の通勤費や旅費），③担税力に配慮したもの（強制換価による譲渡の場合等），④二重課税防止のためのもの（相続・贈与）など様々です。学生の皆さんが関わりうる規定としては，給付型奨学金などの学資に充てるため給付される金品を非課税とする規定（所法9条1項15号）があります。なお，所得税法で非課税とされていなくても，別の法律で非課税とされていることもあるので注意が必要です。たとえば，生活保護の給付（生活保護法57条）や，宝くじの当選金（当せん金付証票法13条）等がその例です。

第8章　夫の給料は誰のもの？

【所得税法⑶——課税単位】

春香の質問　8

　所得税は「個人」の「所得」に課されるものでしたね。でも，一緒に消費活動を行いながら生活している単位という意味では，所得税の計算は，夫婦を1つの単位として考えるべきじゃないかしら。あるいは，扶養という点も考慮して，家族全体で考えてもいいはずよね。

　そこで，次は，所得税は，個人を単位として個別に課税するのか，それとも夫婦等のグループを単位として課税するのかを考えてみましょう。

　皆さん，最近はこういう家庭ばかりではないけれど，夫が会社に勤め，妻は家事労働に専念している家庭を想定してください。先日，この夫から，「私の給料は私だけのもの？　妻の家事労働のおかげで安心して働けるんだから，2人の所得のはずだ。そういう申告はできないの？」と質問されました。どう思いますか？

ゼミ　8-1

市木： あれ〜，夫婦の所得は夫婦のものじゃないんですか？　いや，うちなんか，実際には全部母が握っているな〜。

春香： それは，先生の家も同じみたいよ。でも，それは事実上の問

題でしょう？　法的には誰のもの？

仁木：それって，民法に関係するんですか？

春香：そう，民法の問題よ。税法は民法の法律関係を前提に考える
　　　　ものなのよ。税法は，私法によって確定される事実をベース
　　　　に適用するからよ。

仁木：それだと，確か，夫婦別産制でした。

春香：そうよね。夫婦間の財産関係についての民法の法定財産制度
　　　　は別産制よね（民法762条）。

仁木：そうだとすると，婚姻中といっても夫の名で得たものは夫の
　　　　ものになり，妻の名で得たものは妻のものになります。

市木：え～，夫婦の共有じゃないの？　じゃあ，家庭の主婦（夫）
　　　　には夫や妻の給料に対する所有権はないんだ。

仁木：家事労働は所得を生み出さないのよね。いくら家庭のために
　　　　働いても無所得者ということですね……。

春香：だから，仁木さんも早く資格を取って一緒に働かない？

市木：あの，やはりおかしいですよ。だって，働いている人が残業
　　　　できるのは家にいる配偶者の家事労働のおかげじゃないです
　　　　か。2人で協力して稼いでいるわけですよね。なのに，配偶
　　　　者には全く持分がないなんて，おかしい。僕だったら，自分
　　　　の給与は2人の協力によるものだ，と主張して，税金の申告
　　　　でも夫婦2人のものとして半分ずつ申告したいな～。

春香：昔，そうして争った人がいるの。夫婦2人の所得だとしない
　　　　のは両性の本質的平等（憲法24条）に反するって。

市木：やっぱり。で，勝ったんですか？

春香：負けたわ。最高裁昭和36年9月6日大法廷判決（民集15巻8
　　　　号2047頁）は次のように述べて，夫婦2人の所得とは捉えな
　　　　い制度は合憲だとしたの。

　先ず憲法24条の法意を考えてみるに，……継続的な夫婦関係を
全体として観察した上で，婚姻関係における夫と妻とが実質上同
等の権利を享有することを期待した趣旨の規定と解すべく，個々
具体の法律関係において，常に必らず同一の権利を有すべきもの
であるというまでの要請を包含するものではないと解するを相当
とする。

　次に，民法762条1項の規定をみると，夫婦の一方が婚姻中の
自己の名で得た財産はその特有財産とすると定められ，この規定
は夫と妻の双方に平等に適用されるものであるばかりでなく，所
論のいうように夫婦は一心同体であり一の協力体であって，配偶
者の一方の財産取得に対しては他方が常に協力寄与するものであ
るとしても，民法には，別に財産分与請求権，相続権ないし扶養
請求権等の権利が規定されており，右夫婦相互の協力，寄与に対
しては，これらの権利を行使することにより，結局において夫婦
間に実質上の不平等が生じないよう立法上の配慮がなされている
ということができる。しからば，民法762条1項の規定は，前記
のような憲法24条の法意に照らし，憲法の右条項に違反するもの
ということができない。

市木： あるところでは不利でも，それを補うものがあって，要する
　　　に夫婦の生活全体を通じて平等になっていればいい，という
　　　ことですか。

春香： そういうことみたいね。夫婦の仲がいいときは，誰の所得か
　　　は問題ないでしょ。それに万一，仲が悪くなったら，扶養請
　　　求権があるし，別れれば財産分与請求権があるし，仮に働い
　　　ている人が亡くなっても，配偶者は相続権で財産の半分を取

得できる。だから，トータルで見れば，平等になっているでしょ，ということみたいね。

市木：なるほど，うまい理屈を考えるものですね。

仁木：市木君。こんな屁理屈に感心しないでよ。いい，主夫や主婦はいくら財布を預けられても，家族のためにしか使えないのよ。それにまじめにコツコツ給料を貯める人と結婚した場合はまだしも，給料を勝手に使いこんで，別れたときには何も残っていないような場合はどう説明がつくの？　だから，主夫や主婦は，相手が退職して退職金が入ったときぐらいしか離婚できないじゃない。

市木：いやいや，ごもっとも。春香先輩，税法では何か解決策はないんですか？

春香：今の所得税法は，民法の夫婦別産制と連動して所得を得た個人だけを課税の単位として扱っているから，夫婦2人の所得だとして申告することはできないのよね。そこで，所得税の課税単位を個人ではなく夫婦で1つの単位にして，夫婦が得た所得を税法上は夫婦の共有として扱うように所得税法を改正するのはどうかしら。たとえば，妻は専業主婦で夫は1,000万円の所得があったとすると，この1,000万円は夫婦が共同で得たものだから，夫が500万円，妻が500万円得たとして申告し，納税すればいいという制度よ。

市木：なるほど，そうすれば妻も自分の所得を得たことになるから……。あれ，結局，働いていない配偶者も税金を払うんだから，何かメリットがあるのかな？

春香：まず，税法上所得を分割するのだから，給料の半分を渡しても贈与税の心配はなくなるわよね。それに，所得税は超過累進税率を採用しているから，さっきの例でいえば，夫1人に

　1,000万円の課税所得がある場合と，夫に500万円，妻に500万円の場合の所得税負担の総額は，半分ずつの方が軽くなるのよ（第13章参照）。

市木：何だ，そういう手があるなら，所得税も安くなりそうだし，そうすればいいのに。

仁木：でも，単純にこうすると高額所得者がすごく有利になるんじゃないですか？

春香：そうなのよね～。それに，専業主婦でも税金が安くなるんだから女性は家にいなさい，という保守的な議論を助長するという批判もあるのよ。難しいわ。先生，助けてください！

解説　8-1

☆**課税単位**

　所得税の難問の1つに，夫の所得は夫のもの，妻の所得は妻のものとして各個人を単位に課税すべきか（**個人単位課税**），夫婦，家族等の消費を行うグループを単位に課税すべきか（**夫婦単位課税，家族単位課税**），という問題があります。戦前のわが国の所得税制は戸主を中心とした世帯単位合算課税でした。配偶者や子は戸主の影に隠れ，税法上の権利義務の主体としての地位を与えられていませんでした（もっとも，1913（大正2）年以後は合算額に対する税額を戸主および同居親族に按分してそれぞれの税額としていました）。この制度がシャウプ勧告により1951（昭和26）年から現行の個人単位課税に変更されたのです。その意味で，現行の個人単位課税には積極

的な意義があり，しばしば個人の尊厳（憲法13条）と両性の本質的平等（憲法24条）の理念にふさわしいと評価されてきました。

　しかし，民法が**夫婦別産制**を採用していることから必然的に個人単位でなければならないわけではありません。また，個人単位の方が個人の尊厳につながり，家族単位の方がより封建的とは必ずしもいえない面もあります。なぜなら，現実の夫婦が一方の配偶者の所得稼得活動に協力・依存している場合には，個人単位課税の徹底は，稼得する一方配偶者の財産形成上の優位，つまり稼いでいる妻／夫が専業主夫／主婦よりも高い地位を有することを，税法上も固定化することになりかねないからです。この点を重視する立場からは，課税単位を現行の個人単位から夫婦または家族という消費単位に切り替え，以下のような制度を導入すべきだと主張されることになります。

　⑴　**2分2乗方式**　　これは，夫婦の所得を合算し，その半分ずつをそれぞれが取得したと仮定（**2分**）し，それぞれの税額を合算（**2乗**）する方式です。

　⑵　**n分n乗方式**　　これは，夫婦だけではなく，家族の所得を合算し，家族の構成員数で分割（**n分**）し，それぞれの税額を合算（**n乗**）する方式です。

　これらの方式を現在の別産制の下で導入した場合について，2分2乗方式をもとに考えてみます。これによれば，夫婦が所得として得た財産についてそれぞれ半分ずつ持分を有するとみなされます。その結果，たとえば専業主婦の場合，婚姻中の財産形成への貢献が考慮されていない現状に対し，夫の財産の半分が妻に帰属すると評価されることになります。そうすると，所得を得た段階で妻に半分の財産が移転したと評価することになるので，その財産を妻に贈与したとしても贈与税の心配はなくなりそうです。

しかし，あくまでも所得税の計算上の評価において所得を半分ずつにしただけだと考えると，夫婦別産制の下では，この方式でも贈与税の心配はあります。そこで，**資料8-1**にあるように，2分2乗方式を採用する多くの国は，夫婦の財産についても共有制を採用しています。共有財産制の下では，財産移転に対する贈与税の問題は生じないと考えられます。その意味で，税法上の課税単位と民法上の夫婦の財産制の関係にも着目しなければなりません。

また，特に2分2乗方式には次のような難点も指摘されています。①高額所得者が相対的に有利になる，②同じ家事労働をした主婦の労働の評価が夫の所得によって変わる，③片稼ぎ世帯が共稼ぎ世帯より有利になる，④「人形の家」効果（専業主婦を「優遇」し，女性を家に押し止める効果を持つという批判。「人形の家」とはイプセンの女性解放ドラマの作品名）が生じる，といったものです。

しかし，①②については，適用範囲を一定の所得金額までに限定する等の措置や，③についてはこの制度導入と同時に共稼ぎに伴って生じる子どもの世話に係るベビーシッター料金や自己負担の保育料などの支出等を適正に控除し，共稼ぎ世帯の担税力の弱さを考慮する仕組みを採用するといった技術的な工夫で解決しうるものでもあります。もっとも，OECD諸国を見ると，1990（平成2）年にベルギーとイギリスが夫婦単位から個人単位へ移行し，個人単位を採用する国が夫婦単位等の国を大幅に上回りはじめています。現在の主要国の課税単位は**資料8-1**のようになっています。

このように，2分2乗方式への評価の対立は，妻／夫から専業主夫／主婦への財産の移転を促進することで両者を平等化するという点に力点を置くか，専業主夫／主婦の社会進出を促進すべきかの対立といえるのではないでしょうか。

資料 8-1　主要国における課税単位の概要

(2023年1月現在)

国名	日　　本	アメリカ	イギリス
課税単位	○個人単位課税	【選択制】 ○個人単位課税 ○夫婦単位課税（注） （注）申告の状況に応じて異なる税率表を適用することで，実質的に「2分2乗方式」(均等分割課税)となっている（複数税率表制度）。	○個人単位課税
財産制度	夫婦別産制	州により異なる（多くは夫婦別産制）	夫婦別産制

ドイツ	フランス
【選択制】 ○個人単位課税 ○夫婦単位課税 （2分2乗方式）（注） （注）夫婦の所得を合算して均等分割課税を行う。	○世帯単位課税 （n分n乗方式）（注） （注）夫婦および子供（家族）の所得を世帯員の所得として合算し，分割課税を行う。 （分割の際の除数） ・単身者　　　…1 ・夫婦　　　　…2 ・夫婦子1人…2.5 ・夫婦子2人…3 以下子1人毎に1を加算
夫婦別産制（注） （注）原則別産制。財産管理は独立に行えるが，財産全体の処分には他方の同意が必要。	夫婦共通財産制（法定共通制）

※財務省HP「主要国における配偶者の存在を考慮した税制上の仕組み等の概要」
(https://www.mof.go.jp/tax_policy/summary/income/030.pdf) から抜粋のうえ一部加筆修正。

　このほかにも，これらの方式を採用した場合には，配偶者の有無や家族の数によって，累進課税の下で税負担が変わってしまうということが考えられます。そうすると，婚姻や家族形成に対する税制の中立性が問題になるともいえます。どういうことなのか，具体的な数字をもとに考えてみましょう。カップルの片方（たとえば，夫）が所得を800，もう片方（たとえば，妻）が200それぞれ稼得していて，子どもは所得がないとしましょう。n分n乗方式の下で，それぞれ状況が異なるカップルや家族の税額を計算すると**資料8-2**のようになります。

　このように，単純な2分2乗方式やn分n乗方式では，婚姻や世帯の構成員数によって同じ所得の世帯における税額に差が生じてしまいます。このことは結果として，婚姻や家族形成を税制が支援しているようにも見えます。これが中立的か，また，結婚を選択しないカップルや現行の法制度では結婚できない（たとえば同性の）カップルとの関係で公平か，という問題が起きるのです。

　さらに，消費単位に着目しているとはいえ，夫婦の場合に単純に生活費が単身生活の場合の倍になるとは考えられません。たとえば，独身の頃にはそれぞれが別に光熱費等の基本料金を払っていたり，冷蔵庫を1つずつ持っていますが，結婚したら基本料金は倍になるのでしょうか。冷蔵庫は2ついるのでしょうか。大きめのものが1つあればいいのではないでしょうか。このように，結婚によってむしろ，基本的な生活費は2倍以下ですむとも考えられます。そのような共同生活による規模の利益を課税上考慮する必要があるとも考えられます。そこで，これらの問題を解決するために提案されるのが次の方式です。

資料 8 - 2

未婚のカップルの場合

```
A───────────B
800          200
```

（A）800に対する税率30％：
　　　税額240
（B）200に対する税率10％：
　　　税額20
合計税額　　　：　　**260**

子どもがいない夫婦の場合

```
C───────────D
500          500
(800)        (200)
```

n＝2
夫婦の所得を合算しn（＝2）分：
　（800＋200）÷2＝500
CとDの所得：500　税率20％：
　　税額100
税額100×2　（C・D）
　＝**合計税額：200**

子どもがいる夫婦の場合

```
E──────────┬──────────F
250         │         250
(800)       │        (200)
       ┌────┴────┐
       G         H
      250       250
      (0)       (0)
```

n＝4
家族の所得を合算しn（＝4）分：
（800＋200＋0＋0）÷4＝250
E・F・G・H　各人の所得：
250　　税率10％：税額25
税額25×4　（E・F・G・H）
　＝**合計税額：100**

税率表（注）

所得額	税率
800以上	30％
400以上 800未満	20％
400未満	10％

注）税率については，日本の所得税法では超過累進税率が採用されていますが，比較を単純化するために単純累進税率にしています（累進税率については第13章を参照）。

（3）**複数税率表**　　これは，共同生活による規模の利益を考慮した上で夫婦用の特別な税率表をつくる方式で，高額所得者有利という2分2乗方式の欠点を除去するための方式です。

また，**資料8-1**のフランスのように単純に家族構成員数（n）で分けるのではなく，除数を変える方式もあります。

このように，課税単位の問題は，家族や夫婦がいかにあるべきかという社会の価値観と密接に関連しているといえます。

ゼミ　8-2

市木：う〜ん。税法って，計算ばかりするのかと思っていたけど，意外と哲学的ですね。家族，夫婦はいかにあるべきかが，問われているんだ。

春香：税法は社会の反映そのものよ。

仁木：あの〜，民法の財産関係に従うとなると，民法は確か夫婦財産契約（民法755条）を認めていたはずなんですけど……。

春香：すごい，仁木さん，そんなこと知っていたの。

仁木：ええ，私は結婚するとき，財産契約をしようかな，と思っていたんです。

市木：何かいやだな。結婚は愛がすべてだ！

仁木：そういう男に限ってすぐ浮気するみたい。みんなが市木くんのように考えるわけじゃないだろうけれど，日本では財産契約は全く定着していないようですね。

春香：婚姻前に契約して，登記しなければいけないことも原因みたいね。

仁木：その財産契約で，婚姻後も夫婦で得たものはすべて2分の1ずつとする，と契約をしたら，税金はどうなるんですか？半分ずつとして申告できるんですか？

春香：そういえば，そういう裁判もあったわ。最高裁平成3年12月
　　　　3日判決（税資187号231頁）が，給料を受け取る権利を有し
　　　　ているのは，夫婦双方ではなくあくまで一方（夫）なので，
　　　　一方（夫）の所得であるとした原審（東京高裁平成2年12月12
　　　　日税資181号867頁）の判断を支持しているわ。

市木：結局，だめということですね。

春香：所得は収入を得る時点で捕捉するから，夫婦財産契約を締結
　　　　しても，相手に報酬を請求できるのは夫であり，まず夫が得
　　　　るのだから夫の所得だ，というようね。

仁木：何で，夫婦財産関係を素直に評価してくれないんですか？

春香：そうすると，結局，夫婦財産契約を締結した人は2分2乗方
　　　　式と同じ効果を享受できちゃうからじゃないかな。

仁木：その方がいいんじゃないですか？　結婚前に財産契約を締結
　　　　すれば，税金が安くなるということになれば，若い人も財産
　　　　契約を締結するようになるはずですよ。

解説　8-2

☆**夫婦財産契約と租税**

（1）**民法の制度**　　現行民法は夫婦の財産関係につき，当事者の
自由な意思に基づく**約定財産制**（民法755条）と**法定財産制**（民法
762条）を定め，前者を優先し，前者の夫婦財産契約がないときに
初めて後者の法定財産制である夫婦別産制を適用することとしていま
す（民法755条）。

しかし，夫婦財産契約には種々の厳しい要件が課されているため，ほとんど利用されていないのが現状です。

(2)　**夫婦財産契約の事例**　　これに対して，「夫または妻が婚姻届出の日以後に得る財産は夫及び妻の持ち分を2分の1ずつとする共有財産とする」という**夫婦財産契約**を締結した事例が現れました。そして，この場合に夫婦の一方が稼得した所得は，稼得した者のみの所得として課税するのか，それとも夫婦にそれぞれ2分の1ずつの所得があったものとして課税するのかが問題となりました。紹介されている判決は，夫婦財産契約が「夫又は妻が一旦取得した財産の夫婦間における帰属形態をあらかじめ包括的に取り決めたもの」であること，夫婦間の合意は雇用契約の相手方である使用者にはなんらの効力も生じないことを理由に，稼得した被用者（この事例では夫）のみの所得として課税すべきであるとしたのです。

(3)　**判決の立場**　　これは，まず被用者が所得を取得し，それに引き続いて当該財産が夫婦2人の共有または合有に移行すると解する立場です。このような判断の背景には，もし納税者の主張を認めると，夫婦財産契約を締結した夫婦には実質的に2分2乗方式の適用を認めることになり，個人単位課税に服している他の夫婦と均衡を失すること，妻の所得を何所得として課税するのか（夫のみが勤務し，妻が家事に専念しているとき，妻の所得も給与所得とするには無理があるのではないか）等の問題があるほか，この方法が租税回避手段として使われることをおそれたものと思われます。このような判断の背後には，親族間の行為の特殊性を租税回避の温床と見ている伝統的租税法の家族観が横たわっているといえます（「**これもわかる！親族間での取引**」参照）。

(4)　**問題点**　　しかし，判決の立場によると，夫婦財産契約は，一方がいったん取得したものを夫婦間に分割する契約だということ

になります。取得段階では稼得者に対する所得税が課せられ，夫婦間での分割段階では稼得者から他方への贈与として贈与税も課されることになります（国税庁HPの質疑応答事例「夫婦財産契約と贈与税」参照）。これでは，民法が優先的に認めているはずの自由な意思に基づく夫婦財産契約は課税上きわめて不利になり，課税を通じて法定財産制が事実上強制されることになります。

　また，使用者に対して請求権を有しているかどうかと，課税上の所得の帰属が常に同一でなければならないわけでもありません。使用者に対して稼得者が請求し，取得すると「同時に」夫婦の共有になると考えれば，課税段階では共有として扱うことは不可能ではないからです。つまり，勤務先から給料を得た瞬間に夫婦の共有財産になる，と考えられるのではないかということです。自ら積極的に財産契約を締結した者を，締結しなかった者と課税上区別して扱っても不平等とはいえないでしょう。

　このような意味で，前記判例の理論には解釈論としても疑問が残ります。さらに，夫婦がきちんと契約を締結することが望ましいなら，かかる契約が課税上優遇されてもよいとさえいえます。

　(5)　**課税単位からのアプローチ**　　なお，所得税の課税単位を現行のような個人単位課税から夫婦単位課税または家族単位課税へきりかえれば，この問題も解消されることになります。配偶者控除を廃止すべきとの議論のなかには，課税単位を夫婦単位に変えればよいとする意見もあります（第12章参照）。

これもわかる！　親族間での取引

　個人単位課税の例外として所得税法56条にも留意しなければなりません。たとえば，事業主が従業員を雇って給与という対価を支払った場合，その対価は原則として必要経費となります。しかし，

例外として，その従業員が生計を一にする親族である（たとえば，一緒に暮らしている夫や妻である）場合，その支払った対価は所得税法56条の適用により必要経費にはならず，従業員である親族の収入にもなりません。また，夫婦双方が資格を有し独立して事業を営む場合に，他方配偶者に支払った報酬であっても，この規定の適用により必要経費として認められません（最判平成17年7月5日税資255号順号10070，最判平成16年11月2日判時1883号43頁参照）。この規定は，シャウプ勧告により，所得を恣意的に分散して高い累進税率を免れることにより不当に税負担の軽減を図ることを防ぐ目的で導入されました。つまり，個人単位課税を悪用する租税回避を防止するために，家族単位のような課税を行っているのです。

　ただし，所得税法56条のさらなる例外として，青色申告者については，専ら事業に従事する親族（専従者）に対して支払う給与の必要経費への算入を認めています（所法57条1項。青色申告制度については，第25章参照）。もっとも，親族が独立して事業を営んでいる場合には，専従者とはいえませんから，こちらの規定の適用を受けることはできません。

第9章　プロ野球選手の年俸は何所得だろう？

【所得税法(4)——所得分類】

春香の質問　9

> 　皆さん，所得税を計算するときは，その所得が何所得に該当するかをまず判断します。利子（所法23条），配当（所法24条），不動産（所法26条），事業（所法27条），給与（所法28条），退職（所法30条），山林（所法32条），譲渡（所法33条），一時（所法34条），雑（所法35条）の条文を読んだ後で，次の所得は何所得か考えてみて。
>
> ①　弁護士が勤務先の事務所から受ける報酬。
> ②　弁護士が顧問先から受ける報酬。
> ③　プロ野球選手が球団から受ける年俸。
> ④　プロ野球選手が本を執筆して受ける原稿料。
> ⑤　競馬の払戻金。
> ⑥　君たち学生がゼミの友達にお金を貸したら，利子付きで返してくれた。この利子。

ゼミ　9-1

市木：難しいな。なぜ，こんな分類をするんですか？

春香：同じ所得といっても，その得られる方法によって性質がずいぶん違うと思わない？　たとえば，利子は寝ているだけでも手に入るわ。でも，給与は自分が労働しなければ手に入らな

　　い所得よね。

仁木：自分の労働による所得か，それとも働かずに得た所得か，と
　　いうことを区別しているんですか？

春香：それも区別の大きな要素ね。もう1つは，その所得が継続的
　　に得られるものか，それとも偶発的にしか得られないのか，
　　という基準も重要ね。労働しなくても手に入る上に，継続的
　　に手に入る利子のような所得と，労働し，かつ，何十年に1
　　回しか手に入らない退職金のような所得とを，同じ基準で課
　　税するのはおかしいでしょう。

仁木：各条文を見ていると，収入金額から控除できるものがいろい
　　ろ違いますね。たとえば，利子所得の場合は何も引けないの
　　に，不動産所得の場合は必要経費を引けて，退職所得の場合
　　は退職所得控除額という特別な控除額を引いた上に，その差
　　額の半分だけが所得金額にされていますね。

春香：そうなのよ。いいところに着目してくれたわ。まず，「収入
　　金額」と「所得金額」をちゃんと区別してね。所得金額とい
　　うのは利子所得以外は収入金額とは異なるものだ，というこ
　　とをちゃんと理解してね。

市木：はい，ちゃんと理解しましたよ。

春香：それじゃ，市木君。同じ収入1,000万円の自営業者Aさんとサ
　　ラリーマンのBさんがいます。Aさんは所得税ゼロ，Bさん
　　は所得税約100万円。どう思う？

市木：おかしいですよ。同じような収入があるのに，一方はゼロ，
　　他方は100万円も払うなんて。

春香：でも，Aさんは事業所得者だから総収入金額から必要経費を
　　引いて所得金額を出すのよね。いくら収入額が1,000万円あ
　　ったとしても商品の仕入代などで必要経費が1,000万円以上

かかっていたら所得金額はゼロかマイナスよ。一方，Ｂさん
は給与所得者だから1,000万円の収入金額から引けるのは給
与所得控除額しかないの（所法28条参照）。だから，Ｂさんの
場合は所得金額が結構多いことになるの。その結果，所得税
を払うことになるのであって，所得がある以上払うのは当然
だし，所得がない人が払わないのも当然なのよ。この点を理
解してほしいな～。

解説　9－1

☆所得分類の理由

　所得税は個人の１年間の所得を総合し，それに超過累進税率（第
13章）を適用することによって所得の量に応じた課税の実現を図っ
ています。しかし，一口に所得といってもその種類は様々であり，
勤労によって得た所得と資産の運用等によって得た所得とでは，同
じ所得でも性質の違いが認められます。つまり，前者は身体が病気
等になれば稼得しえなくなるという危険がある点において，後者よ
りも質的に担税力が劣ると考えられます。担税力に応じた課税をす
べきという応能負担原則が憲法14条の要請であることはすでに説明
しましたが（第４章），この原則の下では，担税力の量的側面（**量的
担税力**）と質的側面（**質的担税力**）の両面における考慮が必要とな
ります。そこで所得税は所得の種類を10種類に区分し，各所得の質
的担税力をも考慮して所得金額の計算方法等において差異を設け，
応能負担原則の実現に努めているのです。

　現行法が区分している各種所得をその質的担税力の観点から類型化すると，まず，所得の発生原因が労働に基づいているか否かで次のように区分できます。

　(1)　**資産性所得**　　利子所得，配当所得，不動産所得，譲渡所得は，いずれも資産の運用等から生じる所得であり，勤労の対価という要素を持たないものといえます。その意味では，不労所得の性質を持つものが含まれます。

　(2)　**資産プラス勤労所得**　　事業活動は通常自らも働き，店舗なども持っています。ですから事業所得は自己の資産と自己の勤労との結合によって得られた所得と解することができます。山林所得も，このような所得に含めることができます。

　(3)　**勤労所得**　　自己の勤労によって得られる所得であり，給与所得や退職所得がこれに当たります。

　これらのうち，勤労所得は自己の勤労を唯一の源泉とするものであり，他の所得と比べると最も不安定であり，その意味で最も質的担税力が低く，次いで資産プラス勤労所得，資産性所得の順になっているといってよいと思います。

　次に，その所得が毎年継続的に発生するものか否かという観点から，以下のような区分も可能です。

　(a)　回帰性所得　　給与所得や事業所得のように継続的に発生することが予定されている所得のことを意味します。

　(b)　非回帰性所得　　毎年継続的に発生することが予定されていない所得です。退職所得や山林所得のように長期間の労働の成果が実現したもの，譲渡所得のように長期間にわたる資産の値上がり益が実現したもの，一時所得のように偶発的なもの等，その性質は様々なものがあります。

　この場合は，継続的に得られる所得の方が質的担税力は高いと考

えられます。所得税法は所得のこうした性格にできるだけ配慮して課税する仕組みを採用しています。たとえば，譲渡所得は資産性（不労性）の所得ですから重課してもよいのですが，他方で非回帰的な所得であり，しかも居住に使用している場合，通常再取得をしなければなりませんので，重課は合理的ではありません。そこで，租税特別措置として重課したり，軽課したり，様々な工夫をしています。そのほかにも，非回帰性を理由として所得金額の2分の1のみを課税対象とするというものもあります（譲渡所得，一時所得，所法22条2項2号）。

　また，所得税法はこのように各種所得を区別することを通じて，当該所得にもっともふさわしい所得金額の計算方式を規定しています。どのような違いがあるか確認してください。

① 利子所得の金額＝収入金額

② 配当所得の金額＝収入金額－負債利子

③ 不動産所得の金額＝総収入金額－必要経費

④ 事業所得の金額＝総収入金額－必要経費

⑤ 給与所得の金額＝収入金額－給与所得控除額

⑥ 退職所得の金額＝（収入金額－退職所得控除額）×2分の1

⑦ 山林所得の金額＝総収入金額－（必要経費＋山林所得の特別控除額）

⑧ 譲渡所得の金額＝総収入金額－（取得費＋譲渡経費＋譲渡所得の特別控除額）

⑨ 一時所得の金額＝総収入金額－（収入を得るために支出した金額＋一時所得の特別控除額）

⑩ 雑所得（一般）の金額＝総収入金額－必要経費

　雑所得（公的年金）の金額＝収入金額－公的年金控除額

　ところで，これらの各種所得金額は1人の納税者に帰属するもの

ですので，すべてを合算して「総所得金額」を算出します（所法21
条）。これを基礎として税額の計算が行われるのですが，このよう
な仕組みを**総合課税**といいます（これに対して，退職所得や山林所得
などは，例外的に，他の所得とは合算せずに税額を計算する**分離課税**の
対象とされています）。また，各種所得金額を合算する過程で，一定
の所得類型（不動産・事業・山林・譲渡）について生じた損失の額は，
他の所得金額と相殺することができます。これを**損益通算**といいま
す（所法69条１項。損益通算の対象とはならない「生活に通常必要でな
い資産の損失」については，同条２項，62条１項，所令178条参照）。こ
のように，所得税法は，所得の性質に応じた分類を行うことで質的
担税力を，総合課税によって量的担税力を考慮した課税の仕組みを
採っています。

ゼミ 9-2

春香：それでは，具体的に各種所得が何所得に該当するか，考えて
　　　みて。まず，①の「弁護士が勤務先から受ける報酬」は？

市木：勤務先から受けるので，給与だと思います。

春香：それじゃ，②の「弁護士が顧問先から受ける報酬」は？

仁木：顧問先からもらうのは，給与ではないと思います。

春香：弁護士さんが受ける報酬だからといって常に同じ所得だとは
　　　限らないわよね。弁護士事務所に雇用されて，その所長さん
　　　の指揮命令に基づいて働いて得る報酬は給与所得よ。でも独
　　　立して，自分の事務所を設立して，顧問先から報酬を得るの
　　　だとすると，それは事業所得ね。つまり，給与所得は従属的
　　　労働，事業所得は独立的労働から生じるものだと考えてね。
　　　だから，①は給与所得，②は事業所得かな。

仁木：③のプロ野球選手と球団も雇用関係なんですか？

市木：当然，給与だよ。

春香：本当？　その選手たちは球団に雇われて，球団の指揮命令に基づいて活動しているのかしら？　だとすると，球団は選手の道具一切を負担すべきよね？

仁木：実際はどうなんですか？

春香：実際はユニフォームしか支給していないでしょ。他の道具はそれぞれの商売道具だから自分で負担しているはずよ。

仁木：え～，そうなんですか。だったら，事業所得みたいですね。

市木：年俸の額が個人の成績で決まることも関係ありますか？

春香：そうね。自分の活動の成果が収入金額に反映されるというのも，事業所得の特徴ね。じゃあ，④の「プロ野球選手が本を執筆して受ける原稿料」は何所得かしら？

市木：いわゆる印税のことですよね。う～ん，一時所得かな。

春香：まあ，大変。一時所得ってなんだかわかっているの？

市木：え～と，だってプロ野球選手が本を書くなんてそうあることじゃないじゃないですか。一時所得は，他の所得に該当しない所得で「一時」のものでしょ。

春香：さらに，「労務その他の役務又は資産の譲渡の対価としての性質を有しない」所得と定められているわ。つまり，市木君は，プロ野球選手が書いた本は労働の成果ではない，という評価をしているわけだわ。

市木：へ～，そうなるんですか。

仁木：それでは，事業所得ですか？

春香：それが難しいところね。プロ野球選手は野球をすることが本職よね。だから，多少の原稿料があっても，これは作家として独立しているわけでもないから雑所得じゃないかな。でも，もしその本が大ベストセラーになって，年俸に匹敵するよう

になったら事業所得になるかな。事業所得というのは「営利性・継続性」や「事業としての社会的客観性」等も総合判断するものなのよね。

市木：印税収入と年俸の額が同じプロ野球選手って，どうかと思いますけどね。

仁木：一時所得が「労務の対価の性質を有しない一時の所得」なら，⑤の競馬の払戻金も一時所得ですよね。

春香：従来はそう扱われてきたのだけど，パソコンを使って馬券を大量に購入した人が，相当高額な払戻金を得たという事例が出ているの（最判平成27年3月10日刑集69巻2号434頁）。

市木：競馬の予想が「労務」に当たるんですか？

春香：裁判所は，馬券を大量購入している点と，予想ソフトを利用して的中率を高めている点から，「営利を目的とする継続的行為」に当たるので，一時所得ではなく雑所得に当たると判断しているわ。

仁木：一時所得って，案外難しいですね。

春香：では，最後の⑥の利子は？

市木：利子所得です。

春香：そうかしら。所得税法23条をちゃんと読んだ？

市木：え〜と，利子というのは，「公社債及び預貯金の利子」などですね。

春香：でしょ。君たちが預貯金業務などをできるの？

仁木：ということは，23条に書かれている5種類の所得しか利子所得ではないということですか？

春香：そうよ。租税法律主義だものね。いくら世間一般に利子と呼んでいるものを受け取っても，この5種類以外のものは利子所得にはならないのよ。

市木：じゃあ，何になるんですか？

春香：市木君は学生にお金を貸している学生ローンの経営者？

市木：とんでもない，まじめな学生ですよ。

仁木：そうですよ，市木君は人から借りることはあっても，人に貸すことなんかあり得ない人です。

市木：それって，どういう意味？

春香：まあまあ。学生ローンの業者が利子を受け取ったら事業所得だけど，市木君のようなまじめな学生が友達から受け取ったら「雑所得」よね。他に該当するものがないから。

仁木：雑所得っていうのは他に該当するものがないときの所得類型なんですか？

春香：そうよ。だから，課税側にとってはとても便利な規定だけど，逆に納税者にとっては「所得」概念も漠然としているし，雑所得として課税される範囲も不明確で困るのよ。

解説　9-2

☆各種所得の特色

　ここでは，所得税法が分類している各種所得の特色を整理します。皆さんは各種所得の基本的な性格を理解してください。

　(1)　**利子所得**　　所得税法は利子所得の範囲を，①公社債（所法2条1項9号）の利子，②預貯金（同項10号）の利子，③合同運用信託（同項11号）の収益の分配，④公社債投資信託（同項15号）の収益の分配，⑤公募公社債等運用投資信託（同項15号の3）の収益の

分配の5種類に限定しているのです（所法23条1項）。したがって，社会通念上「利子」として観念されているものでも利子所得に該当しないものもあります（たとえば，貸付金の利子は事業として行われているときは事業所得，それ以外の場合は雑所得）。このように利子所得の範囲が限定されている理由としては，利子所得が源泉徴収と結びつけられているため，貸付金の利子のように必要経費の比重の高いものを含めるのは妥当ではないこと，等が考えられます。

(2)　**配当所得**　　配当所得とは，法人から受ける剰余金の配当，利益の配当，剰余金の分配，投資信託等の金銭の分配，基金利息，投資信託等の収益の分配に係る所得を意味します（所法24条）。したがって，一般に配当として理解されているものよりその範囲が広いのですが，いずれも資本（または資金）の出資者がその立場において受け取る利益である点において共通しています。配当所得の金額は，収入金額から負債の利子（配当を得るため借入れをして株を取得した場合の借入金利子）を控除して求めます。

(3)　**不動産所得**　　不動産所得とは，不動産，不動産の上に存する権利，船舶，航空機の貸付による所得です（所法26条1項）。

　資産の貸付による資産性の所得で勤労の対価の要素が含まれていない（あるいはあるとしても付随的なものにすぎない）点に特徴があり，貸付が事業的な規模で行われていても貸付である限り事業所得ではなく，不動産所得となります。他方，単に部屋を貸すだけではなく食事も提供するような下宿等の場合には勤労の対価の要素が含まれているので，事業もしくは雑所得になることに注意してください（所基通26-4）。不動産所得の金額は総収入金額から必要経費を控除した金額であり（所法26条2項），事業所得の金額とともに所得計算の基本型をなしています。

(4)　**事業所得**　　事業所得は給与所得とともに基本的な所得類型

の1つですが，所得税法は事業所得の定義について，農業以下の各種の事業から生じる所得と規定するのみで何ら積極的な定義規定を設けていません（所法27条1項，所令63条）。そこでいかなる要件を具備していれば「事業」といえるのかが問題となります。一般的には以下の要件が必要と解されています。

　第一に，独立性を有していること，すなわち「自己の計算と危険とにおいて行われる経済活動」からの所得であることが必要です（最判昭和56年4月24日民集35巻3号672頁）。これは，事業に必要な道具等を自己負担することや，自らの活動によって収入金額が決まるという点で判断することができます。前者は，必要経費の実額控除制度につながります（所法37条）。こうした点で，給与所得と区別されます。医師や弁護士の所得区分もこれらを基準として判断されることになります。また，プロ野球選手の年俸は，道具等を自己負担し，個人の成績が年俸額に反映される点で独立性があると判断されています。

　第二に，資産と勤労の共同による所得であることが必要です。この点で資産性所得である不動産所得や譲渡所得と区別されることになります。たとえば，たな卸資産の譲渡や営利を目的とした継続的譲渡は，納税者の積極的な活動が必要であり，単純な資産性所得ではないので，譲渡所得ではなく，事業所得となるのです。

　第三に，営利性・継続性と事業としての社会的客観性を有していることが必要です（上掲最判昭和56年4月24日参照）。この点において雑所得と区別されますが，事業としての社会的客観性を有しているか否かは諸要素を総合的に判断するしかないのです。

　なお，事業所得はこれらの要件を満たしていることが前提ですが，それぞれの所得類型と区別する場面で特に問題となる判断基準であることに注意してください。

(5)　**給与所得**　　給与所得とは，俸給，給料，賃金，歳費，賞与，これらの性質を有する給与です（所法28条）。給与所得の基本的性格は「非独立的・従属的労働の対価」という点にあります。ですから，雇用関係に基づいて被用者が雇用者から受ける報酬が典型的なものですが，雇用契約という形式がとられていなくとも，それに準ずる関係が存在し，それに基づいて労務を提供している場合も含まれます。

バイオリニストが楽団から受ける報酬（最判昭和53年8月29日税資102号286頁），組合員が組合から受ける給与（最判平成13年7月13日判時1763号195頁），外国親会社から日本子会社の役員に付与されたストックオプションの権利行使益（最判平成17年1月25日民集59巻1号64頁），青果組合の理事長が受けた債務免除益（最判平成27年10月8日判タ1419号72頁）が争われた事例では，いずれも給与所得に当たると判断されています（なお，電力会社の検針員への委託手数料〔福岡地判昭和62年7月21日訟月34巻1号187頁〕も参照）。

また，給与所得の「非独立性」と「従属性」という性格は別個のものとする立場から，事業所得との区別をする判決も見られます（東京高判平成25年10月23日税資263号順号12319）。

(6)　**退職所得**　　退職所得とは，退職手当，一時恩給，その他の退職により一時に受ける給与およびそれらの性質を有する給与をいいます（所法30条1項）。その基本的な特徴は，①勤務関係の終了によってはじめて生じる給付であること，②長期間の勤務に対する報償ないし従来の役務の対価の一部の後払いの性質を有するものであること，③一時に支払われることにあります（最判昭和58年9月9日民集37巻7号962頁）。したがって，退職後受け取るものであっても，定期的・継続的に受けるものは，年金として雑所得となり，退職所得には含まれません。また，形式的には上記3要件のすべてを

備えていなくても，実質的に見て，課税上，「退職により一時に受ける給与」と同一に取り扱うことが相当と認められるものは，30条1項後段の「これらの性質を有する給与」に当たるとされています（同一学校法人の高校の校長から大学の学長に就任する際に受けた退職金名義の金員について，大阪地判平成20年2月29日判タ1268号164頁）。

(7)　**山林所得**　　山林所得とは，山林の伐採または譲渡による所得のうち取得から5年以内に伐採または譲渡されたものを除いた所得です（所法32条）。「山林」とは土地の地目ではなく，立木を意味しています。「山林の伐採による所得」とは，立木を伐採して譲渡したことによる所得をいい，「山林の譲渡による所得」とは，立木を伐採せずにそのまま譲渡した場合の所得をいいます。

　立木の伐採または譲渡による所得であっても，立木の取得から5年以内の伐採・譲渡による所得は山林所得に含まれず，事業所得または雑所得となります（所法32条2項）。これは，山林所得が，長年にわたる山林経営の成果が一時に実現したものであるという点に着目して設けられた類型であることに基因しています。5年を超える長期間にわたる勤労の成果が一時に実現したもののみを対象とし，他の所得と分離して特別な課税制度を適用している（5,000万円の山林所得にはその5分の1の1,000万円の所得として税率を適用し，その5倍の税額を算出する方法）のもその現れです。

(8)　**譲渡所得**　　譲渡所得とは，資産の譲渡による所得です（所法33条1項，所令79条）。これは，所有する資産に生じた値上益を所得として，「その資産が所有者の支配を離れて他に移転するのを機会に，これを清算して課税する」ものと解されています（**増加益清算課税説**。最判昭和47年12月26日民集26巻10号2083頁）。

　例えば，かつて1,000万円で購入し所有していた土地が6,000万円まで値上がりしました。差額の5,000万円は資産価値の上昇であり，

このような経済的利益も包括的所得概念の下では所得ととらえられ
ます（第6章参照）。そして，このような値上益は，所有期間中に
徐々に発生していたものであっても，所有している段階，つまり譲
渡するまでは実現しないため（**未実現利益**），所得税法33条1項は
「資産の譲渡」の時点で利益が実現したものとして課税することと
しています。

　「譲渡」には有償譲渡と無償譲渡があります。売買のような有償
譲渡の場合は，資産を譲渡した対価を得ますので，その金額が譲渡
収入金額として課税の対象とされます（無償譲渡については，「**これ
もわかる！　無償譲渡と課税**」を参照）。そして，その資産の取得に
要した金額および譲渡費用との差額が譲渡所得金額となります（所
法33条3項）。この資産の取得に要した金額を取得価額といい，そ
れに設備費や改良費を加えた金額を取得費と呼びます（所法38条1
項）。また，取得費には，登録免許税や仲介手数料などの付随費用
も含まれると解されています（借入金の利子につき，最判平成4年7
月14日民集46巻5号492頁）。

$$譲渡所得金額＝譲渡収入金額－（取得費＋譲渡費用$$
$$＋譲渡所得特別控除）$$
$$＊　取得費＝取得価額＋設備費＋改良費＋付随費用$$

　(9)　**一時所得**　　一時所得とは，一時的・偶発的な所得のすべて
を意味するのではなく，①利子所得，配当所得，不動産所得，事業
所得，給与所得，退職所得，山林所得，譲渡所得以外の所得で，②
営利を目的とする継続的行為から生じた所得以外の一時の所得で，
かつ，③労務その他の役務または資産の譲渡の対価としての性質を
有しないという要件をすべて満たすものでなければなりません（所

法34条1項)。したがって，一時的な所得でも退職金のように他の所得に分類されるものや，継続的行為から生じたものは除かれます。一時所得の具体例として，借家の立退料（最判昭和48年6月22日税資70号424頁)，懸賞の賞金品，馬券の払戻金，法人からの贈与による金品等があげられます（所基通34-1。ただし，継続的に購入した馬券の払戻金を雑所得と判断した裁判例として，前掲最判平成27年3月10日や最判平成29年12月15日民集71巻10号2235頁があります)。

　一時所得の金額は，総収入金額からその収入を得るために支出した金額を控除し，その残額からさらに特別控除額を引いた金額です（所法34条2項)。「収入を得るために支出した金額」というのは，その収入を生じた行為をするため，またはその収入を生じた原因の発生に伴い直接要した金額に限定されており（同項かっこ書き)，必要経費の概念よりかなり狭いものです。

　⑽　**雑所得**　　雑所得とは，利子所得，配当所得，不動産所得，事業所得，給与所得，退職所得，山林所得，譲渡所得および一時所得のいずれにも該当しない所得です（所法35条1項)。要するに，他のいずれにも属さない種々の所得の寄せ集めです。公的年金による所得も1987（昭和62）年改正で雑所得として扱われています。

　公的年金以外の雑所得の計算は，事業所得と基本的に同じですが，必要経費に算入される資産損失の範囲に若干の差異があり（所法51条)，損益通算が認められない点でも異なっています（所法69条1項参照)。後者は政治資金が雑所得に含められることを利用して政治家が必要経費を多額に計上し赤字申告をしたことに対する批判が契機となり，1968（昭和43）年に改正されたという経緯があります。

　「他のいずれにも属さない」という性質から，暗号資産から得られる所得や，副業による所得が雑所得に該当するとの通達改正が行われています（所基通35-1，2)。

現行所得税法が定める所得分類は，立法当時とは経済構造が異なっており，見直しが議論されています。各種所得の分類の仕方や範囲の合理性を含め，根本的に再検討する必要がありそうですね。

これもわかる！　無償譲渡と課税

所得の性質に応じた分類を見てきましたが，譲渡所得の応用問題について触れておきましょう。

無償譲渡の典型例として，AがBに資産を贈与した場合，誰にどんな税が課されるのでしょうか。

贈与には次の4通りのパターンがあり，それぞれ課税関係が異なります。

　　① 　個人Aから個人Bへの贈与
　　② 　個人Aから法人Bへの贈与
　　③ 　法人Aから個人Bへの贈与
　　④ 　法人Aから法人Bへの贈与

まず，受贈者Bが個人の場合（①）にはBに対して贈与税が課され，法人の場合（②，④）は法人税の対象になります。これは，贈与税が相続税の補完税であることに関係しています。もし贈与税の税率が相続税と同程度か低ければ，資産家は資産を生前贈与し，相続税が容易に回避されるため，その補完として贈与税が置かれているのです。しかし，相続は法人には生じないため，法人が資産を取得しても相続税や贈与税の対象とはならないのです。また，Bが個人でもAが法人の場合（③）には，Bは贈与税の対象にはならず，所得税（一時所得等）の対象になります。

一方，個人間の贈与の場合（①），Aは自己の資産を他人に譲渡したため，原理的にはAに譲渡所得税が課されることになりそうです。しかし，贈与したAに譲渡所得税，もらったBに贈与税というのは酷です。そこで，個人間の贈与の場合には，贈与されたBが贈与によって取得した資産を譲渡するときに，贈与者の分もまとめて税を負担する仕組みが採られています。具体的に，Aが時価3億

円（取得費1億円）の土地をBに贈与したとしましょう。この時
点では，Aには譲渡所得課税は行われず，Aの取得費がBに引き継
がれます（**課税の繰延べ**。所法60条1項1号）。そして，後にB
がこの土地をCに4億円で売却したとすると，Bは，Aの保有期
間中の資産の値上益の2億円と，Bの保有期間中の1億円を合わ
せた3億円が譲渡所得課税の対象となります。

ところで，法人に贈与すると，法人は時価で受入れ記帳するので，
次に譲渡したときにAの所有期間中の値上益分をまとめて課税する
仕組みがありません。そこで，法人の贈与や一定の相続の場合には
「**みなし譲渡**」（所法59条1項1号）が適用され，上記の例でいう
と，AはBに3億円で譲渡したものとみなされ，所有期間中の値
上益である2億円が譲渡所得税の対象となります。

なお，法人が無償譲渡に関連する場合（②〜④）には，時価で取
引したものとして扱うという法人税法の所得計算の原則が適用され
ます（法法22条2項。第16章参照）。

これらを前提として，贈与が行われた場合には次のような課税結
果となります。

①	個人Aから個人Bへの贈与	贈与者	課税なし（所法60条1項1号）
		受贈者	贈与税
②	個人Aから法人Bへの贈与	贈与者	みなし譲渡課税（所法59条1項1号）
		受贈者	法人税
③	法人Aから個人Bへの贈与	贈与者	法人税
		受贈者	所得税（一時所得等）
④	法人Aから法人Bへの贈与	贈与者	法人税
		受贈者	法人税

こうした取扱いは複雑ですが，税額計算の前に，それぞれの法律
関係をきちんと理解しておく必要があります。少し難しいですが，
税法は法律学だということを実感してください。

第10章　給与所得者の必要経費は？

【所得税法(5)——給与所得課税】

春香の質問　10

　皆さんの大部分は卒業後，前章の「所得分類」でいうと「給与所得」者になるのでしょうね。給与所得者って税法上不利だという話を聞いたことがありませんか？　給与所得者って必要経費を引けるのかしら？　クロヨンなんて言葉も聞いたことない？　本当にサラリーマンは損なのかしら？

ゼミ　10−1

市木：サラリーマンって源泉徴収されて，必要経費も引けないから損だって話をよく聞きますよ。

仁木：確定申告もできない，って話も聞きますけど……。

春香：それ本当かな。「クロヨン」（9・6・4）って知っている？

仁木：何かの割合ですか？

春香：そう。「トーゴーサンピン＝10・5・3・1」ともいわれるわ。これはサラリーマンと事業所得者，農業所得者の税務署による所得把握割合を面白く表現した言葉なのよ。

仁木：所得把握割合？

春香：つまり，給与所得者はその所得の9割も税務署に把握されているけど，事業所得者は6割，農業所得者は4割ぐらいしか把握されていない，ということを示した言葉で，不公平税制

の象徴的な言葉として昔よく使われたのよ。

仁木：サラリーマンが9割というのは、源泉徴収で給料から天引き徴収されているので、所得が税務署にほとんどすべて把握されている、ってことですね。事業所得者は、申告納税しているけど、6割ぐらいしか把握されていないんですね。どうして農業所得は4割なんですか？

春香：農業所得の場合は、現在では、だいぶ是正されているとは思うけど、標準課税というのが行われていて、一定地域ごとに平均所得金額を定めて課税されているの。その平均所得金額が実際の額よりもかなり低めになっているから4割といわれてきたの。

市木：10・5・3・1の場合はサラリーマンが10で、事業所得者が5で、農業所得者が3だと思いますが、残りの1は……？

春香：政治家ですって。ところで、仁木さんはサラリーマンは確定申告できない、っていったけど本当にそう思う？

仁木：サラリーマンも確定申告できるんですか？

春香：当然よ。でも、給与所得者は年末に会社の方で年末調整（所法190条）をしてくれるの。だから、普通は申告しても意味がないわけ。でも、寄付をしている場合なんかは、確定申告をすれば税金が戻ってくる場合があるのよ。

市木：会社が年末調整してるのに、確定申告ができるかどうかなんて僕らにはわからないですよ。

春香：そうでもないわよ。自分で一度計算してみたら？

仁木：年末に結婚した場合も申告できるんですか？

春香：会社の年末調整は大体11月頃の状況を前提にして税額計算しているから、その後結婚したりした場合の事情は反映されていないのよ。

市木：それじゃ，年末に結婚した方が有利なのかな？

春香：そうね。控除対象配偶者がいるかどうかは年末時点で判定されるのよ（所法85条）。

市木：へえ～。あと，医療費も年末調整されないんですか？

春香：それは対象外なの。でも，2人ともお医者さんにかかったらちゃんと領収書をもらっておいてご両親に渡さなきゃね。

市木：僕の分もいいんですか？

春香：当然よ。ご両親が君たちを扶養し，君たちの医療費を支出しているんでしょ。申告時に医療費控除が受けられるのよ。

仁木：サラリーマンも申告できるとは知らなかったな～。でも，基本的にサラリーマンの税金って会社が全部やってくれるので，申告しなくていいから楽でいいですね。

春香：申告，納付といった手続をしなくていいのはそうね。でも，それでいいのかな～？

解説　10－1

　会社等の雇用者が従業員に給与を支払う場合，支払者として源泉徴収義務を負います（所法6条，183条）。**源泉徴収**とは，給与等の支払をする際に，所得税等の金額を計算し，あらかじめ差し引くことをいいます（第25章の「自動確定方式」を参照）。いわゆる「税金の天引き」というものです。その際，従業員の給与の額を支払者が把握しているのは当然ですが，支出した費用の額がまちまちだと，源泉徴収税額を算定するのが大変です。そのため，源泉徴収を効率

的に行うことができるように，給与所得者に認められる給与所得控除の額は，法定の概算額とされているのです。

　また，源泉徴収税額を算定するためには，家族状況などを反映した所得控除（第12章参照）も計算する必要がありますが，これも源泉徴収の便宜のために，給与所得者はあらかじめ雇用主を通じて税務署に家族状況等を届け出ることになっています（所法194条）。そして，年度の途中で家族構成に変化が生じた場合（結婚など）には，それまでに源泉徴収した税額に変動が生じるため，納付税額の調整が必要となります。所得税法ではこのような調整を給与等の支払者が行うことになっており，これを**年末調整**といいます（所法190条）。

　したがって，給与所得者が自ら確定申告をするのは，医療費控除（所法73条）や寄附金控除（所法78条）など，ごく限られた場合にとどまり，通常は源泉徴収と年末調整で完結することになっています（ふるさと納税が寄附金控除の対象となることについて第23章参照）。サラリーマン本人は楽でいいかもしれませんが，自分がどれくらい税を納めているか，またそれがどう使われているかなど，実感が薄らいでしまうという弊害が指摘されています。また，源泉徴収義務者である給与支払者が行う源泉徴収および年末調整の手続が複雑化しており，それらに関する事務負担を無視することはできません。

ゼミ　10-2

仁木：サラリーマンは申告，納付といった手続は行わなくてよいことは理解しました。でも，事業所得者は必要経費が引けるのに，サラリーマンは必要経費が引けないのは損ですよね。

春香：そうかな。給与所得者は必要経費は引けないけど，その代わりに「給与所得控除額」を控除できるわよね？　仁木さんが300万円の給与収入を得たら，いくら引けると思う？

仁木：所得税法28条３項で規定されていますね。え～と，300万円
　　　の場合はというと，98万円です。わあ，結構多い。

春香：でしょ。**資料10−1**を見ればわかるように，給与所得控除額
　　　は結構高額なのよ。ちなみに，2020（令和２）年分から給与
　　　所得控除額が変更されているから気をつけてね。

市木：サラリーマンは優遇されているんだ。僕もサラリーマンにな
　　　って，バリバリ稼ぐぞ！

春香：でも，給与所得控除額は収入金額に応じて法律で額が定めら
　　　れているの（法定額控除）。だから，実際にかかった必要経費
　　　がこの法定額を超えても，実際の額を控除（実額控除）でき
　　　ないという問題があるの。この点を憲法違反だとして争った
　　　のが，有名な大島訴訟よ。先生に解説してもらいましょう。

資料10−1　給与収入に応じた給与所得控除額

控除額（万円）

給与収入（万円）	100	300	500	700	850
控除額	55.0	98.0	144.0	180.0	195.0
給与収入に占める控除額の割合(%)	(55.0)	(32.7)	(28.9)	(25.7)	(22.9)

※政府税制調査会答申「わが国税制の現状と課題—21世紀に向けた国民の参加と選択」
　（平成12年7月14日）
　内閣府HP（https://www.cao.go.jp/zei-cho/history/1996-2009/etc/2000/p100.html）
　資料14をベースに加筆修正。

解説　10-2

　給与所得と事業所得の計算は次のように異なっています。

　　　給与所得＝収入金額－**給与所得控除**

　　　事業所得＝総収入金額－必要経費

　ゼミでも見たように，給与所得控除は法定の概算額控除であるのに対し，必要経費は実額を控除するものです。必要経費の実額控除は，「自己の計算と危険とにおいて行われる経済活動」から得られるという事業所得の性質に合致するといえます。

　給与所得者に認められている給与所得控除は高額ですが，実際にかかった必要経費が給与所得控除額を上回った場合でも，給与所得者には**実額経費控除**が認められず，法定の給与所得控除額しか控除できません。この点の合憲性が争われた，一般に大島訴訟と呼ばれる最高裁昭和60年3月27日大法廷判決（民集39巻2号247頁）では次のような理由をあげて合憲の判断をしています。

　　給与所得者は，事業所得者等と異なり，自己の計算と危険とにおいて業務を遂行するものではなく，使用者の定めるところに従つて役務を提供し，提供した役務の対価として使用者から受ける給付をもつてその収入とするものであるところ，右の給付の額はあらかじめ定めるところによりおおむね一定額に確定しており，職場における勤務上必要な施設，器具，備品等に係る費用のたぐいは使用者において負担するのが通例であり，給与所得者が勤務

に関連して費用の支出をする場合であつても，各自の性格その他
の主観的事情を反映して支出形態，金額を異にし，収入金額との
関連性が間接的かつ不明確とならざるを得ず，必要経費と家事上
の経費又はこれに関連する経費との明瞭な区分が困難であるのが
一般である。その上，給与所得者はその数が膨大であるため，各
自の申告に基づき必要経費の額を個別的に認定して実額控除を行
うこと，あるいは概算控除と選択的に右の実額控除を行うことは，
技術的及び量的に相当の困難を招来し，ひいて租税徴収費用の増
加を免れず，税務執行上少なからざる混乱を生ずることが懸念さ
れる。また，各自の主観的事情や立証技術の巧拙によつてかえつ
て租税負担の不公平をもたらすおそれもなしとしない。

　判決がいうように，個人の支出は，所得稼得活動に係る必要経費
と，所得の処分としての私的な支出，つまり家事費（所法45条1項
1号）とを区別する必要があります。
　しかし，ここで実額控除を排した理由としてあげられているもの
はいずれも説得力を欠いています。必要経費と家事関連費との区別
が困難であることや立証技術の巧拙により税負担の不公平が生じる
のは事業所得の場合も同じであり，実額控除の導入が税務執行上の
混乱を招くとの指摘も，給与所得控除額が妥当な額である限り大多
数の給与所得者が概算経費控除の方を選択すると考えられることか
らすれば，十分な論拠とはならないからです。かえって，実際に多
額の経費を支出している給与所得者と何も支出していない給与所得
者とが同じに扱われるという意味での不公平を生み出しているとも
いえます。
　この大島訴訟最高裁判決により，給与所得に係る必要経費の実額

控除選択制導入（給与所得控除と実額経費控除の有利な方を選択する方法）の問題は司法問題としては一応決着し，結局，最終的解決は立法に委ねられてしまいました。しかし，補足意見で実額控除選択制導入の検討が促されたこと，選択制導入を支持する学説も多いこと，さらには実額控除選択制の導入は単に必要経費の問題にとどまらず，給与所得者の申告権のあり方等にも連動するものであること等からすれば，この問題が今後も給与所得税制改革の焦点となると思われます。しかし，その前提として，次の2つの課題を解決しておく必要がありそうです。

　第一は，ドンブリ勘定といわれている現行の「給与所得控除」の中身を具体的に明らかにし，そのうち必要経費の概算控除部分がいくらであるのかを確定しておかなければならないことです。従来，給与所得控除の内容として，①必要経費概算控除のほかに，②担税力控除（勤労所得としての給与所得は，資産性所得等に比し不安定であることの調整），③把握控除（所得把握率較差の調整），④利子控除（源泉徴収による早期納税の調整）の各要素が含まれていると説明されてきました。最近では，①と②が中心的なものとして理解されています。そのため，給与所得控除のうち必要経費概算控除部分は2分の1程度と理解することも可能でしょう。給与所得控除額の2分の1と実際にかかった費用を比較して，多い方の金額を「給与所得必要経費控除」として控除できるようになれば，サラリーマンも申告に関心を持つようになるかもしれません。

　第二に明らかにしておかねばならないのは，給与所得に係る必要経費の具体的内容です。実額控除の選択制が導入されても何が給与所得の必要経費であるか明らかにされない限り実効性はないからです。給与所得者にとっての必要経費って何でしょう？

ゼミ　10-3

市木：サラリーマンの必要経費ですか？　いっぱいあるんじゃない
　　　　ですか。パソコン，それからワイシャツ，靴，背広。

春香：パソコンって，会社が用意してくれない？

市木：会社のはそうだけど家でもパソコンは必要だし……。

春香：家ではネットサーフィンじゃないの？　それにワイシャツや
　　　　背広・靴は会社に行くとき以外でも身に着けるでしょう。個
　　　　人の支出は，自分の私生活のための費用（家事費）なのか，
　　　　勤務のために必要な費用なのか，その区分が難しいのよ。他
　　　　には？

仁木：上司や部下とのおつきあいや，冠婚葬祭の支出は？

春香：それも給与所得を得るための経費とはいいにくいわよね。

市木：会社で食べる昼食代！

春香：お昼は家にいても食べるものね〜。家なら200円ですむのに，
　　　　会社で食べるために500円かかるというのなら，その差額は
　　　　経費になるかもしれないわね。

仁木：春香先輩みたいに限定していったら，サラリーマンに必要経
　　　　費なんてないじゃないですか？

春香：そうなるわね。仮に2人が言ったものを必要経費に入れても，
　　　　給与所得控除額を上回ることなんかなさそうね〜。

市木：ということは，実際には必要経費なんかほとんど負担してい
　　　　ないのに，サラリーマンは給与所得控除を適用されているん
　　　　だから優遇されているんですか？

春香：国際比較をしてみるとそうなるわね（**資料10-2**）。

仁木：でも，サラリーマンはちっともそう思っていない。

春香：優遇されていても，知らなければ意味がないし，もっと優遇

資料10-2　給与所得者を対象とした概算控除の国際比較

(2023年1月現在)

	日　　本	イギリス	ド　イ　ツ	フランス	(参考)アメリカ
概算控除	給与所得控除(定率・上限あり) 給与収入に応じ，4段階の控除率（40%〜10%）を適用 最低保障額　　　　　55万円 上限195万円	なし(注1)	被用者概算控除(定額)(注2) 1,230ユーロ （17.8万円）	必要経費概算控除(定率・上限あり)(注2) 最低 472ユーロ （6.8万円） 上限 13,522ユーロ （196.1万円）	概算控除（定額）(注2) 13,850ドル （196.7万円） ※医療費控除や寄附金控除等の各種所得控除を含む性格の概算控除であり，給与所得者に限らず適用。 ※2025年までの時限措置として，人的控除も統合。

(注1) イギリスでは，給与所得者を対象とした概算控除制度は設けられていない。一方で，職務上の旅費等について，実額控除が認められている。
(注2) ドイツ・フランス・アメリカでは，概算控除制度と実額控除制度との選択制とされている。
(注3) 邦貨換算レートは，1ドル＝142円，1ユーロ＝145円（基準外国為替相場及び裁定外国為替相場：令和5年（2023年）1月中適用）。なお，端数は四捨五入している。

※財務省HP(https://www.mof.go.jp/tax_policy/summary/income/056.pdf)より。

　　されている人がいると思えば不満はなくならないわ。

市木：春香先輩はどうすべきだと思っているんですか？

春香：私は，サラリーマンに給与所得控除なんか適用するのをやめて，いっそのこと，必要経費の実額控除だけにしたら面白いと思うわ。サラリーマンも申告のこと真剣に考えるようになるものね。先生もそう思いません？

解説　10 - 3

　給与所得に係る必要経費の考え方にはこれまで基本的に２つの傾向があったように思われます。１つは，給与所得の必要経費にも事業所得の場合に伝統的にとられてきた考え方をそのままあてはめようとするもので，「収入金額の増減に直接関連を有する」か否かを重視して必要経費の範囲をしぼる考え方です。他の１つは，「職務に従事することがなければ生じないと考えられる支出」もしくは「勤務に必要な支出」など，収入の増減にとらわれることなく勤務に伴い余儀なくされる支出を広く必要経費と解する考え方です。このうち前者の考え方に従えば，サラリーマンが一般に必要経費と考えている支出のほとんどが必要経費ではないことになります。

　確かに，一般のサラリーマンは必要経費に対する誤った過度の期待を抱いている感がありますが，収入金額の増減との直接の関連性を重視する考え方は，サラリーマンにとって必要な経費は使用者が支給するものに限定されるという考え方と結びつき，結局，給与所得に係る必要経費の存在そのものを否定することになりかねません。また，諸外国の給与所得に係る必要経費の範囲もこのように狭いものではありません（**資料10 - 3**）。したがって，後者の考え方をベースにして給与所得に係る必要経費の範囲を立法的に明らかにする必要があり，また後者の考え方は給与所得のみならず事業所得の必要経費概念としても妥当しうるものであることに留意してください。

ゼミ　10-4

市木：なるほど。外国では給与所得者も実額で必要経費を引いているんだ。それじゃ，日本でもできないわけじゃないですね。

春香：そうね。実は，大島訴訟での批判を受けて，1988（昭和63）年から給与所得者に対する特定支出控除制度（所法57条の2）が導入されたのよ。これは，給与所得者が支出する費用のうち一定のものだけを特定支出とし，この合計額が給与所得控除額を超えるときには，給与所得控除額に加えてそれを超える部分の金額も控除できる，というものだったの。

市木：へえ〜，サラリーマンも経費を控除できるんだ。

春香：本当にできると思う？　先生に聞いてみましょう。

解説　10-4

　1988（昭和63）年度に導入された**特定支出控除**制度は，給与所得者が支出する通勤費，転居費，研修費，資格取得費，帰宅旅費の合計額である特定支出額が給与所得控除額を超えるときは，給与所得控除額に加えてそれを超える部分も控除できる，というものでした。サラリーマンには必要経費の実額控除が認められていない，という批判をかわすために導入されたのですが，特定支出の範囲が限定されすぎていることと，給与所得控除額を超えた場合しか適用できないので，導入当初からこの制度を適用できるサラリーマンはいないし，適用できる人は本当にサラリーマンか疑わしい，というもので

資料10-3　給与所得者を対象とした実額控除の国際比較

（2017年 1 月現在）

	日　　　本	ア　メ　リ　カ
給与所得者の必要経費の実額控除	特定支出控除	項目別控除（注 1 ）
通勤費	・通勤に通常必要な運賃	控除は認められない
転勤費	・転勤に伴う転居のために通常必要な運賃・宿泊費　等	・転勤費用
旅費等	・単身赴任者の帰宅旅費（月 4 回を限度）	・職務上の旅費
資格取得費，研修費，図書費	・資格取得費・研修費・図書費（注 2 ）※職務上必要なものに限る	・研修費・図書費※職務上必要なものに限る
衣服費	勤務先で着用する制服等の費用で，職務遂行に直接必要なもの（注 2 ）	職業上必要とされる特殊な衣服（通常の着用に適さないもの）の費用
その他	交際費（得意先等に対する接待等のための支出で，職務の遂行に直接必要なもの）（注 2 ）	・交際費（原則，支出額の50％まで）。事業活動に直接関係する等の場合に限る。・一定条件で，職務関連の団体等に支払った会費　等
概算控除との関係	上記の特定支出額のうち，当人の給与所得控除の 2 分の 1 を超える部分について，実額控除可	概算控除制度との選択制

イ　ギ　リ　ス	ド　　イ　　ツ	フ　ラ　ン　ス
職務の遂行に必要不可欠な支出，及び旅費等	収入の取得，確保及び維持のための支出	職務遂行を目的とした支出
控除は認められない	・通勤に通常必要な運賃	・通勤に通常必要な運賃
原則として控除は認められない	・転勤費用	・転勤費用
・職務上の旅費	・職務上の旅費・単身赴任者の帰宅旅費及び住居費　等	・職務上の旅費・単身赴任者の帰宅旅費及び住居費　等
原則として控除は認められない	・研修費・図書費※職務上必要なものに限る	・資格取得費・研修費・図書費※職務上必要なものに限る
職業上必要とされる特殊な衣服の費用	職場のみで着用される職業用の衣服の費用	職業上必要とされる特殊な衣服の費用
・一定条件下で，職務関連の団体等に支払った会費等	・交際費（原則，支出額の70％まで）。職務上の目的に限る。・一定条件下で，職務関連の団体等に支払った会費　等	交際費（職務遂行上必要なものに限る）・労働組合費　等
—	概算控除制度との選択制	概算控除制度との選択制

（注 1 ）転勤費を除く多くの費用については，調整総所得の 2 ％超の部分のみ実額控除が認められる。また，実額控除全体について，高所得者に対する逓減措置がある。逓減措置は，調整総所得が313,800ドル超の納税者（夫婦共同申告の場合）について，(A) 調整総所得のうち313,800ドル超の部分の 3 ％，または (B) 実額控除総額（医療費・投資利子・雑損・ギャンブル損失の各控除を除く）の80％，のうち小さい方の額を，控除額から減額。なお，転勤費は総収入から直接控除可能（概算控除又は実額控除のいずれを選んでも可）。

（注 2 ）図書費，衣服費，交際費の合計で65万円が上限。

※平成29年10月23日付税調資料（https://www.cao.go.jp/zei-cho/gijiroku/zeicho/2017/29zen13kai3.pdf）24頁。

した。案の定，導入当初からこの制度の適用者は毎年一桁台にとどまっていました。全国約5千万人の給与所得者のうち数人にしか適用されない制度を入れたことで，給与所得者にも必要経費控除の道を開いたというのはおかしいと思いませんか。

　こうした状況を背景として，2013（平成25）年の申告分から，弁護士等の資格取得費，勤務必要経費（図書費，衣服費，交際費等）が追加されました。また，2016（平成28）年の申告分からは，給与所得控除額の2分の1を超える金額についてこの制度を適用することができるという改正が加えられています。しかし，こうした部分的な適用範囲の拡大を行うのではなく，この制度自体を抜本的に改めるべきではないでしょうか。

第11章 お金を受け取るタイミングで課税の時期が変わる？

【所得税法(6)——収入の帰属時期】

春香の質問　11 - 1

　皆さん，せっかく12月にアルバイトしたのに，12月28日の支給日に払ってもらえず，ようやく翌年 1 月末に払ってもらった場合，このバイト代は働いた年の収入になるのかしら，それとも翌年の収入かしら？

ゼミ　11 - 1

市木：え〜，まじめにバイトしたのに約束した日に払われない？
　　　　なんてひどい話だ！　僕だったら，断固抗議するぞ！

春香：抗議はいいけど，この講義の質問にも答えてよ。12月の収入か 1 月の収入かによってどちらの年の収入になるのかが変わってくるけど，この場合はどうかしら？

市木：決まっているじゃないですか，現実に給与を受け取ったときだから 1 月ですよ。

春香：でも，所得税法はそうは書いていないのよ。次の36条 1 項（収入金額）を読んでね。

　　その年分の各種所得の金額の計算上収入金額とすべき金額又は総収入金額に算入すべき金額は，別段の定めがあるものを除き，その年において**収入すべき**金額（金銭以外の物又は権利その他経

　　済的な利益をもつて収入する場合には，その金銭以外の物又は権
　　利その他経済的な利益の価額）とする。

　　　（強調は筆者）

仁木：「収入すべき」金額ですね。市木君の主張だと，「収入した」
　　　金額でないと，おかしいですよね。

市木：「収入すべき」？　現実に受け取っていなくても，収入にな
　　　っちゃうの？

仁木：そうすると，現実に収入がないのに，納税義務が生じてしま
　　　いませんか？

春香：そういうこともあるわね。

市木：そんなバカな。あれ〜？　36条には「別段の定めがあるもの
　　　を除き」と規定されているぞ。そうか，別段の定めで救済し
　　　ているんだ。

春香：すごいわ，市木君。別段の定めに注目するなんて。別段の定
　　　めとしては，無記名公社債の利子などについての現金主義
　　　（所法36条3項），延払条件付販売（延払基準。所法65条），長
　　　期大規模工事（工事進行基準。所法66条），一定の小規模事業
　　　者に対する現金主義（所法67条）等があるわ。

市木：なんですか，その「現金主義」というのは？

春香：現金を現実に受け取ったときを基準にする考え方よ。市木君
　　　の考え方はこの基準だといえるわね。

市木：ほらね。ちゃんとあるんだ，僕のような考え方が。

仁木：でも，それは一定の小規模事業者等に限定されているのでは
　　　ないですか？

春香：そのとおり。だから，学生のバイト代の場合には使えないわ。

市木：そうすると，どうなっちゃうんですか。現実に給与をもらっていないのだから，いつもらったことになるんですか？

春香：アルバイト代は支給日が決まっていたのよね。そうであれば，その支給日に請求できるのだから，その日が「収入すべき」ときよね。

仁木：法的に請求できる状態になったら「収入すべき」だ，ということですか。

春香：そうね。だから一般的には，法的な権利として確定したときを基準にする「権利確定主義」といわれているわ。

市木：権利はあっても，現実に受け取っていなければ税金を払うことはできないはずだけどな～。

春香：でも，逆にもし現実にもらったものだけ入れるなら，他の所得が多いときは，アルバイト代を意図的にその年に受け取らず，翌年にまわすこともできちゃうわよね。

仁木：つまり，他の所得が多くある年は受け取らず，他の所得がマイナスになっている年に受け取るようにすればいい。そうすれば税金を払わなくて済むようなこともできてしまうわけですね。現金主義だと，どの年の収入にするかを納税者が勝手に決めることができてしまう。

春香：さすが，仁木さん！　そのとおりよ。

市木：やれやれ，だから「権利確定主義」なんですか。しかし，どうなれば権利が確定するんですかね。

春香：先生に聞いてみましょう。

解説　11−1

☆権利確定主義

　ある年の各種所得金額を計算する場合，まずその年の当該所得の収入金額に何が含まれるかが問題となります。給与所得者の場合は給料を現実に受け取っていることが多いのであまり意識されませんが，事業所得者の場合は，発注を受けているもの，商品を引き渡したもの，代金を受領したもの等様々なものが混在しています。基本的に所得税では暦年課税の仕組みが採られていますので（通法15条2項1号。期間税），どの収入をどの年の収入金額に含めるのか（帰属時期）は大変重要な意味を持っています。たとえば，ゼミでも指摘があったように，01年には赤字が多いものの，02年には大きな黒字になりそうだという場合，その収入を01年に帰属させることで，税負担を軽減することができてしまうからです。

　このように税負担を任意に修正させてしまうことは，課税の公平という観点から問題があるといえます。そこで収入の帰属の時期について，法的な基準が必要になるのです。

　所得税法はこの問題について，「各種所得の金額の計算上収入金額とすべき金額又は総収入金額に算入すべき金額は，……その年において収入すべき金額……とする」（所法36条1項）と規定して解決を図ろうとしています。「収入すべき金額」ですから，現実に収入がなくとも，税法上「収入すべき」場合があるということになり，現金の現実の授受で判断しているのではないことはわかります。

　しかし，「収入すべき」とはどういう状態になった場合を意味するのかを，所得税法は規定しません。この「収入すべき金額」の意味を解釈するために，企業会計の考え方が参照されています。企業会計でも，いつの時点で収益費用を認識するのか，というのは大問題で，「発生主義」「実現主義」「現金主義」の３つがあるとされています。「発生主義」というのは，企業の生産過程に注目した基準で，企業が財を生産したり，役務を獲得した時点を基準とするものです。これに対して，「実現主義」といわれるものは，企業の販売過程に着目するもので，販売・引渡し時点を基準にするという考え方です。最後の「現金主義」はゼミでも説明されたように現実に現金を回収した時点となります。個人事業者を例にすると，契約が成立した時点か，引渡しの時点か，それとも代金回収の時点かという違いになります。

　このような考え方を基礎として，「収入すべき金額」を具体的に判断するための原則的な基準とされているのが，**「権利確定主義」**です。この基準は，ゼミで紹介されたように，「収入すべき権利」が確定した時期に収入金額を帰属させるというものです。そして，権利の確定時期は，権利の特質を考慮して決定されるべきものとされています（最判昭和53年２月24日民集32巻１号43頁）。そこで，所得税基本通達は，契約の形式ごとに権利の確定時期，すなわち収入の帰属時期を定めています。

　たとえば，委任契約の場合は次のように取り扱われます（所基通36‐8（5））。

　　人的役務の提供（請負を除く。）による収入金額については，その人的役務の提供を完了した日。ただし，人的役務の提供による報酬を期間の経過又は役務の提供の程度等に応じて収入する特

約又は慣習がある場合におけるその期間の経過又は役務の提供の
程度等に対応する報酬については，その特約又は慣習によりその
収入すべき事由が生じた日

　このように，収入の帰属時期は，収入の原因となる行為を法的に
解釈して判断する方法が原則とされています。

春香の質問　11-2

　皆さん，歯の矯正治療を何年もかけて行う時には，その治療費
は治療開始時に一括して前払いすることがあるようです。この支
払われた治療費について，受領した歯科医は，その支払を受けた
ときに一括して収入金額に計上して課税されるのかしら。それと
も，治療が行われるたびに収入金額に計上すべきでしょうか。

ゼミ　11-2

仁木：実現主義が基準で，その具体的な判断基準として権利確定主
　　　義があるのですから，治療を行うたびに収入すべき権利が確
　　　定する，と考えるのではないですか？

市木：でも，お金を受け取っているんだから，その時点で収入があるといえそうだけどな～。

春香：所得税法36条１項の「収入すべき金額」という要件をどのように理解するかということよね。仁木さんの考え方は権利確定主義に基づくものだけど，市木君の意見はどう考えたらいいのかしら。

市木：すでに現金を得ているのだから，収入することがより確実といえるんじゃないですか？

仁木：でも，前払いを受けても治療を途中で止めたり計画とは違う治療をしたような場合には，返金する可能性もあるんじゃないですか？　それって，あくまで「預り金」だと思うので，確実な収入とはいえないんじゃないですか？

春香：さすがね，仁木さん。収入の帰属時期は実現主義が基準よね。そして，収入の実現を具体的に判断する基準が権利確定主義だけど，「収入が実現した」といえる時点が権利の確定以外にあれば，その時点で収入を計上するのが適切と考えられるわ。市木君がいうように，現実に金銭や経済的利益を自分のものとして管理し支配できる状態になった時点で収入が実現したとする考え方を「管理支配基準」というの。

市木：やっぱり僕みたいな考え方があるんだ！

春香：でも，仁木さんがいうように，受けた経済的利益を返還する可能性がある場合には「管理支配」とはいえないわ。返還の可能性が低く，経済的利益を自分のものとして自由に処分できるような状態になれば，収入が実現したと判断されるのよ。

市木：じゃあ，歯の治療費は管理支配基準で判断するんですか？

春香：判決はそのように判断してるわね（高松高判平成８年３月26日行集47巻３号325頁）。

仁木：権利確定主義と管理支配基準は，どのように使い分ければよいのでしょうか？

春香：判例上は，権利確定主義が原則で，管理支配基準が例外とされているわ（前掲最判53年2月24日）。具体的な事例だと，さっきの一括前払いを受けた場合で，返還可能性が低い場合には，管理支配基準で判断してよさそうね。他にもあるわよ。

市木：確か，違法な利益も「所得」でしたよね（第6章）。違法所得は違法なんだから，権利が確定するわけがないですよね？

春香：やるじゃない，市木君！　違法所得の場合には権利確定主義は当てはまらないから，管理支配基準で判断するしかないの。

仁木：違法所得の場合はわかりますが，「管理支配」というのがどうもしっくりこないですね。

春香：管理支配基準は法的な基準ではなくて，管理・支配という事実を前提にするものだから，確かに不明確な部分はあるわね。管理支配基準を用いるケースでは権利確定主義も当てはまりそうだけど，この辺りの説明を先生お願いします！

解説　11−2

　現行所得税法は，違法所得も課税対象に含めていると解されています。そうすると，違法所得については，所有権の移転が観念できず権利の確定を判断できませんので，権利確定主義以外の判断基準が求められるようになってきました。

　そこで，権利確定という基準では説明できなくても，経済的な利

益を納税者が実際に管理し，支配できる状況になっていれば，課税しうるのではないか，という考え方が出てきました。これを**管理支配基準**といいます。この基準に基づく事例として，たとえば利息制限法に定められた制限を超過する利息のような違法所得の場合であっても，実際に支払を受けた以上は管理・支配しているのであるから，課税されると判断したものがあります（最判昭和46年11月9日民集25巻8号1120頁）。そして，もし，将来的に違法であることを理由に利得の返還を求められた場合には，その返還分は，利益がなくなったということで後日，更正の請求（第25章参照）を通じて還付してもらうことが可能になる，というわけです。

　このように，所得税法において収入の帰属時期を判断するためには，原則として権利確定主義により考えるのですが，違法所得などのように権利確定主義では判断できない場合があります。そのような場合には，権利確定主義を補完するための例外的な基準として管理支配基準を用いることになります。

　これらの2つの基準は，先に見た企業会計上の「実現主義」を前提として，それを具体化するためのものであるといえます（参照，前掲最判昭和53年2月24日）。そのため，「収入すべき権利の確定」や「収入の現実の管理・支配」によって収入が実現したと判断するのに適切な時期をとらえて，その時期の属する年に帰属させる，と考えることができます。

　管理支配基準に基づいて判断するケースは，違法所得の他に，収入すべき権利が確定するよりも前に収入が実現したといえるような場面が考えられます。ゼミで見たように，矯正診療の際に歯科医が治療費の一括前払いを受けたケースでは，転勤等，患者のやむをえない事情がある場合には返金するとされているものの，そうした例はごくわずかしかなく，患者の一方的な都合による治療のキャンセ

ル等の場合には返金されないこととされているなどの事実が認められるとして，治療開始時に納税者が収入を管理・支配しうることになったと判断されています（前掲高松高判平成 8 年 3 月26日）。

しかし，管理支配基準の妥当性には疑問が呈されています。収入の管理・支配という事実を基準にしていますので，現金主義のようにも考えられます。だとすると，所得税法は例外的に明文の根拠のある場合にしか認めていないはずです。また，上記の歯科矯正料の判決では，収入の管理・支配の事実をもって権利が確定したと判断されていて，権利確定主義との区別が不明確との批判もあります。

管理支配基準については必ずしもその理論的根拠と適用範囲が明確でないことにも留意しておいてください。

☆必要経費の帰属時期

このように，収入をいつの時期に帰属させるのかという問題は所得税にとって重要な問題です。同時に，必要経費についても，どの年度に帰属するのかという問題があることにも気付いてください。

所得税法は，必要経費として①「売上原価その他当該総収入金額を得るため直接に要した費用」と②「販売費，一般管理費その他これらの所得を生ずべき業務について生じた費用（償却費以外の費用でその年において債務の確定しないものを除く。）」を規定しています（所法37条）。①の原価およびそれに準ずる直接費用は，それが生み出した収入が生じた年に計上するのが原則ですので，仮に債務額が確定していなくとも合理的に見積もった金額を費用として計上すべきことになりますが，②の収入との対応関係が明らかでないその他の費用は，かっこの中に明記されているように，原則として「債務が確定」した年に計上すべきことになります（債務確定主義）。

何が所得か，という問題だけではなく，いつの所得かという問題があること，その場合の基本的な考え方を理解しておいてください。

第12章　パート労働・学生アルバイトと「税金の壁」

【所得税法(7)──所得控除と税額控除】

春香の質問　12

皆さん，パートの人たちが年収を103万円以内に抑えるためにいろいろ調整している話を聞いたことがない？　税金のために抑えているという人がいるけど，本当に正しいと思う？

ゼミ　12 - 1

仁木：私のバイト先にもいましたよ，こういう人。103万円以内にしないといけないって，苦労していました。

市木：僕がバイトしたときもそんなこといっていた人がいたな。

春香：何のためにそうしているのか，確認した？

市木：確か，配偶者控除を受けるためだとかって……。

春香：多くの人はまだ，税金のために103万円に抑えなきゃいけないと信じているけど，それは基本的には誤解なのよ。まず，なぜ，配偶者控除を受けるためには103万円なのかわかる？

仁木：いいえ，どうして103万円なのですか？

春香：所得税法2条1項33号の2の定義を読んでみて。

市木：え〜と，「控除対象配偶者」の定義ですね。「同一生計配偶者のうち，合計所得金額が1,000万円以下である居住者の配偶者」です。「同一生計配偶者」って何だ？

仁木：「同一生計配偶者」は，所得税法2条1項33号で，「居住者の

139

　　　配偶者でその居住者と生計を一にするもの（……）のうち，
　　　合計所得金額が48万円以下である者」と定義されていますね。

春香：そうなの。配偶者控除の対象になる人は，まず，所得金額が
　　　48万円以下の人たちなのよ。

仁木：48万円？　103万円じゃないんですか？　おかしいわ。

春香：まず，そこよ，大事な点は。所得税法が規定している48万円
　　　というのは「合計所得金額」よ。パート労働者は通常，給与
　　　所得者よね。さて，給与所得金額の計算はどうしたっけ？

市木：給与所得者には必要経費の控除はない（第10章参照）。

仁木：でも代わりに「給与所得控除」が適用される。

春香：そう。だから，給与所得の金額は「収入金額」−「給与所得
　　　控除」になるわ。さて，給与所得控除というのは最低でも一
　　　定額を控除できるのよ。所得税法28条3項1号を見て。

仁木：給与所得控除額は年収が180万円以下の場合は収入の40％か
　　　ら10万円を控除した額だけど，「（当該金額が55万円に満たない
　　　場合には，55万円）」と規定されています（資料10-1参照）。

春香：そうね。ということは，所得金額が48万円になる給与所得者
　　　の年収はいくらかしら？

仁木：X−55万円＝48万円になる場合だから，X＝103万円です。

市木：そうか。103万円というのは収入金額のことをいっていたん
　　　だ。配偶者控除を受けるためには，所得金額が48万円以下で
　　　なければいけないので，給与所得者の場合は収入を103万円
　　　以下にしなければ適用されない，という意味だ。

仁木：でも，そうすると，給与所得者以外の場合は103万円ではな
　　　いんですね。

春香：そうよ。たとえば，家内労働は本来的には給与所得ではなく，
　　　事業所得か雑所得よね。この場合，収入から必要経費を引い

た金額が48万円以下でなければいけないの。だから，必要経費が収入の3割ぐらいだとすると，X－0.3X＝48万円で，Xは約68万円ということになるわ。給与所得より不利でしょ。それで，家内労働者たちが何とか給与所得者並みに扱ってくれという運動をして，現在は特別措置で給与所得控除が適用されているの（措法27条）。

市木：う〜ん，配偶者控除を受けるためには所得金額を48万円以下にしておかねばならないというのは理解できたんですが，でもそのためにわざわざ働くのをやめるのはなぜかな？

春香：パート労働者はこれまで女性が多かったからそれを前提に説明するわね。夫の課税所得が900万円あったとしましょう。配偶者控除が適用されると，夫の所得から38万円控除され，夫の所得は862万円になるわね。

市木：配偶者控除の金額は38万円ですか？　所得48万円以下の配偶者がいる場合，38万円の控除が受けられるんだ。

春香：そうすると，この人の税金がいくら安くなる？　仮に900万円の部分の税率が30％だとすると，夫は38万円を所得から控除してもらえたお陰で，38万円×0.3＝11.4万円になるわね。

市木：ということは……。

仁木：妻が103万円で抑えておけば，夫の税金が11.4万円も安くなるのに，103万円より多く稼ぐと，税金が11.4万円も増えて夫婦全体の手取額が減ってしまうんですね？

春香：そうなのよ。そのため，パート女性が一定額で働くのをやめたり，女性の賃金抑制に利用されたりしてきたの。税法が生み出した大きな社会問題だったの。

仁木：「だったの」，ということは解決されたということですか？

春香：少なくとも税法的にはね。先生に解説してもらいましょう。

解説　12−1

　現行所得税法は個人単位課税を原則としているものの，家族とい
う共同生活をしている各人の担税力を適切に配慮するための制度を
置いています。**配偶者控除**（所法83条）もその１つです。この配偶
者控除というのは，配偶者の一方が一定金額以下の所得しかない場
合に，他方配偶者の所得から一定金額を控除できる制度です（ゼミ
12−1の例でいうと，配偶者控除を受けるのは，パート労働者自身では
なく夫の方であることに注意！）。

　説明の便宜のために，所得が少ないのが妻，控除を受けるのが夫
の所得とします。現行法は**免税点方式**を採用しているため，一定金
額を超えると控除額が一挙にゼロになり，他方配偶者である夫の税
負担が一挙に増え（この額は夫の所得が多いとさらに増える），多少の
収入増ではかえって手取額が減少してしまうのです。このため一定
額以下に収入を抑えるという現象が生じ，これが俗に「○○万円の
壁」と呼ばれた弊害を生み出し，女性の社会進出等に非常に悪い影
響を与えてきました。これは，まさに税法上の制度が生み出した弊
害であり，しかも所得が増えるとかえって手取りが減ってしまうと
いう所得税法上あってはならない現象を生み出してしまったのです。
所得税法が超過累進税率を採用しているのはこのような弊害を避け
るためであることからすれば（第13章参照），配偶者控除等に免税点
方式を採用していることが是正されなければならないはずです。そ
こで，学説では免税点方式に代えて，**消失控除方式**（一定額を超え

ても控除額を一挙にゼロにするのではなく，増えた分だけ控除額を減らしていく方法。これだと手取額がかえって減少するという事態はなくなる）を導入すべきことが主張され続けてきました。これがようやく，1987（昭和62）年に**配偶者特別控除**（所法83条の２）という制度を通じて実現したのです。

　この制度によれば，収入が103万円を超えると確かに配偶者控除はなくなりますが，その代わりに配偶者特別控除が全額適用されるので，実質的な控除額は変わりません。したがって，現行税法上は，もはやパートの収入を一定額に抑える必要はなくなっているのです（**資料12-1**参照）。

　ただし，2018（平成30）年分以降の所得税について，配偶者控除および配偶者特別控除の適用要件として，配偶者自身（妻）の収入金額だけではなく，他方配偶者（夫）の合計所得金額が加わっています（**資料12-1**参照）。つまり，他方配偶者の合計所得金額が900万円を超えると，配偶者控除および配偶者特別控除の金額が減り，1,000万円を超える場合は，これらの控除の適用は受けられないことになったのです（所法２条１項33号の２，83条１項，83条の２第１項かっこ書き）。

ゼミ　12-2

仁木：な～んだ，もう税法上は103万円に抑える必要はないんだ。でもパートの人たちは税金のために103万円以上稼いではいけないと誤解しているみたい。

春香：だったら，あなたたちがちゃんと説明してあげてよ。

市木：そうだ，そういえば，配偶者控除のためじゃなく，自分の税金のために103万円が限界，という人もいましたよ。

春香：その人が104万円の収入を得ると給与所得控除を引いても49

143

万円の所得金額があるわね。そこから基礎控除48万円が引け
るけど，１万円の課税所得が残るから，確かに税金を500円
払わなければならないわ。でも手元には9,500円も残るんだ
からやめる必要ないわよ。ただ，一定の収入を超えると，住
民税や社会保険料を負担しなければならなくなるので，その
点は考慮しておかなければいけないけどね。

市木：それじゃ，もう103万円は気にしなくていいんだ。さっそく
パートの人に伝えてあげなきゃ。

春香：あっ，ちょっと待って。税法の問題は解決したんだけど，気
をつけなきゃいけない問題があるのよ。多くの給与所得者に
は会社が配偶者手当とか扶養手当を支給しているの。たとえ
ば，配偶者手当として月３万円もらっていると，年間36万円
よね。

仁木：それが103万円と何か関係があるんですか？

春香：あるのよ。このような手当はそれぞれの会社の給与規定に基
づいて支給されているのよ。労働組合が配偶者手当を要求す
るとき，多くの場合は税法上の配偶者控除の対象になる配偶
者がいる人には配偶者手当を支給しろ，なんて要求するから，
配偶者手当を支給される配偶者の条件が収入103万円以下に
なっているの。これを超えると，年末に会社に配偶者手当を
返さなければいけないことになるの。

市木：え～っ，１年分まとめて返すの？

春香：そうよ。だから，パートの人たちには，会社の給与規定をよ
く調べて，もし配偶者手当の条件が税法の配偶者控除と同じ
だったら，やはり103万円で抑えておかなければだめだ，と
いうことも注意してあげて。

仁木：春香先輩，それじゃ，結局「103万円の壁」はなくなってい

資料12-1　所得税の配偶者控除および配偶者特別控除の仕組み

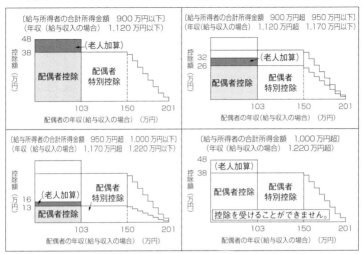

※国税庁「平成30年分以降の配偶者控除及び配偶者特別控除の取扱いについて」
（平成29年6月）（https://www.nta.go.jp/users/gensen/haigusya/pdf/02.
pdf）1～2頁。

　ないんじゃないですか？

春香：そうなのよね。労働組合ももっと考えてくれなきゃ。でも，
　　　やはり根本問題は税法が配偶者控除の要件に所得制限を入れ
　　　ていることかしらね。

仁木：何かほかに方法があるんですか？

春香：先生に聞いてみましょう。

解説　12−2

　税法上の問題が解決したにもかかわらず，世間では相変わらず「103万円の壁」が存在しており，多くの人が収入を調整しているといわれています。その原因には税法に対する誤解，社会保険料負担の問題もあるのですが，企業の配偶者手当が相変わらず所得税法の配偶者控除の所得要件と同じ金額になっているため，その金額を超えると手当を返還しなければならず，夫婦の合計手取額が減少してしまうことがあるからです。

　こうしたことも影響して，配偶者控除および配偶者特別控除は多くの批判の的となっています。しかし，配偶者控除を「専業主婦のいる世帯を優遇する制度である」として廃止を主張するのは少し誤解があります。というのは，配偶者控除の本質は専業主婦の最低生活費控除だからです。憲法は25条で「健康で文化的な最低限度の生活」を保障し，所得のない者には給付し，所得のある者には最低生活費を控除することを命じています。これが基礎控除です（第5章参照）。基礎控除はすべての人間に憲法により保障された控除項目だといえます。

　専業主婦はいくら家事労働に従事しても「所得」はないとされ，しかも現行の夫婦別産制により夫の給与等に対する持分もありません（第8章参照）。つまり専業主婦は無所得者なのです。そうすると，専業主婦は所得がないので基礎控除という制度を利用できません。しかも，国家は専業主婦に社会給付をするわけではありません。し

かし，専業主婦も人間としての生活をしており，その費用は夫に帰属するとされる所得から捻出せざるを得ないのです。つまり，配偶者控除というのは所得の少ない配偶者の最低生活費を他方配偶者（夫）に帰属する所得から控除する制度であり，所得のある者に対する基礎控除に相当するものであることに留意しなければならないのです。専業主婦に限定していえば，有職女性が自己の最低生活費を基礎控除として引いているのと同様に，専業主婦も自己の最低生活費を（夫のものとされている所得から）引いているだけのことです。これが配偶者控除制度の本来の性格であり，この制度の存在意義を誤解してはならないと思います。

　とはいえ，配偶者控除自体はなお免税点方式で，所得要件を定めています。その基準が企業の配偶者手当等に悪影響を及ぼしていることは間違いありません。こうした点を考慮すると，現行の配偶者控除を抜本的に改め，廃止ではなく，所得要件を撤廃し，所得の有無にかかわらず，夫婦は自己の所得から基礎控除を控除するか，それとも他方配偶者の所得から配偶者控除を控除するか，自由に選択できるようにすべきでしょう。なお，課税単位が夫婦単位になればこのような控除も不要になります（第8章参照）。

　ところで，働き方の多様化に対応することを目的として，就業調整を意識しなくてもすむ仕組みの構築という観点から，前述のように，2018（平成30）年分以降の所得税について，配偶者控除および配偶者特別控除の適用要件が変更されています（**資料12-1参照**）。また，このような税法上の改正とは別に，130万円や106万円という収入金額を超えると社会保険料の支払義務が生じるという壁があります。特に「106万円の壁」については，2022（令和4）年10月から対象となる企業が拡大されたことにより，家計や働き方にとって深刻な影響を与えることから対策が検討されています。

ゼミ　12-3

市木：そうか，税法が間接的に配偶者手当に影響を与えてしまった
　　　　ために，企業の給与規定によっては103万円の壁がまだある
　　　　んだ。

仁木：私たち学生はどうなんですか？　確か，扶養控除の対象にな
　　　　るためには，同じように一定金額以下に抑えなければいけな
　　　　いという話を聞いたことがあるんですが。

春香：学生は，親の所得税の計算上，扶養控除の対象になりうるの
　　　　よ。この扶養控除の対象になれる人の範囲が配偶者控除と同
　　　　じ所得以下の人なの（所法2条1項34号，34号の2）。扶養控
　　　　除には配偶者特別控除のようなものがないので，一定金額を
　　　　少しでも超えると，親の税金が一挙に上がってしまうの。

市木：ということは，僕たちも103万円以下に収入を抑えなければ
　　　　いけないんですか？

春香：バイト代は通常，給与所得になるから，そうね。

仁木：あの，学生は130万円までは大丈夫ではないんですか？

春香：それは，君たちが所得税を払わないですむ限度額と扶養控除
　　　　の限度額を混同しているのよ。

仁木：？？

春香：つまり，扶養控除は配偶者控除と同様に合計所得金額が48万
　　　　円以下の人しか対象にならないから，君たちがアルバイトで
　　　　給与収入を得る場合は103万円を超えるとご両親の所得税負
　　　　担が増えるわよ。その点は気をつけてね。同時に，2人は大
　　　　学生よね。学生で一定額以下の所得しかない人には勤労学生
　　　　控除（所法82条）というのが適用されるのよ。

市木：勤労学生控除！　なんか，苦学生を連想させますね。

春香：本当ね。働きながら苦労して大学に通っている学生を連想させるけど，この控除の適用が可能なのは，合計所得金額が75万円以下で，給与以外の所得が10万円以下の学生に限定されているの（所法2条1項32号）。通常あなたたちは給与所得しかないはずだから，給与所得の金額が75万円以下だと適用できることになるわ。

仁木：給与所得の所得金額が75万円ということは，X−55万円（給与所得控除額）＝75万円だから，Xは130万円ですね。

春香：そう。その人は勤労学生控除として27万円控除できるの。だから，仁木さんが130万円の給与収入があると，給与所得の金額は75万円よね。それから，勤労学生控除27万円と基礎控除48万円を控除すると，なんと課税所得はゼロでしょ。だからあなたは所得税を納める必要はないの。130万円というのは勤労学生控除の対象となる場合の基準だったのよ。それと扶養控除を混同してはだめよ。ところで，これまで見てきた控除は所得税法上すべて「所得控除」だけど，他にも「税額控除」があるから気をつけてね。

市木：所得控除？　税額控除？

春香：例えば，市木君がアルバイトで130万円稼いだとしましょう。130万円の給与収入から控除できる給与所得控除額は55万円なので，給与所得の額は75万円ね。

市木：そこから僕は勤労学生控除27万円と基礎控除48万円が控除されるから，課税総所得金額はゼロになりますね。

春香：そうね。市木君の場合はそれでいいわ。でも，課税総所得金額がある場合にはそれに税率をかけて税額を算出することになるのだけど，ここまでの計算で，勤労学生控除と基礎控除は「所得金額」から控除しているでしょ。

仁木：所得金額から控除するものが「所得控除」なのですね。

市木：じゃあ，税額から控除するのが「税額控除」ってことですか？　僕に適用される税額控除ってないんですか？

春香：残念ながらなさそうね。現行法では，配当控除（所法92条）や住宅借入金等特別控除（措法41条〜41条の３の２）のような技術的なものや政策的なものに限定されているのよ。

市木：な〜んだ。期待したのに。でも，なぜ，所得控除と税額控除があるんですか？

春香：両者の基本的な違いを見てみましょう。所得5,000万円のAさんと所得300万円のBさんに200万円ずつ所得控除が認められる場合，税金が安くなるのはどちら？

市木：両方とも200万円所得が減るんだから同じじゃ……？

春香：資料12−２のように考えるとどうかしら。5,000万円の人は200万円控除のお陰で課税所得が4,800万円になるわ。この部分の税率が50％だったとすると，実質100万円税負担が軽くなるわね。それに対して300万円の人は課税所得が100万円に下がるけど，この部分の税率が10％だったとすると，税負担は20万円しか軽くなっていないのよ。

市木：な〜るほど。同じ所得控除額だと高額所得者の税負担の方が軽くなるんだ。税額控除だと？

春香：どちらも同じ税額控除額20万円ずつだとすると，高額所得者のAさんも20万円しか軽くならないので，低額所得者のBさんの負担軽減割合の方が高くなるわね。

市木：それなら税額控除に統一すべきじゃないですか？

春香：税額控除の方が公平だとか，あるいは所得控除や税額控除等はすべてやめて児童手当等のような社会給付にすべきだという意見もあるわ。

資料12-2　所得控除と税額控除

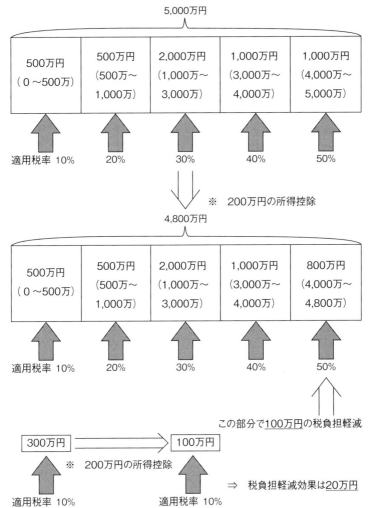

仁木：所得控除はいいな～と思っていたんだけど，私もやはり不公
平のような気がします。基礎控除で同じ48万円が控除されて
も高額所得者の方が実質的に減税額は高くなるんですよね。
おかしいわ。

春香：仁木さんのような考え方も理解できるけど，基礎控除などを
所得控除にする積極的な理由もあるようよ。先生に解説して
もらいましょう。

解説　12-3

☆**所得控除と税額控除の異同**

　所得控除も税額控除もともに結果として税負担を軽減する制度で
ある点では同じですが，前者は課税標準となる所得金額から一定金
額を控除し，後者は算出税額から一定金額を控除するため，その効
果等について，次のような差異があります。

　第一に，所得控除は所得金額から一定金額を控除するので，同じ
金額を控除しても当該納税者に適用される上積税率の差異に応じて，
実際の税の減少額に差異が生じます。たとえば，同じ100万円の所
得控除があったとしても，その100万円が控除されなかった場合に，
その部分に適用される税率（上積税率）が50％の納税者は100万円
控除されることによって100万円×50％＝50万円の税負担が軽減さ
れます。これに対して，上積税率が10％の納税者にとっては同じ
100万円の控除があっても10万円分の税負担しか軽減されないので
す。このように，所得控除制度は高額所得者になればなるほど軽減

される税負担額が増大するという問題があります。これに対して，税額控除は算出税額から一定金額を控除するものであり，高額所得者であろうと低額所得者であろうと一律に一定金額の税負担を軽減することになりますので，低額所得者の税負担軽減率の方が相対的に高くなるのです。この点において所得控除よりも税額控除の方が一般的には応能負担原則に適しているといえます。

　第二に，しかしながら税額控除は税額を算出し，そこから税額控除額を引いてはじめて納税義務があるかどうかが明らかになるのに対して，所得控除であれば，その適用により課税所得がゼロになれば税率を適用するまでもなく納税義務のないことが明らかになります。このような手続的な面を考えると，所得控除の方が納税者・税務官庁双方にとって簡便です。

　以上のように，手続的には所得控除の方が簡便ですが，応能負担の観点では税額控除の方が優れているので，後者を重視する立場からは，できる限り税額控除を採用するのが望ましいことになります。しかし，税額控除方式の方が応能負担の点では優れているといえても，税額のある者だけしか適用を受けることができません。したがって，課税最低限以下の者も平等に取り扱うという観点からは，税額控除と組み合わせて，給付制度を充実させる方がより公平といえるかもしれません（給付つき税額控除）。

☆わが国の所得税法における変遷

　わが国の所得税における各種控除は，低額所得者に対する配慮から，税額控除として導入されたものが多かったのです。たとえば，扶養控除（現在の配偶者控除も含む），障害者控除（所法79条）のような人的控除（人的事情を配慮した控除）は，かつては税額控除でした。このうち，扶養控除はシャウプ勧告に基づく1950（昭和25）年の改正で，主として所得税・住民税の計算の簡便化，高額所得者に

おける大世帯と小世帯との負担公平の実現の観点から所得控除にきりかえられ，また障害者控除等の人的控除も，寄附金控除（所法78条）とともに，1967（昭和42）年の改正で，前者は税制の簡素化の見地から，後者は高額所得者の寄附を促進する必要から，それぞれ所得控除にきりかえられました。したがって，現行法上はほとんどの控除が所得控除となっており，税額控除は政策的配慮による控除としての性格の強いものが多くなっています。

☆基礎控除と所得控除

憲法が要求している基礎控除を現行のように所得控除で配慮すると，結局のところ高額所得者の方が有利になるという批判があります。これは前記の**資料12-2**のように所得控除によって上積部分の所得が減少すると考えると，そのとおりということになります。しかし，この考え方は，基礎控除額も所得に含まれ，その所得を政策的に控除するのが基礎控除額であると理解していることにもなります。

資料12-3

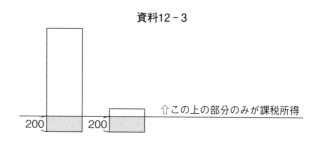

↑この上の部分のみが課税所得

これに対して，基礎控除額は人間として生活するための最低限の生活費であり，担税力がなく，その部分を超えた金額に実質的に課税すべきだ，とすると，高額所得者も低額所得者もともに基礎控除額を控除し，それを超える部分だけが所得税に服するべきだ，とい

うようにも考えられるのです。この考えによれば，基礎控除は**資料12-3**のように控除すべきものとなりますから所得控除でよいということになります。君たちはどちらが適切だと思いますか？

　他方で，2020（令和2）年以降，合計所得金額が2,400万円を超える場合には基礎控除の額が逓減され，2,500万円を超える場合には基礎控除が適用されないこととされています。こうした改正は，所得再分配の観点から行われたと説明されていますが，高額所得者とはいえ最低生活費の保障である基礎控除を適用しないということの法的な意味が問われるべきではないでしょうか。

第13章 源泉徴収された分が戻ってくる？

【所得税法(8)——所得税の計算構造】

春香の質問　13

　　皆さん，昨年はいくらぐらいアルバイトで稼いだのかしら。所得税は源泉徴収でちゃんととられているでしょう？　もしかしたら，あなたが源泉徴収された税金は，多すぎるかもしれないわよ。もう確かめた？　え〜，そんなことしたことないですって！　もったいないな〜，どうして自分の権利を放棄するの。まず，一度計算してみない？

ゼミ　13-1

市木：税額の計算をするんですか！　こりゃ大変だ。

春香：そんなに難しく考えることないわよ。資料13-1のような順序で計算していけばいいのよ。今年の市木君を例に計算してみようか？　市木君はコンビニでだいぶ働いたのよね。年収はいくらだったの？

市木：98万円でした。

春香：（第1段階：各種の所得金額を計算する）そうすると給与所得の収入金額は98万円，そこから給与所得控除が控除できるわね。給与所得控除額が55万円だから，その差額の43万円が「給与所得の金額」よ。他に所得はある？

市木：ありません。

資料13-1　個人所得課税の基本的な仕組み（イメージ）

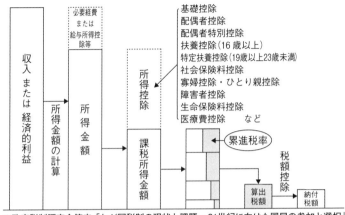

※政府税制調査会答申「わが国税制の現状と課題―21世紀に向けた国民の参加と選択」
（平成12年7月14日）(https://www.cao.go.jp/zei-cho/history/1996-2009/etc/2000/p
079.html) 資料7を一部加筆修正。

春香：（第2段階：総所得金額を計算する）他にも所得があるときは
　　　それらの所得を合計したり，あるいは他にマイナスの所得が
　　　あった場合などは，プラスの所得とマイナスの所得を通算す
　　　るの（損益通算。所法69条）。そして，総所得金額を計算する
　　　のよ。市木君の場合はほかにないから給与所得の金額がその
　　　まま総所得金額になるわけね。

仁木：総所得金額に税率をかけるんですか？

春香：（第3段階：課税総所得金額を計算する）**資料13-1**を見ればわ
　　　かるように，そこから所得控除を引いて，その差額の課税総
　　　所得金額に税率をかけるのよ。

市木：所得控除って，医療費控除（所法73条）とか生命保険料控除
　　　（所法76条）などですか？　僕には何もなさそうだ。

春香：そんなことないわよ。誰にでも基礎控除があるもの。昨年分

の基礎控除は48万円で，あなたの所得はそれ以下だから，結局，課税所得はゼロ。ゼロに税率をかけてもゼロだから市木君の所得税の納税義務はないことになるの。

市木：春香先輩，僕たち学生は130万円までは税金を払わないでいいってことでしたよね（第12章参照）。でも僕は昨年98万円しかアルバイトで稼がなかったのに，源泉徴収されていますよ？

春香：市木君は夏休みあたりに集中してアルバイトしたんでしょう？　源泉徴収は**資料13-2**のような表に基づいて徴収されるのよ。8月はいくらぐらい収入があったの？

市木：確か，12万円ぐらい稼ぎました。

春香：市木君は独身だから扶養している親族はゼロなので表の0人の欄を見ていくと……，ほらちゃんと徴収される金額が出ているわね。源泉徴収はしょうがないわね。

市木：でも年間130万円もないんですよ……。

春香：12月の給与明細を見てみて。源泉徴収された分が年末調整で返ってきているはずよ。そうでなければ，確定申告すれば戻ってくるのよ。

市木：やった～！　なんかやる気が出てきたぞ!?

春香：(第4段階：税額の計算) もし，市木君に課税所得があれば税率を乗じて，そこから税額控除をして具体的な税額を求めるのよ。あなたたちも税法を勉強しているんだから，納めるべき税金なのかどうか，きちんと判断できるようになってね。

資料13‐2　給与所得の源泉徴収税額表（月額表）（令和5年分）

その月の社会保険料控除後の給与等の金額		甲								乙
		扶　養　親　族　等　の　数								
以　上	未　満	0人	1人	2人	3人	4人	5人	6人	7人	
		税					額			税　　額
円	円	円	円	円	円	円	円	円	円	円
88,000円未満		0	0	0	0	0	0	0	0	その月の社会保険料控除後の給与等の金額の3％に相当する金額
88,000	89,000	130	0	0	0	0	0	0	0	3,100
89,000	90,000	180	0	0	0	0	0	0	0	3,100
90,000	91,000	230	0	0	0	0	0	0	0	3,100
91,000	92,000	280	0	0	0	0	0	0	0	3,100
92,000	93,000	330	0	0	0	0	0	0	0	3,200
93,000	94,000	380	0	0	0	0	0	0	0	3,200
94,000	95,000	430	0	0	0	0	0	0	0	3,200
95,000	96,000	480	0	0	0	0	0	0	0	3,300
96,000	97,000	530	0	0	0	0	0	0	0	3,300
97,000	98,000	570	0	0	0	0	0	0	0	3,400
98,000	99,000	630	0	0	0	0	0	0	0	3,400
99,000	101,000	710	0	0	0	0	0	0	0	3,500
101,000	103,000	810	0	0	0	0	0	0	0	3,500
103,000	105,000	910	0	0	0	0	0	0	0	3,600
105,000	107,000	1,030	0	0	0	0	0	0	0	3,700
107,000	109,000	1,110	0	0	0	0	0	0	0	3,700
109,000	111,000	1,210	0	0	0	0	0	0	0	3,800
111,000	113,000	1,310	0	0	0	0	0	0	0	3,900
113,000	115,000	1,410	0	0	0	0	0	0	0	4,000
115,000	117,000	1,510	0	0	0	0	0	0	0	4,000
117,000	119,000	1,610	0	0	0	0	0	0	0	4,100
119,000	121,000	1,710	120	0	0	0	0	0	0	4,200
121,000	123,000	1,810	220	0	0	0	0	0	0	4,400
123,000	125,000	1,910	320	0	0	0	0	0	0	4,700
125,000	127,000	2,010	420	0	0	0	0	0	0	5,000

所得税法（別表第二）

解説　13－1

☆所得税額の計算方法

　所得税の税額計算は，所得税法21条に定められている順序で行うことになります。これをイメージ化したものが**資料13－1**です。

　ゼミでも説明したように，第1段階では，10種類の所得分類ごとに，収入金額または総収入金額から必要経費等を控除して，各種所得の金額を計算します（所法21条1項1号）。次に第2段階として，各種所得金額を合算しますが，不動産所得，事業所得，山林所得，譲渡所得の金額の計算上生じた損失額は，他の所得金額と相殺されます。これが**損益通算**です（所法69条1項）が，「生活に通常必要でない資産」（所法62条1項）に係る損失や，一時所得や雑所得に係る損失の額は損益通算の対象とはならないことに注意が必要です（所法69条2項）。このようにして計算された金額を「総所得金額」といいますが（所法21条1項2号），これは**総合課税**の仕組みによるものです（ただし，退職所得と山林所得は例外的に**分離課税**の対象とされています。第9章参照）。第3段階では，総所得金額から所得控除を控除して「課税総所得金額」を計算します（所法21条1項3号）。これに税率を乗じて税額を計算し（同項4号），最後に税額控除を適用して納付税額が算出されます（同項5号）。

　また，長期譲渡所得（所法33条3項2号）と一時所得（所法34条）は，それぞれ2分の1の金額のみが課税対象とされています（所法22条2項2号）。これらは，第9章で見たような質的担税力による考

慮がされているのです。税法では計算規定とはいえ，こうした理論的な考慮がされている点に留意しましょう。

　このような税額計算は，**申告納税制度**を採用しているわが国の原則からすれば（第25章参照），本来，納税者が自ら行うものです。しかし，給与などは源泉徴収の対象とされているため（所法183条），納税者が自ら税額計算を行うことはありません。さらに，源泉徴収額に調整が必要な場合には，雇用主などの支払者が年末調整（所法190条）を行うため，受給者（納税者）自身は確定申告をする必要がないことについてもすでに触れました（第10章参照）。税額の計算方法は，納付手続と関連づけて理解するようにしましょう。

ゼミ　13−2

仁木：所得税の税率は確か累進税率で，所得が多ければ多いほど税負担額が重くなるのでしたね。

春香：そうよ。でも，この累進税率がこのところ緩和されているのよ。**資料13−3**を見て。

資料13−3　税率の推移

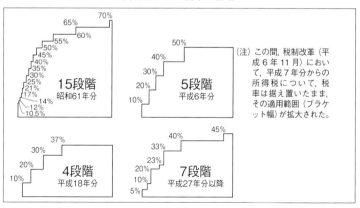

（注）この間，税制改革（平成6年11月）において，平成7年分からの所得税について，税率は据え置いたまま，その適用範囲（ブラケット幅）が拡大された。

※**財務省HP**（https://www.mof.go.jp/tax_policy/summary/income/b02.htm）より作成。

市木：以前は最高70％の時代もあったんですね。現在の税率は最高で45％ですか。

仁木：わあ，それじゃ，高額所得者はすごく軽くなってるんだ。

市木：累進税率ってもっと高いのだと思っていたけど，よ～し儲けるぞ。

春香：やる気出てきた？　でも，本当に儲かる人は一握りの人よ。それに君たちは超過累進税率の意味を知っている？　計算をしやすくするために，次のような架空の超過累進税率で考えた場合，課税総所得金額が5,000万円の人の税額はいくらになる？

課税総所得金額	適用税率
500万円以下	10％
500万円～1,000万円以下	20％
1,000万円～3,000万円以下	30％
3,000万円～4,000万円以下	40％
4,000万円超	50％

市木：ええと，5,000万円の場合ですか？　50％で2,500万円！

仁木：私も2,500万円ですが……。

春香：残念でした‼　2人とも大はずれ。累進税率のよく誤解される点ね。2人が計算したのは「単純累進税率」よ。こんな税率を採用している国はないはずよ。

市木：なぜですか？　どこがおかしいんですか？

春香：だって，そんな税率だったら，市木君がたとえば年末に4,000万円課税所得があったとして，もう少し働けば4,001万円になる場合，働く？

市木：働いたらいけないんですか？

春香：4,000万円の場合だったら，税金は1,600万円で手取りは2,400万円よ。それを4,001万円にしたら税金が2,000万5,000円で手取りも2,000万5,000円よ。1万円多く儲けたらかえって手取り額が400万円も減るのよ。そんなバカなことする？

市木：しません……。

春香：でしょ。経済活動に悪い影響を及ぼすのよ。だから，単純累進ではなくて超過累進税率なの。この場合の計算は，**資料13－3**のように最初の500万円は10％，次の500万円を超え1,000万円までの500万円は20％，次の1,000万円を超え，3,000万円までの2,000万円は30％というように計算するのよ。

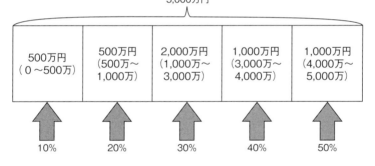

資料13－4　超過累進税率のしくみ

（500万×10％）＋（500万×20％）＋（2,000万×30％）＋（1,000万×40％）＋（1,000万×50％）＝1,650万円

市木：そうすると，4,001万円稼ぐと……。

仁木：4,000万円を超える1万円だけが50％の税率になる，という

163

　　　　意味ですか？

春香：正解！　そうなのよ。よく，超過累進税率のことを単純累進
　　　　税率であるかのような説明をしている人もいるけど，気をつ
　　　　けてよ！

仁木：は～い。でも私の常識が次々覆されるので，怖い。

市木：なんか僕も賢くなったような気がしま～す！

春香：その調子！

解説　13−2

☆比例税率・累進税率

　税額を具体的に算出するために適用する税率には，大きく分けて
比例税率と累進税率とがあります。前者は所得の大小にかかわらず
一定の税率とするもので，法人税の税率がこれですが，所得税にお
いても源泉分離課税を選択した場合の利子所得等に例外的に適用さ
れることがあります。比例税率は，税率が一定なので計算は簡単で
すが，高額所得者も低額所得者も税負担率が同じであるという点で
応能負担原則の要請を十分に実現し得ないという問題があります。
これに対して累進税率は，所得が大きくなるにつれて適用される税
率も高くなるもので，応能負担原則に適合的な仕組みです。

☆単純累進税率・超過累進税率

　応能負担原則を実現する観点からは累進税率の方が望ましいこと
になりますが，累進税率にも2種類あることに留意する必要があり
ます。その1つが単純累進税率であり，他の1つが超過累進税率で

す。このうち単純累進税率というのは，たとえばゼミの例でいうと，課税総所得金額が500万円まで10％，500万円超1,000万円まで20％と定められていたとすると，課税総所得金額が50万円の場合，50万円×10％＝5万円，課税総所得金額が600万円の場合，600万円×20％＝120万円というように，単純に全額に税率を乗ずる方式です。ゼミで学生たちが計算したのがこの方式です。これに対して超過累進税率というのは，課税総所得金額が50万円の場合は同じく50万円×10％＝5万円ですが，600万円の場合に単純累進税率のように600万円にそのまま20％の税率を適用するのではなく，10％の税率が適用される最初の500万円の部分と，20％の税率が適用される部分（600万円－500万円＝100万円）とに分けて，それぞれの税率を適用して得られた金額を合計することになります。つまり，500万円×10％＝50万円と（600万円－500万円）×20％＝20万円の合計70万円が所得税額となるのです。

　以上のように，計算の簡便さからすれば単純累進税率の方が優れているように見えるのですが，今日の各国の所得税はほとんどが超過累進税率をとっています。というのは，単純累進税率には次のような重大な欠陥が含まれているからです。つまり，課税総所得金額が500万円の場合と501万円の場合との税引後の金額を比較すると，500万円の場合は所得税が50万円であり，500万円－50万円＝450万円が手元に残ることになりますが，501万円の場合だと所得税が501万円×20％＝100.2万円となり，手元に残る金額も501万円－100.2万円＝400.8万円となり，500万円の場合と比べるとかえって手元に残る金額が少なくなってしまうからです。単純累進税率のこうした欠点を補おうとすると，税率の変わるところで難解なテクニックを使わなければならず超過累進税率よりもかえって計算が難解になってしまうのです。これに対して超過累進税率の場合には，501万円で

も所得税額が50.2万円（500万円を超える1万円のみが20％となる）となり，手元に残る金額も450.8万円で450万円より多くなり単純累進税率のような不合理は生じないのです。

　このように，税率のような計算に関わる問題も，きちんとした理論的根拠に基づいているという点に留意しましょう。

　所得税制にはまだまだ重要で，面白い論点がたくさんあります。君たちの生活に関係している論点も多いのです。関心を持ったら，もう少し詳しい解説書等を読んでもらうことにして，次章からは他の税制についても概観してみましょう。

第14章　会社の所得は誰のもの？

【法人税法(1)——法人税の根拠】

春香の質問　14

　　今回は法人税の基本的問題を考えてみましょう。会社は，営利
目的のために人が集まって作られた集団ですよね。そこで，質問
です。
① 個人だと必要経費にならないのに，法人になると損金として
　控除できるものって何？
② 会社の所得は会社自身のものなのかしら，それとも出資者・
　株主のものなのかしら？

ゼミ　14-1

市木：個人だと必要経費にならないのに，法人になると経費として
　　　控除できるものがあるんですか？

春香：会社の基本的な性格は営利社団法人でしょ（旧商法52条）。会
　　　社法でも，会社が事業として行う行為は商行為（会社法5条）
　　　とされているし，それによって会社が得た利益は株主に分配
　　　される（会社法105条2項）ことになっているから，営利性が
　　　前提とされているのよ。明文の規定はないけど，社団性も当
　　　然の前提とされているわ。つまり，会社は「営利」を目的と
　　　してつくられた団体だから，会社の活動は常に営利活動とい
　　　うことになるわ。この点が，個人事業と決定的に違うでしょ。

市木：そうかな〜？　個人事業者だって営利活動するんじゃないで
すか？

春香：そうね。でも，個人事業主の場合は，事業と自分自身の生活
の2つの側面があるわよね。たとえば，夜7時まで仕事をし
て，そのあとプライベートな時間を過ごしたりするでしょう。
そうすると，その人が支出した金額は事業のためなのか，そ
れとも個人的なものなのかを区別しなければならないわよね。
それに対して，法人は営利のための団体だから，法人が支出
したものなら基本的に営利目的のための費用だと考えられる
わよね。

仁木：個人事業だとなんか不利な感じがしますね。

春香：法人の方が税金上有利だったから，日本では「法人成り」と
いう現象があって，小さな企業の多くが法人になってしまっ
たの。

市木：小さな企業が法人になると何が有利になるんですか？

春香：いろいろあるけど，たとえば，市木君がお父さんの仕事を手
伝って給料をもらっても，お父さんの経費にはならないわ。

市木：え〜っ！　給料をもらってはいけないんですか？

春香：給料をもらうことは自由よ。でも，お父さんの事業所得を計
算するときには必要経費にはならないわ。その代わり，税法
上は市木君もその給料分の所得がないものとみなされるわ
（所法56条，第8章「**これもわかる！　親族間での取引**」参照）。

市木：そんなバカな。

仁木：なぜ，そんなことするんですか。

春香：これを安易に認めると，お父さんが自分の所得を家族に分散
できるでしょ？　日本の所得税は超過累進税率だから（第13
章参照），自分の所得を家族に分散すると税負担が少なくな

るのよ。だから，原則としてだめなのよ。

市木：父親が社長の会社で働いて給料をもらったら？

春香：もちろん，会社の経費よ。だって，会社は営利目的の存在だ
し，あなたは会社の営利目的のために労働を提供したんだか
ら。そうでしょう？

市木：う〜ん，わかったようでわかんない。それじゃ，会社にした
方がいいや。

春香：そういう不満が個人事業者から多く出てきたので，青色申告
をする個人事業者には家族の給料も原則経費として認め（所
法57条1項），白色事業者の場合でも一定額は経費として控
除できるように変わってきたのよ（同条3項，**解説25−2参
照**）。他方，法人の場合でも過大な使用人給料は損金算入が
否認されるようになってきたので（法法36条），だいぶ接近
しつつあるけど，基本的な考え方では大きな違いがあること
を理解しておいてね。

解説　14−1

☆法人と個人の差

　法人税も所得税も「所得」に対して課税するものですから，その
所得金額の計算方法は基本的に同じであってよいはずです。しかし，
法人の場合にはその活動のすべてが利益追求活動であるといえるの
に対して，個人の場合には利益追求活動のほかに消費活動も営んで
おり，法人の場合ほど単純に支出を控除しえない面があります。で

すから，同じ「所得」が課税標準ですが，

　　法人の所得＝「益金の額」－「損金の額」（法法22条）

　　個人の所得＝「収入金額」－「必要経費」

と異なっているわけです（法人の所得計算構造については第16章を参照）。より具体的には次のような差がみられます。

　(1)　**家事費・家事関連費**　　個人には所得稼得活動のほかにいわゆる消費生活があり，個人の支出の中には収入を得るために支出される費用とはいいがたく，むしろ所得の処分としての性質を有しているものがあります。食費・住居費等がその代表です。所得税法は，これらを家事費と呼び必要経費に含めないことを明記しています（所法45条1項1号）。また，店舗兼用住宅のように業務と家事に共通の費用は，家事関連費といい，事業等に必要な部分を区分できない場合は必要経費として控除することができません（所令96条）。

　(2)　**親族が事業から受け取る対価**　　本来の企業会計を前提とすれば，親族から提供を受けた労働に対して支払う対価も当然に経費であり，法人税法では法人の役員等の親族である使用人に対して支払う給与も損金に算入しています（ただし，法法36条に留意）。これに対して，所得税法では納税義務者と生計を一にする一定の親族等が事業に従事した場合に受ける対価を必要経費に算入せず，その納税義務者の所得として課税するのを原則としています（所法56条）。すなわち，個人企業の場合には生計を一にする親族従業員に対して給料を支払っても，その給料分は事業主の所得として課税され，他方，親族従業員は自己の給与所得がないものとされます。このような制度の根拠としては，①わが国の個人企業においては企業と家計とが十分に分離されていないこと，②わが国では生計を一にする親族に対して給与を支払う慣行がなく，事業から生ずる所得は事業主が支配していると考えた方が実情に即していること，③このような

給料を必要経費に認めると租税回避の手段として利用されるおそれ
があること，等が指摘されてきました（松山地判昭和49年1月21日税
資74号52頁）。

　しかし，今日では親族従業員に対価を支払うことも一般化し，実
際に支払っているにもかかわらず，それを課税上無視することの不
合理性も明らかです。そこで，まず，1952（昭和27）年に専従者控
除制度が設けられ青色申告者に法定の限度額を控除することを認め，
1961（昭和36）年には白色申告者にも定額の専従者控除が導入され，
さらに1968（昭和43）年からは青色専従者給与の限度額も撤廃され
ました（所法57条1項）。このように，所得税法は親族従業員の労働
対価の必要経費性を徐々に認める方向にありますが，青色申告者以
外の納税義務者の親族従業員の労働の対価については，なお定額の
控除しか認めず，実際にそれ以上支払っていても控除できない，と
いう問題も残されています（妻が税理士等の専門家である場合等にも
問題が生じます，第8章「これもわかる！　親族間での取引」参照）。

☆法人成り

　このように，個人よりも法人の方が所得計算上有利であったこと，
法人の方が社会的信用力があると考えられたこと，所得税の税率が
法人税率よりも高かったことなどが誘因となって，日本では法人成
りする企業が多く，法人税の対象となる法人数は**資料14−1**のよう
に諸外国に比して多くなっています。

資料14−1　各国の法人税の対象になる法人数

	日本	アメリカ	イギリス	ドイツ	韓国
法人数 （調査年）	273万 （2012）	167万 （2010）	189万 （2011）	93万 （2009）	46万 （2011）

※内閣府HP「税制調査会（法人課税DG②）（平成26年3月31日開催）参考資料〔課税
ベースの拡大等〕」(https://www.cao.go.jp/zei-cho/content/20140331_25dis32kai4.
pdf) を一部修正。

しかし，近年は，所得税率が下がり法人税率との差が縮小してきたこと，法人になると，法人税と個人に配当された場合の所得税の問題があるために，むしろ所得税の適用を受ける団体（有限責任事業組合＝LLP）等の新しい組織が導入されてきていることにも注意が必要です（第15章参照）。

ゼミ 14 - 2

春香：会社が営利法人であることは理解してくれたわね。でも，会社は単なる営利法人ではなかったわよね。

仁木：営利……社団法人ですよね。

春香：そう。「社団」ってなんだっけ？

仁木：一定の目的のために人が集まった集団ということですよね。

春香：そうなの。会社は人が営利目的のために集まった集団で法人格を持っているわけね。だとすると，会社が儲けたものは会社自身のものかしら，それとも，会社のために出資した人（株主）たちのものかしら？

市木：そんなこと，なぜ考える必要があるんですか？

春香：株式会社を例にしましょうか。会社が儲けるわね。その会社の儲けは，出資者である株主に一定の基準に基づいて配当されるわね。そうすると，株主には所得税が課されるの。そこで，もし法人の所得が法人自身の所得ではなく，株主の所得だと考えると，法人税というのは株主が負担する所得税の前取りで，株主は法人段階で法人税を課せられ，さらに配当にも所得税を課せられる，という二重課税問題が生じる，といえないかしら。

市木：法人の所得は株主の所得？　そんなの全然現実感がないですよ。法人と株主とは全く別個の存在だと思うけどな〜。

春香：この考え方の対立は，法人擬制説（法人個人一体課税説）と
　　　法人実在説（法人独立課税主体説）との対立として，法人税
　　　のあり方を議論するときのベースになっているのよ。

仁木：抽象的にはわかりますが。このどちらの立場に立つかで，法
　　　人税制がそんなに変わるんですか？

春香：いろいろ変わってくるわよ。先生に解説してもらいましょう。

解説　14-2

　いわゆる法人擬制説と法人実在説の対立は，最近の議論ではあま
り重要視されなくなっており，現行の法人税制もどちらか1つの論
理で割り切れるものではなくなっています。しかし，法人税のあり
方・構造を考える場合は，なお重要な影響を有しているように思わ
れます。というのは，法人擬制説的理解に基づく法人税廃止論も主
張されているからです。税法で用いられる法人擬制説・法人実在説
というのは，民法等で用いられるものとはその目的・内容が必ずし
も同じではなく，法人の所得を個人株主の所得とみるか，法人独自
の所得とみるかの対立に関連して用いられており，その意味では，
「法人個人一体課税説」と「法人独立課税説」の対立といった方が
よいかもしれません。この2つの考え方の差は**資料14-2**のように
様々な場面に出てきます。

　法人の所得は株主の所得だという立場に立てば，法人税というの
は所得税の前取りになりますから，株主の配当所得に対する所得課
税は二重課税となり，何らかの調整が必要になります。

173

資料14-2　法人税の存在意義

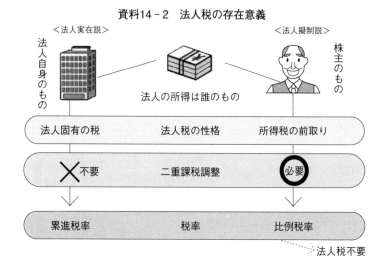

その調整方法として，たとえば，法人が他の法人株式を所有し配当を受けても，その法人の益金に入れないという制度があります。これを受取配当益金不算入制度といいますが（この点については第16章も参照），この制度は法人擬制説から説明されてきた制度です。法人の利益にはまず法人税が課されます。その残りが個人株主に配当として渡されると，個人株主はその配当にも所得税が課されます。つまり，同じ利益に法人税が課された上に，所得税まで課されることになります。そこで，個人株主の所得税額を計算する際に法人税相当額を控除し（所法92条），二重課税の調整を図る必要があります。その際，もし法人間の受取配当にも法人税が課されると，配当が個人株主に渡るまでに法人税が二重，三重に課せられ，原資がやせ細ってしまうし，そもそも配当が個人株主に渡るまでに一体いくらの法人税が課せられたのか分からなくなるため，上記の調整も不可能になります。そこで，法人間においては受取配当を益金に入れ

資料14-3　受取配当益金不算入の意味

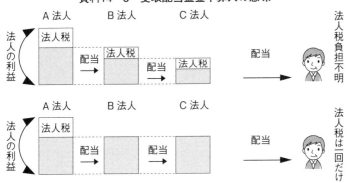

ないことで通り抜けとし，個人株主は一回分の法人税だけを調整すればよいとされたわけです（**資料14-3**を参照）。

　また，所得税での調整が可能であるためには法人税はできるだけ単純な比例税率がいいということになります。

　これに対して，法人の所得は法人のものだという立場に立てば，法人税は株主の配当所得に対する所得税とは全く異なるものとなりますから，二重課税の防止措置はいらないし，税率も比例税率にする必要もないので超過累進税率を採用してもよいことになります。

　後者の法人実在説的な法人税制はアメリカぐらいで，多くの国は何らかの二重課税調整規定を設けています（諸外国における調整方法については，『よくわかる法人税法入門』を参照）。日本も，二重課税の調整規定を設けており（たとえば，前述の受取配当益金不算入制度の他にも所得税法における配当控除。所法92条），戦後の税制の基礎を造ったシャウプ勧告以来，法人擬制説的な法人税制が採用されてきています。

　なお，わが国で従来主張されてきた法人擬制説の根底には，法人

資料14−4　法人税率の推移

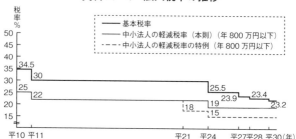

※**財務省HP**（https://www.mof.go.jp/tax_policy/summary/corporation/c01.htm）より。

企業の総合税負担が，個人企業の総合税負担より重くなってはならない，という前提があったように思われます。企業が個人形態をとっている場合には，事業所得に対する個人所得税が課されるだけですが，企業が法人形態をとると，法人所得に対する法人所得税と，株主配当に対する個人所得税とが二重に課され法人の方が不利になるわけですから，法人税は個人所得税の前取り的な，源泉徴収的なものとして比例税率で軽くすべきだということになります。

　このように，法人擬制説の名で語られてきた内容の中心は，法人の所得＝個人株主の所得を根拠とした二重課税排除のための法人軽課でした。しかし，法人の所得が個人株主の所得であるなら，法人の所得がきちんと個人に還元され，そこで法人組織を使わないで所得を得た個人と税負担の面での平等を図らなければならなかったはずです。ところが，法人擬制説は個人のものであるはずの法人所得を軽課・優遇し，法人への所得のためこみを助長し，その結果「個人株主の衰退・法人の実在化」を促進してきたようにも思われます。さらに，近年，各国で法人税率の引下げが行われ，わが国でも「企業立地の競争力」確保のため，それに追随しており（**資料14−4**参

照），その傾向は強まっているといえるでしょう。

　これに対し，法人実在説は，会社の利潤とその株主が受け取る配当の双方に対する課税は，同一所得に対する二重課税ではなく，別個の課税であると考え，法人を独立した課税主体として承認し，その負担能力に応じて超過累進税率を適用すべき等と主張してきました。しかし，大企業には法人実在説的法人税が妥当するものの，中小企業の実態とは適合しない面もあり，また，法人が実在しているということを認めると課税面ではその負担を求めやすいのですが，他の難問にも遭遇します。たとえば，八幡製鉄政治献金事件について最大判昭和45年6月24日（民集24巻6号625頁）は，法人実在説を利用し，「会社が，納税の義務を有し自然人たる国民とひとしく国税等の負担に任ずるものである以上，納税者たる立場において，国や地方公共団体の施策に対し，意見の表明その他の行動に出たとしても，これを禁圧すべき理由はない」と述べ，企業献金を肯定しているからです。法人擬制説からすれば現行税制は最高裁の指摘とは異なり法人の税負担を基本的に個人の負担の前払いとして構成しているので，個人と同等の独自の担税力を見いだして課税しているわけではないと批判できますが，企業の社会的存在を強調し，法人税を独自の税として説明すると，企業の政治献金を肯定せざるを得ないかもしれません。

　このように，法人税の性格をどう理解するかによって，法人課税のあり方等に大きな違いが出てきます。皆さんも法人をどう理解すべきか考えてみてください。

第15章　法人でもないのに法人税が課される？

【法人税法⑵——法人税の納税義務者】

春香の質問　15

今回は法人税の納税義務者を理解しておきましょう。

① 皆さんが友達と一緒に仕事をして所得を得たとしましょう。この場合は，所得税がかかるの？　それとも法人税？

② 皆さんの大学は法人税の納税義務者ですか？

③ A社には100％子会社のB社があります。法人税は別々に課税されるの？　それとも一緒に課税されるの？

ゼミ　15-1

市木：僕たちが友達と一緒に仕事をして稼いだ場合？　これは，所得税に決まっていますよね。

春香：どうして？

市木：だって僕たちは法人ではありませんから。

仁木：私もそう思うのですけど……。

春香：あなたたちが，どういう団体として一緒に活動したかによるのよ。皆さんが民法上の組合契約を締結して活動したなら，個人がお互いに協力して稼いだだけですから，各人の持分に応じて所得税がかかるわ。でも，あなたたちの団体が団体としての固有の性格を持っている「人格なき社団」に該当すると，法人税の対象になるのよ（法法3条，所法4条）。

市木：人格なき社団？　なんだっけそれ？

仁木：民法でやったじゃない。法人格はないのだけど，団体としての性格を持っているもので，PTA等がそうだって聞いたじゃない。

市木：え～，PTAにも法人税がかかるの？

春香：そうよ。でも，すべての所得ではなくて，収益事業からの所得の部分だけよ。PTAは，普通本来のPTA活動しかしないはずだから，課税されることはないわ。

仁木：「人格なき社団」って，学生自治会，PTAとかそういう団体だと思うんですけど，組合は……。

市木：組合って生協（消費生活協同組合）なんかのことだよね？

春香：生協等は特別法で法人格が認められているから（たとえば，消費生活協同組合法4条），立派な法人よ。そうじゃなくて，2人以上が共同の業務を達成する目的で，相互に金銭そのほかの財産を出資または労務の提供を約することによって成立する組合契約（民法667条以下）のことよ。

仁木：その場合は，組合に法人税はかからないんですか？

春香：そうなの。この場合は，あくまでも個人が協力して得た所得なので，組合の組合員にそれぞれ所得税がかかるの。

仁木：でも，私たちの活動が組合活動となる場合と，人格なき社団になる場合とはどうやって区別するのですか？

春香：これは，難問ね。先生に解説してもらいましょう。

解説　15－1

☆組合と社団

　個人は所得税，法人は法人税といっても，社会には法人にはなっていない様々な団体があります。これらのうち，団体としての固有の性格を持っているものは，「人格（権利能力）なき社団」として，民法上も組合とは区別して扱い，その財産は総有とされ，個々の構成員の持分はないとされています。税法では，個人的色彩の強い組合は所得税の対象にし，団体的性格の強い人格なき社団は法人とみなして法人税の対象にしています。最高裁判決によれば，人格なき社団といえるためには，①団体としての組織を備え，②多数決の原則が行われ，③構成員の変更にもかかわらず団体そのものが存続し，④その組織によって代表の方法，総会の運営，財産の管理その他団体としての主要な点が確定していること，が必要だとしていますが（最判昭和39年10月15日民集18巻8号1671頁），具体的な区別はそう容易ではありません。

　一般的には**資料15－1**のような差があるとされています。

　ある団体が人格なき社団に該当するといえるかは必ずしも容易に判断できないことがあります。また，団体名が掲げられていても，その実態が個人の隠れ蓑（みの）にすぎないときは，個人に対して所得税が課されます（いわゆるネズミ講事件：最判昭和58年6月30日税資138号1035頁参照）。

資料15-1　組合と人格なき社団の差異

	組合契約	人格なき社団
性格	個人的色彩	単なる個人の集合体ではなく，団体として活動
加入・脱退	予定されていない	規約で予定されている
業務執行	各組合員。代表者は必ずしも定めない	総会で選任された機関が業務を執行し，代表者を定める
対外関係	無限責任	有限責任
財産関係	共有（合有）	総有

☆LLP

　また，民法上の組合契約により事業を行うと，法人税がかからないのですが，組合員の責任は無限責任となります。この問題を解決するために，2005（平成17）年から有限責任事業組合（LLP）が認められることになりました。この制度は，株式会社同様，出資者はその出資額を限度として責任を負うことになりますが，税制は各構成員に対する所得税だけとなります。会社と組合のメリットを併せ持った団体を認め，起業しやすくしようということです。このように，事業を行う団体の形式は様々に変貌しはじめています。

ゼミ　15-2

市木：次の問題は，大学が課税されているかどうかって問題ですね。国公立大学は，当然課税されていないでしょうね。

春香：そうね。国公立大学は法人化されたけど，法人税法上は「公共法人」とされて，法人税を納める義務がないの（法法4条2項）。

資料15-2　法人の種類と課税対象

法人の種類			各事業年度の所得
内国法人	普通法人	株式会社，相互会社，医療法人，企業連合，日本銀行等	すべての所得に対し普通税率課税（法法5条，66条）
	協同組合等	農業協同組合，商工組合，消費生活協同組合，信用金庫等	すべての所得に対し低率課税（法法5条，66条）
	公益法人等	財団法人，社団法人，社会福祉法人，宗教法人，学校法人，労働組合等	収益事業から生じた所得に対してのみ低率課税（法法4条，6条，66条）
	人格のない社団等	各種の親善，進行を目的とする団体，PTA，同窓会，学会，労音，労演等	収益事業から生じた所得に対してのみ低率課税（法法4条，6条，66条）
	公共法人	地方公共団体，日本放送協会，株式会社日本政策金融公庫等	非課税（法法4条）
外国法人	普通法人		国内源泉所得についてのみ普通税率課税（法法8条，143条）
	公益法人等		収益事業から生じた国内源泉所得についてのみ低率課税（法法4条，8条，10条の2，143条）
	人格のない社団等		収益事業から生じた国内源泉所得についてのみ普通税率課税（法法4条，8条，10条の2，143条）
	公共法人		非課税（法法4条）

※内国法人と外国法人の区別については本店（または主たる事業所）の所在地によって判断する（法法2条3号）。

仁木：私立大学は？

春香：私立大学は「学校法人」という法人ですから，基本的に法人
　　　税法の対象よね。普通の会社と同じように課税されているの
　　　かしら？

市木：課税されているんじゃないですか，私立大学は。あっ，それ
　　　で私立は授業料が高いんだ。

春香：いいえ，あなたたちの授業料などは課税されていないのよ。
　　　学校法人等の公益法人は原則として非課税なの。でも，「収
　　　益事業」を行っている場合には，その部分の所得に対してだ
　　　けは課税されているの。法人税の納税義務者は，すべての所
　　　得が対象になる普通の会社と「収益事業」のみが対象になる
　　　公益法人や人格なき社団と大きく分けられるの。**資料15−2**
　　　を見て。

市木：学校法人に対する課税は，収益事業についてだけなんですか。
　　　でも，収益事業ってなんですか？

春香：収益事業というのは，次の34の事業で，継続して事業場を設
　　　けて営まれるもののことよ（法法2条13号，法令5条1項）。
　　　ただ，公益法人に対する課税については，常に見直しの議論
　　　がされているわ。

①物品販売業　②不動産販売業　③金銭貸付業　④物品貸付業
⑤不動産貸付業　⑥製造業　⑦通信業　⑧運送業　⑨倉庫業　⑩
請負業　⑪印刷業　⑫出版業　⑬写真業　⑭席貸業　⑮旅館業
⑯料理店業その他の飲食業　⑰周旋業　⑱代理業　⑲仲立業　⑳
問屋業　㉑鉱業　㉒土石採取業　㉓浴場業　㉔理容業　㉕美容業
㉖興行業　㉗遊技所業　㉘遊覧所業　㉙医療保険業　㉚洋裁，和
裁，着物着付け，編物，手芸，料理，理容，美容，茶道，生花，
演劇，演芸，舞踊，武踏，音楽，絵画，書道，写真，工芸，デザ

イン，自動車操縦若しくは小型船舶の操縦（以下，技芸という）の教授　㉛駐車場業　㉜信用保証業　㉝その他工業所有権その他の技術に関する権利又は著作権の譲渡又は提供を行う事業　㉞労働者派遣業

仁木：なぜ，見直しが議論されているのですか？

市木：決まっているじゃないか。「公益」を隠れ蓑（みの）にして，たくさん儲けているのに，法人税を負担していないからだ。公益法人って実は「高益」法人だって聞いたことがあるよ。

春香：一部にそういうことがあるかもしれないけど，なぜ，公益法人は原則非課税で，収益事業に課税されるようになったのかを理解しておく必要もありそうね。

仁木：なぜ，原則非課税なんですか？

春香：先生，お願いしま～す。

解説　15－2

☆公益法人原則非課税の根拠

　一般の法人は原則として法人税が課税されるのに対して，公益法人の場合は，1950（昭和25）年まで非課税でした。その理由は，①「公益法人はもっぱら公益を目的として設立され，営利を目的としないというその公益性」と，②「たとえ収益事業を行ったとしても，それから生じる利益は特定の個人に帰属する性格のものでない」という点にありました。

　このうち，①の理由は，公益法人が国や自治体の代わりに公益的

活動を行い，そのことによって国等は本来支出すべき歳出の軽減が
もたらされている，という前提があるように思われます。そうであ
る以上，そのような団体に課税するよりも，積極的に公益的活動の
増進を図り，歳出の軽減を図ることにより積極的な意義があったと
いえます。

　次に，②の理由は，法人税法の本質に関係しています。法人税は，
前章で述べたように，法人の利益は本来株主のもので，株主が受け
取る配当に対する個人所得税の前取りとして構成されています。こ
れがいわゆる法人擬制説的法人税といわれ，法人間の受取配当益金
不算入制度（法法23条），比例税率（法法66条）などもこの現れでし
たね。

　これに対して，宗教法人を含む公益法人は，旧民法では「営利を
目的としない」法人として許可されたものでした（旧民法34条）。
2006（平成18）年の改正により，内閣および都道府県知事の下に設
置される公益認定等委員会の公益認定を受ける法人となりましたが，
「公益事業を行うことを主たる目的」とし，「社員，評議員，理事，
監事，使用人その他の政令で定める当該法人の関係者に対し特別の
利益を与えない」法人でなければなりません（公益社団法人及び公
益財団法人の認定等に関する法律5条1号，3号）。

　つまり，公益法人は利益を得ても，関係者には配分することはな
く，関係者は公益法人活動から個人所得としての配当を受けること
もなく，個人所得税の前取りとしての法人税の対象にする必要が本
来ないのです。公益法人非課税の根拠はこの点にあることに留意し
てください。

　しかし，公益法人課税制度については，非課税措置が濫用されて
いたことから，1950（昭和25）年の改正で公益法人については原則
非課税としつつも，「収益事業」に該当するものは課税対象に含め

ることとなりました。この収益事業課税はその経緯からしても，また原則非課税を維持した上で「収益事業」を限定列挙している規定の仕方からしても，公益法人の本来的公益活動そのものに課税するのではなく，非課税を利用した公益活動そのものではない「収益活動」に限定して課税しようとするものでした。しかし，公益活動といわれるものが民間の活動と競合する場合も出てきて，最近ではイコール・フッティング（民間企業との競争条件の平等化）の観点から収益事業の範囲を広くして，課税する傾向が出てきています（たとえば，宗教法人のペット供養が収益事業であるとされた例として，最判平成20年9月12日判時2022号11頁参照）。

☆非営利法人の種類

いわゆる公益法人は非営利の公益を目的とした法人ですが，現在では，社団法人，財団法人，学校法人（私立学校法），社会福祉法人（社会福祉法），宗教法人（宗教法人法），医療法人（医療法），更生保護法人（更生保護法），特定非営利活動法人（特定非営利活動促進法）等が存在しています。

なお，NPO法人というのは，1998（平成10）年の「特定非営利活動促進法」で認められた「ボランティア活動をはじめとする市民が行う自由な社会貢献活動としての特定非営利活動の健全な発展を促進し，もって公益の増進に寄与すること」（1条）を目的とした法人で，2023（令和5）年9月現在，50,119件の法人が認証を受けています（NPOに関心のある人は特別措置法に一定のNPOに対する特例がありますので，その内容を調べてみてください。措法66条の11の3参照）。

非営利法人でも公益を目的としていない法人もあります。たとえば，労働組合（労働組合法），信用金庫（信用金庫法），協同組合（各種の協同組合法），共済組合（各種の共済組合法）等がそうです。こ

れらは公益ではなく，一定のグループの共益を目的としています。

ゼミ　15-3

仁木：公益法人は本来社員に利益を分配しないはずだから法人税が
　　　　非課税だったんですね。法人税って，やはり所得税の前取り
　　　　的な性格を強く持っているんですね。

市木：でもさ，分配はしない代わりに，公益法人に蓄積された利益
　　　　を個人が実質的に利用できるんだったら，収益事業にしか課
　　　　税しないのはおかしいような気もするけどな。

春香：そうね。それが最近の公益法人課税批判の根底にあるようね。
　　　　ところで，最後の問題なのだけど，市木君は会社が新しい事
　　　　業をやるときは，支店を出した方がいいか，それとも新しい
　　　　子会社を作って新規事業をやった方がいいか，どちらだと思
　　　　う？

市木：そりゃ，決まっていますよ。新しい会社で，心機一転ばりば
　　　　り稼ぎますよ。

春香：新会社ってすぐに儲かるのかしら？

仁木：黒字になるまでかなりかかるって聞いたんですけど……。

春香：普通はそうよね。そうすると会社は黒字なのに，新規事業が
　　　　赤字の場合，子会社の方がいいかしら？　それとも支店の
　　　　方？

市木：赤字の方は別々にしておいた方がいいんじゃないですか。

春香：どうして？　会社が100の黒字。新会社が60の赤字の場合，
　　　　新会社は課税されないけど，会社は100で法人税が課される
　　　　のよ。この事業を支店でやると……。

仁木：支店で新事業をやったとすると，同じ会社ですから会社の
　　　　100の黒字に新規事業の－60が加わりますから，会社の法人

　　　税の所得は40になるのじゃないですか？

春香：そのとおり。だったらどっちが得？

仁木：支店形式の方ですね。

春香：でしょう。それでは，新規事業が展開しにくいということで，

　　　　連結納税制度も導入されたのよ。先生，解説をお願いします。

解説　15-3

☆法人組織税制

　近年会社法が次々に改正されています。従来のわが国の会社法制が国際競争に対応できなくなったからですが，会社法の改正を受けて法人税法も大きく変貌し，法人という組織の再編成を阻害しないような仕組みが導入されてきました。法人は設立されてからずっと同一の法人のままでなければならないわけではなく，激しい競争に対応して分割・合併等によって組織を再編成することがあります。この再編成に伴い資産が移動しますが，資産を移動するとそのときの時価で譲渡したとして所得を計算するのが法人税の原則なのです。したがって，この原則をそのまま適用すると再編成が難しくなります。購入したとき1,000万円だった資産が現在1億円になっていると，9,000万円の譲渡益が出たことになってしまうからです。

　そこで，一定の要件を満たす組織再編成については時価で課税せずに，購入したときの価格である簿価で引き継ぐことを認め，上記の場合であれば，1,000万円で譲渡したことにします。その代わり，引き継いだ会社がそれを実際に譲渡するときは1,000万円しか控除

資料15-3　連結納税制度のあらまし

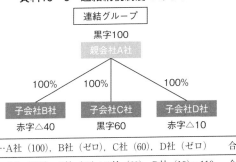

単体課税…A社（100），B社（ゼロ），C社（60），D社（ゼロ）	合計160
連結課税…A社（100）－B社（40）＋C社（60）－D社（10）＝110	合計110

（差引）50

できないので，その時点でまとめて課税されます。つまり，実際に譲渡するまで課税が繰り延べられることになるのです（法法62条の2以下参照）。このような組織再編成に関わる税制のことを組織再編税制とよびます。ただし，組織再編成の形態や方法は，複雑かつ多様なものになることから，組織再編税制が租税回避の手段として濫用されるおそれがあり，包括的な租税回避行為の否認規定が置かれています（法法132条の2。この規定が適用された事例として，最判平成28年2月29日民集70巻2号242頁があります）。

☆**連結納税制度からグループ通算制度へ**

また，法人税法は個別法人ごとの課税を原則としていますが，そうすると当初は赤字になる新規事業は子会社を作るよりも，自社の一部門で行った方が有利になります。なぜなら，新規事業の赤字がマイナス60だとすると，その会社の黒字部分の100と通算されて，その会社の所得は40になりますが，子会社を作るとその会社の所得は100のままで，子会社は所得ゼロ（マイナスだが通算するものがない）となり，税負担が重くなってしまうからです。そうした問題に

対応するため，2002（平成14）年に連結納税制度が導入されました。これにより，100％子会社であることなどの一定の要件を満たす企業グループについては，この制度の適用を選択すると，当該企業グループ内部の取引に係る譲渡損益に対する課税が繰り延べられ，企業グループ間の所得が通算されることになりました（**資料15-3参照**）。

　この連結納税制度は，企業グループの一体性に着目し，企業グループをあたかも一つの法人であるかのように捉えて法人税を課税する仕組みであるとされ，企業グループ全体が一つの納税単位となっています。そのため，企業グループの法人税額の算定に当たっては，税額控除をグループ全体で算定するといった調整が必要となり，企業単体による法人税額の算定と比べて税額計算が煩雑となっています。さらに，申告後の税務調査等において当該企業グループ内で税額の修正や更正が生じると，その効果がグループ全体に及び，グループ全体で法人税額の再計算が求められ，企業の事務負担は相当なものとなっていました。

　そこで，2020（令和2）年税制改正により，企業グループ全体を一つの納税単位とする連結納税制度は廃止され，それに代わり企業グループ間の所得を通算した上で，グループ内の各法人がそれぞれ個別に法人税の申告を行うグループ通算制度が導入されることになりました（法法64条の5以下参照）。この改正は2022（令和4）年4月1日以後に開始する事業年度から適用されています。

☆グループ法人税制

　ただし，グループ通算制度は選択制であるため，未だ適用しない企業グループも多く存在します。その理由は，グループ通算制度では適用開始時に子会社の保有資産を強制的に時価評価されるので，それを嫌う企業グループが多いことです。そのため，同じ100％支

配企業グループであっても，グループ通算制度を適用した企業グループと適用しなかった企業グループで，企業グループ内部の取引にかかる譲渡損益の取扱い等が異なり，税負担に差が生じることになりました。企業グループの一体性という点では，どちらの企業グループにも差はないのですから，グループ通算制度を選択しない場合であっても，グループ内の取引は同じようにすべきだとも考えられます。

　そこで，法人税法は100％支配企業グループのすべてを対象に，企業グループの内部取引の譲渡損益の課税を繰り延べたりする制度（グループ法人税制）を置いています。これは，グループの一体性を重視して，グループ通算制度を選択していなくても内部取引についてはグループ通算制度と同じようにしたものだといえます。

　以上みてきたように，法人税法は個別企業課税制度から大きく変貌してきています。法人という組織は，所詮人間が作るものですから，今後も社会の変動に応じて様々に変わり，それに応じて法人税制も変化していくと思います。法人税制の基礎にある考え方を理解して，皆さんも法人税のあり方を考えてみてください。

第16章 A法人がB法人に無利息で貸したら，課税されるのはどっち？

【法人税法(3)——法人税の計算構造】

春香の質問　16

　　第14章で法人の「所得」と個人の「所得」とでは少し違うところがあることを確認しましたね。本章では，もう少し法人税の具体的計算構造を考えてみましょう。

① 法人税の「所得」は法人税法に定められている「益金」から法人税法に定められている「損金」を引いた差額かしら？

② 法人が新株を発行して多額の資金を受け入れました。これは「益金」かしら？

③ A社がB社に所有している土地を贈与しました。法人税が課されるのはどちらの法人でしょう？

ゼミ　16－1

春香：個人の「所得」と法人の「所得」の微妙な違いを覚えてる？

仁木：営利活動のためにのみ存在している会社と，個人としての消費活動もある事業者との違いということでした。

春香：そうだったわね。でも，もう少し詳しく，法人の所得の計算構造をみてみましょう。法人の所得は具体的にどうやって計算すると思う？

市木：法人税法が定めている「益金」から「損金」を引けばいいん

じゃないですか。

春香：ということは，**資料16−1**のようになるけどこれでいいの？

市木：あれっ？

仁木：益金になるものがこれだけというのは少しおかしいんじゃな
　　　　いですか？

資料16−1　益金と損金

```
　　　　　　　　　　　　　　　　　　┌─── 損金の額の計算 ───┐

　┌─ 益金の額の計算 ─┐

　第三款　益金の額の　　　　　第四款　損金の額の計算
　　　　　計算　　　　　　　　　　資産の評価及び償却費（29条〜32条）
　　　　　　　　　　　　　　　　　　資産の評価損（33条）
　　収益の額　　　　　　　　　　　役員の給与等（34条，36条）
　　（22条の２）　　　　　　　　　寄附金（37条）
　　　　　　　　　　　　　　　　　　租税公課等（38条〜41条の２）
　　受取配当等　　　━━　　　　　圧縮記帳（42条〜50条）
　　（23条〜24条）　　　　　　　貸倒引当金（52条）
　　　　　　　　　　　　　　　　　　譲渡制限付株式を対価とする費用等
　　資産の評価益　　　　　　　　　（54条，54条の２）
　　（25条）　　　　　　　　　　不正行為等に係る費用等（55条）
　　　　　　　　　　　　　　　　　　繰越欠損金（57条〜59条）
　　受贈益（25条の２）　　　　　契約者配当等（60条，60条の２）
　　　　　　　　　　　　　　　　　　特定株主等によって支配された欠損等
　　還付金等　　　　　　　　　　　法人の資産の譲渡等損失額（60条の３）
　　（26条，27条）
```

春香：市木君みたいに考えると，どこかおかしいわよね。では，次
　　　　の法人税法22条２項の「益金」の規定を読んでみて。

> 　内国法人の各事業年度の所得の金額の計算上当該事業年度の益金の額に算入すべき金額は，別段の定めがあるものを除き，資産の販売，有償又は無償による資産の譲渡又は役務の提供，無償による資産の譲受けその他の取引で資本等取引以外のものに係る当該事業年度の収益の額とする。

仁木： 要するに，別段の定めがなければ，「収益」の額を「益金」とする，ということですね。

市木： その「収益」って何？

春香： それは法人税法22条4項の次の規定からわかるはずよ。

> 　第2項に規定する当該事業年度の収益の額及び前項各号に掲げる額は，別段の定めがあるものを除き，一般に公正妥当と認められる会計処理の基準に従って計算されるものとする。

仁木： 会計処理に従って計算されたものということですか。

春香： そうなの。だから，法人税法は企業会計でいう「収益」を前提としているの。

市木： だったら，法人税法なんて不要じゃないですか？

春香： でも，企業会計では「収益」であったとしても，税法の観点から「益金」に入れるのが不合理なものや，逆に企業会計では「収益」に入っていなくても，税法では「益金」に入れた方が合理的なもの等があるでしょう。

市木： ということは，法人税法の規定は……。

春香： 企業会計とは違う点を特別に規定したものなの。

市木： そうか，それで，益金の規定が少ししかなかったんだ。法人

　税法に規定されていなければ，企業会計上の収益が「益金」
になるということか。「損金」も同じですか？

春香：損金は次の法人税法22条3項ね。

　内国法人の各事業年度の所得の金額の計算上当該事業年度の損
　金の額に算入すべき金額は，別段の定めがあるものを除き，次に
　掲げる額とする。
　　一　当該事業年度の収益に係る売上原価，完成工事原価その他
　　　これらに準ずる原価の額
　　二　前号に掲げるもののほか，当該事業年度の販売費，一般管
　　　理費その他の費用（償却費以外の費用で当該事業年度終了の
　　　日までに債務の確定しないものを除く。）の額
　　三　当該事業年度の損失の額で資本等取引以外の取引に係るも
　　　の

春香：この規定も，先ほどの22条4項が適用されるから企業会計の
　　　　「費用」・「損失」が前提となっていて，法人税法が別段の定
　　　　めをしている部分を調整して「損金」を計算する，というこ
　　　　とになっているの。

市木：な〜んだ，法人税法って企業会計の特例を定めた法律なんだ。

解説 16-1

☆法人税の計算構造

　法学部の学生が法人税法の構造を理解するのは少し苦労します。それは，法人税法が企業会計を前提として，そこでの収益と費用・損失を所得計算の前提としているからです。法人税法に書かれていないことは企業会計の考え方に従うのですから，簿記・会計の知識がない法学部の学生にはなじみにくいのです。

　ゼミでの議論からわかるように，法人税法は企業会計の収益・費用・損失の特例です。法人税法の「所得」は，「収益」と「費用・損失」を一部修正して「益金」から「損金」を控除して求めますから，次の**資料16-2**のようなものだと理解してください。

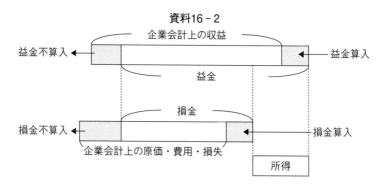

資料16-2

　それでは，法人税法が企業会計とは異なる規定を設けた個々の規

定の趣旨を概観しておきましょう。このテキストでは簡単にしか説明できませんので，法人税法に関心を持ったら『よくわかる法人税法入門』を読んでください。

(1) **益　金**

【第23条】（受取配当等の益金不算入）この規定は，二重課税調整のための規定です。A法人が法人税を払った残りをB法人に配当し，それがB法人の益金に加えられたら，また法人税がかかってしまいますね。そうすると個人株主に配当されたとき，何回法人税が課されたものとして計算したらよいのかわからなくなるからです（第14章参照）。

【第25条】（資産の評価益の益金不算入等）この規定は，評価が上がっただけで実際には売却もしていない場合は益金への計上を規制したものです。これは，33条で評価損を損金に入れないことに対応しています。

【第26条】（還付金等の益金不算入）還付金は，「損金」にならない納付税額（38条）が戻っただけですから，「益金」にも入れないということです。

(2) **損　金**

【第33条】（資産の評価損の損金不算入等）この規定は，評価が下がっただけで実際には譲渡していない場合の損金計上を規制するための措置です。前述の25条の規定と対応しています。

【第34条等】租税回避（第3章参照）防止のために設けられたのが，34条（役員給与の損金不算入），36条（過大な使用人給与の損金不算入）です。

【第37条】（寄附金の損金不算入）寄附金とは，名義に関係なく，「金銭その他の資産又は経済的な利益の贈与又は無償の供与」をしたものです。寄附金は，直接には反対給付の無い支出ですが，だか

らといって事業活動にまったく必要の無いものであるとも言い切れません。つまり，寄附金というのは事業活動に必要なもの（経費性があるもの）とそうでないもの（経費性が無いもの）に区別することがきわめて困難な支出だということになります。そこで，法人税法は，「贈与又は無償の供与」に該当する支出である寄附金については経費性の有無を問題とせず，法人の資本金や所得を基準にした損金算入限度額を定め，それを超えたものを一律に損金不算入とするとしたのです。なお，直接に反対給付の無い支出であっても，広告宣伝費や見本品費，交際費，福利厚生費といったものに該当するものは，37条7項かっこ書きで明確に寄附金の範囲から除外されていることに留意してください。

　【第38条】（法人税額等の損金不算入）法人税は，法人の所得に対して課されるものです。これは，法人が株主に対して配当をすることと同じく，法人の所得の処分と位置づけられます。ですから，法人税を納付することは，所得稼得活動ではなく所得の処分行為であり，納付された法人税額は損金に算入されないのです。

　【第42条】（国庫補助金等で取得した固定資産等の圧縮額の損金算入）この規定は，課税を繰り延べるための規定です。補助金も益金に入れますが，そうすると折角の補助金の効果が法人税分だけ失われてしまいます。そこで，100の補助金を受けて150の物を購入したら，そのものの取得価額を50にして，100の圧縮損と補助金100を相殺します。その結果，補助金を受けた年度には課税されないことになります。しかし，取得価額が50に減っていますので，取得価額150の場合，耐用年数10年で定額法で計算すれば15になる減価償却費が5に減りますから，その分所得が増え，法人税を少しずつ負担していくことになり，課税の繰延べといわれているのです。

　【第52条】引当金というのは，①当期以前の事象に起因して，②

まだ現実には発生していないが発生する可能性が高く，③かつ，合理的に見積もることのできる費用・損失のことです。具体的に確定していない費用・損失の見積もりですが，企業会計ではこのような性質を有するものを費用として計上することを広く認めています。しかし，法人税法ではこれを損金に算入することを原則的に認めず，現行法では貸倒引当金（52条）のみを認めています。この場合も企業会計のように個々の企業ごとの適正な見積額を費用にできるのではなく，一律の基準で損金に算入されます。

【租税特別措置法61条の4】（交際費等の損金不算入）交際費は，販売の促進や取引の円滑化等をねらって支出される事業遂行上の必要経費です。しかし，冗費節約を理由に1954年以来，損金算入が規制されています。本来損金となるべきものを政策的に規制しているため，法人税法では規制できず，租税特別措置法によって規制されています。

☆22条の2の新設

このように，法人税法は企業会計に依拠しつつ，異なる部分について「別段の定め」を規定することによって所得計算をすることにしています。しかし，近年，企業会計の分野でも様々な会計基準が開発され，企業会計は大きく変容してきています。その中でも，2018（平成30）年3月30日に公表された「収益認識に関する会計基準」（企業会計基準第29号）および「収益認識に関する会計基準の適用指針」（企業会計基準適用指針第30号）は，これまでの法人税実務とは相容れないものとなっていました。

そこで，法人税法において収益の額として益金の額に算入する金額や時期に関する通則的な規定をおく必要性が出てきたことから，2018（平成30）年税制改正において，そのような規定として新たに22条の2が定められました。このような制定の経緯から，22条の2

では「引渡基準」など従来の法人税実務を支えてきた法人税基本通
達の内容が規定化されています。

☆**資本等取引**

　なお，法人の取引には，法人の所得計算とは関係のないものがあ
ります。たとえば，法人が新株を発行して資本を増加させることが
あります。この場合も法人の資産は増えていますが，法人の所得が
増えるわけではありません。

　法人税法では，22条2項で「資本等取引以外のものに係る当該事
業年度の収益の額」は「益金」に含めることとしていますし，22条
3項で「損失の額で資本等取引以外の取引に係るもの」は「損金」
に含めると明記しています。つまり，「資本等取引」に係るものは
「益金」にも「損金」にも含まれないのです。この「資本等取引」
というのは，「法人の資本金等の額の増加又は減少を生ずる取引」
と「法人が行う利益又は剰余金の分配」（22条5項）です。どちら
も法人と出資者との取引です。たとえば前者は，株主Cさんが法人
の増資に応じて新株取得のために法人に支払いをする場合などです
（設問②参照）。法人が損益取引＝事業を行う前提の資金提供にすぎ
ないからです。後者は，法人が利益を得て法人税を負担した後出資
者に利益を分配する場合などです。すでに事業活動上の所得を計算
した後の行為だから，損益計算に入れないと考えることもできます。

　このように，損益取引と資本等取引とは法人税においては重要な
違いがあることも理解しておいてください。

ゼミ　16-2

市木：へえ～，法人税法って企業会計を修正して所得を計算するた
　　　めの規定なんだ。

仁木：ということは，法人税法に規定されていないことは「一般に

公正妥当と認められる会計処理の基準」に従うわけですね。

春香：そうなの。だから，簿記・会計を学習する機会のない法学部生には難しく感じるのよ。それに，無償取引が絡むと，ますます理解が難しくなるの。

市木：ムショウトリヒキ？　なんだそれ？

仁木：ただで資産を譲渡するとか，ですか？

春香：そう。たとえば，A法人が昔300万円で購入し，時価1,000万円になっている土地をB法人に贈与したというケースを想定してみましょう。益金が発生するのはどちらの法人だと思う？

市木：そりゃあ，B法人ですよ。ただで土地を貰っているわけですから。

仁木：私もそう思います。

春香：そうね。B法人には1,000万円の受贈益が生じていますから，その分の益金が発生しますね。A法人はどう？

市木：え？　A法人はただで渡しているんだから，利益なんてないですよ。

春香：企業会計上は，ね。でも，法人税法上は，さっき見た22条2項で「無償による資産の譲渡……に係る……収益」を益金とするとしているのよ。

仁木：「無償による資産の譲渡に係る収益」ってゼロですよね？

春香：鋭いわね。日本語として素直に読めばその通りなのだけれど，22条2項は無償取引でも時価相当額の収益が発生したとみなす規定であるとされているの（第9章「**これもわかる！　無償譲渡と課税**」参照）。それに，22条の2第4項が次のように規定しているから，なおさらね。

内国法人の各事業年度の資産の販売等に係る収益の額として第一項又は第二項の規定により当該事業年度の所得の金額の計算上益金の額に算入する金額は，別段の定め（前条第四項を除く。）があるものを除き，その販売若しくは譲渡をした資産の引渡しの時における価額又はその提供をした役務につき通常得べき対価の額に相当する金額とする。

市木：それにしても，ただで資産を渡して法人税が課されるのは無茶苦茶だなあ。

春香：ちょっと待って。この場合，必ず法人税が課されるとは限らないのよ。

市木：どういうことですか？

春香：法人税法上，A法人は1,000万円の収益が発生したとされるけど，実際には受け取っていないでしょ。ということは，どこかに出ていったと考えられるわね。法人税法では，この分をすぐに寄附金として支出したと考えるの。

仁木：ということは，収益の1,000万円と費用（寄附金）の1,000万円が相殺されるから，所得はゼロで法人税が課されないということですか？

春香：そうね。基本的にはその通りよ。でも，法人税法37条1項が次のように規定しているの。

内国法人が各事業年度において支出した寄附金の額（次項の規定の適用を受ける寄附金の額を除く。）の合計額のうち，その内国法人の当該事業年度終了の時の資本金等の額又は当該事業年度の所得の金額を基礎として政令で定めるところにより計算した金

　額を超える部分の金額は，当該内国法人の各事業年度の所得の金
　額の計算上，損金の額に算入しない。

仁木：ということは，法人税法では寄附金は一定額を超えると損金
　　　に入れないのですか。
春香：そう。だから，A法人が支出したとされる寄附金がその限度
　　　額を超えていると，その分が所得になり，結局課税されてし
　　　まうの。どう？　理解できたかしら？
市木：……。
春香：先生，市木君だめみたいです。後はお願いします。

解説　16-2

☆法人税法22条2項と無償取引

　これまでも述べてきたように，法人税法上の「益金」や「損金」
は，企業会計上の「収益」や「費用・損失」をベースにしています。
ですから，法人税法上の「益金」の金額は，企業会計上の「収益」
から，法人税法による修正をして求めるのですが，法人税法22条が
その場合の基本的な考え方を示しています。
　「収益」とは，本来外部からの経済的価値の流入であり，無償取
引の場合には経済的価値の流入がありません。ですから，無償取引
によって企業会計上の「収益」は認識されることはないのですが，
法人税法22条2項は，無償取引によっても時価相当額の「収益」が

「益金」に算入される旨を定めているとされています（同項の文理からそのように理解することは少々困難でしたが，2018（平成30）年税制改正によって新設された法人税法22条の2第4項で，その旨が明記されました）。この理由について，宮崎地裁平成5年9月17日判決（判タ856号212頁）は次のとおり判示しています。

> 　法人税法22条2項は，資産の有償譲渡に限らず，無償取引に係る収益も益金に算入される旨定めている。この規定によれば，資産の無償譲渡の場合には，その時価相当額が益金に算入されることとなる。ところで，資産譲渡にかかる法人税は，法人が資産を保有していることについて当然に課税されるのではなく，その資産が有償譲渡された場合に顕在化する資産の値上がり益に着目して清算的に課税がされる性質のものであり，無償譲渡の場合には，外部からの経済的な価値の流入はないが，法人は譲渡時まで当該資産を保有していたことにより，有償譲渡の場合に値上がり益として顕在化する利益を保有していたものと認められ，外部からの経済的な価値の流入がないことのみをもって，値上がり益として顕在化する利益に対して課税されないということは，税負担の公平の見地から認められない。したがって，同項は，正常な対価で取引を行った者との間の負担の公平を維持するために，無償取引からも収益が生ずることを擬制した創設的な規定と解される。

　この見解は，「適正所得算出説」とよばれ，東京高裁平成20年2月20日判決（税資258号順号10898）などでも支持されています。

　他方で，譲渡所得課税に関する増加益清算説の立場から説明するものもあります。この考え方に立つと，無償で資産を譲渡した場合でも，譲渡までの間に値上がり益が生じている限り，それは所得で

あり課税されることになります。そして，法人税法上もこの考え方を前提として，たとえ対価がゼロであっても値上がり益は存在するから，資産の譲渡を機会にその値上がり益に対する清算課税が行われることを法人税法22条2項は予定している，と説明するのが「清算課税説」です。

☆無償譲渡

このように，無償取引に関しては上記2つの見解が有力ですが，ここでは，裁判所が支持している適正所得算出説に沿って，無償取引が具体的にどのように処理されるのか見ていきましょう。

たとえば，A法人が昔300万円で購入し，時価1,000万円になっている土地をB法人に贈与したとしましょう。B法人は時価1,000万円のものをただで取得できたのですから1,000万円の受贈益が生じます（企業会計も法人税法も同じです）。

他方，A法人は300万円で購入した土地をただであげてしまうのですから，300万円マイナスになるはずです。ですから，企業会計では300万円の費用を計上します。

ところが，法人税法では資産の無償譲渡も時価で譲渡したこととされ，土地の時価1,000万円が譲渡収益として計上されます。ただし，この譲渡収益は土地を手放したことによるものですから，譲渡原価300万円も合わせて計上されます。そうすると，この段階では譲渡収益1,000万円－譲渡原価300万円＝700万円の所得が出てきます。しかし，A法人は実際には無償で取引をしていますから，法人税法37条により当該土地の時価相当額を寄附金（費用）として支出したことになります。ですので，1,000万円の費用（寄附金）も計上されます。

この結果，譲渡収益1,000万円－譲渡原価300万円－寄附金1,000万円＝－300万円となり，結果的にはA法人も企業会計同様300万円の

マイナスになるのです。

　しかし，法人税法のくせ者は「寄附金の損金不算入規定」です。寄附金は一定額しか控除できませんので，これを超えてしまった企業はその分が法人税の対象になるのです。たとえば，上記の例でA法人が控除できる寄附金の限度額が500万円だとすると，1,000万円－300万円－500万円＝200万円の所得が生じてしまうのです。

☆無利息融資

　次に「無償の役務提供」の場合はどうでしょうか。「無償の役務提供」の代表例は無利息融資ですが，実はこれも無償譲渡と同様に時価相当額の収益（融資であれば通常受け取ることができる利息分）が発生したとされます。その理由として，大阪高裁昭和53年3月30日判決（判時925号51頁）は，次のように述べています。

　　金銭（元本）は，……これを他人に貸付けた場合には，借主の方においてこれを利用しうる期間内における右果実相当額の利益を享受しうるに至るのであるから，ここに，貸主から借主への右利益の移転があつたものと考えられる。そして，金銭（元本）の貸付けにあたり，利息を徴するか否か，また，その利率をいかにするかは，私的自治に委ねられている事柄ではあるけれども，金銭（元本）を保有する者が，自らこれを利用することを必要としない場合，少くとも銀行等の金融機関に預金することによりその果実相当額の利益をその利息の限度で確保するという手段が存在することを考えれば，営利を目的とする法人にあっては，何らの合理的な経済目的も存しないのに，無償で右果実相当額の利益を他に移転するということは，通常あり得ないことである。したがつて，営利法人が金銭（元本）を無利息の約定で他に貸付けた場合には，借主からこれと対価的意義を有するものと認められる経

済的利益の供与を受けているか，あるいは，他に当該営利法人が
これを受けることなく右果実相当額の利益を手離すことを首肯す
るに足りる何らかの合理的な経済目的その他の事情が存する場合
でないかぎり，当該貸付がなされる場合にその当事者間で通常あ
りうべき利率による金銭相当額の経済的利益が借主に移転したも
のとして顕在化したといいうるのであり，右利率による金銭相当
額の経済的利益が無償で借主に提供されたものとしてこれが当該
法人の収益として認識されることになるのである。

　このように，無利息融資をした法人は通常の利息分を収益に入れ
なければならないことになり，仮にこの金額を100とすると，まず，
受取利息として100が益金に算入されます。ただし，実際には受け
取っていないので，法人税法37条により寄附金として支出したとさ
れ，寄附金100が計上されます。しかし，寄附金には上記のような
規制があるため，全額が損金にならないと所得が生じ，課税される
ことがあるわけです。
　一方，無利息融資を受けた法人については，通常の利息分を益金
に算入することはしません。それは，法人税法22条2項に「無償に
よる役務の譲受け」についての規定が無いからです。そのため，通
常の利息分を益金に入れないので，ただで借りた法人は利息分の利
益を得ても，益金に含めないのは不合理な気がします。しかし，通
常発生すべき利子（＝損金）が生じなかったわけですから，その分
損金が減っています。ですから，わざわざ益金に加算する必要はな
いわけです。
　このように，法人税法は，企業会計をベースに法人税法独特の考
え方による修正を加えて，その仕組みが形作られています。そのた

め，法学部生にとっては分かりにくいものとなっています。しかし，企業社会では，法的理解能力があり，企業会計も分かる学生を求めています。ですので，試しに企業会計の勉強をやってみてはどうでしょうか？　意外と面白いかもしれませんよ。

第17章　なぜ，相続に税金がかかるんだろう？

【相続税法(1)──課税の根拠】

春香の質問　17

> 皆さん，相続制度はよく知っているわよね。ところで，なぜ相続制度が必要なのかしら？　また，なぜ相続に税金が課されるのか，考えたことある？

ゼミ　17−1

春香：市木君は相続という制度は必要だと思う？

市木：相続が必要？　当たり前じゃないですか？

仁木：相続制度がなかったら，世の中混乱しそう。

春香：相続の権利って憲法上保障されているのかしら？

市木：相続権？　憲法にあったかな？

春香：それじゃあ，廃止してもいいのかしら？

仁木：相続廃止って，どういうことになるんですか？

春香：相続財産は国家が没収よ。

市木：そ，そんな，ひっど～い！

仁木：そんなこと憲法上も難しいんじゃないですか？　相続権を憲法上保障している国はないんですか？

春香：ドイツの基本法がそうみたいよ（14条）。所有権とともに相続権も保障しているんですって。

市木：所有権と相続権？

仁木：この2つは関係があるんですか？

春香：どう思う？　所有権の究極の姿は何をすることかしら。たとえば，市木君がこの本の所有権者だとすると，あなたは何をすることができるのかしら？

市木：僕なら，講義の内容を余白にびっしり書き込んで，試験の時に「教科書持込可」になることを期待するな。

春香：そんなこと期待しない方がいいわよ。所有権者はその物を使用する権限は当然持っているわ。でもそれだけかしら？　仁木さん，試験が終わったら市木君，どうすると思う？

仁木：市木君はテキストをすぐ古本屋さんに売っちゃうみたいですよ。でも書き込みをしたら売れないと思いますけど……。

春香：所有権者って，自分の物を売ったり，壊したりする処分権限があるわよね。これが，所有権の究極の姿じゃない？　そうすると，財産を残したまま亡くなった方というのは，所有権者としての究極の権利を行使しないまま亡くなったことにならない？

仁木：そうですね。そうすると，相続というのは亡くなった人の所有権の最後の行使ですか？

春香：その人が生きていれば，この財産をどう処分しただろうなって推測して，通常は配偶者や子どもたちにその財産を渡すだろうからそれぞれの相続分を認めているんじゃないかしら。

市木：でも，配偶者ではなくて，その人以外の人に財産をあげたいと思っていたら……。

春香：そういう人は遺言をしておけばいいんじゃない。いずれにしても，相続権というのは所有権の延長だから，その廃止は憲法上も許されないのじゃないかしら。それに，相続が廃止されたら，社会は大混乱よね。市木君が大富豪で，相続が禁止

されていたら，どうする？

市木：え～，相続がだめなんですよね。しょうがないな，全部自分
で使っちゃいますよ。

仁木：私だったら，そんなことしません。相続が禁止されたなら，
自分の財産を生前贈与すればいいんじゃないですか？

春香：当然，一般的にはそう考えるわよね。自分がいつ死ぬかわか
らないのに，先に財産を全部使ってしまったら生活できなく
なるし，それを考えていたら最後には財産が残るものね。子
どもに生前贈与して，養ってもらう方が安心といえるわ。だ
から，相続が禁止されたら生前贈与をすると考えるわけよ。
そう考えると，相続を禁止するなら，当然生前贈与も禁止し
なければいけなくなるわよね。

仁木：そうされたら，お手上げですね。

春香：もうあきらめちゃう？　そうなったら，必ず仲介業が出てく
るわ。市木君の財産を私が安く買って，市木君の子どもさん
に安く売るのよ。どう？

市木：いいですね。やりましょう。

春香：でも，こういう第三者間の売買を偽装した取引が横行したら，
生前贈与を禁止した意味がないから，第三者間の売買もいろ
いろな規制や監視をしなければならなくなる。そうしたら，
自由な取引社会ではなくなってしまうわ。やっぱり相続制度
をなくすのは無理だと思うわ。

解説　17－1

　相続税制のあり方を検討する前に，まずそもそも「相続」という制度がなぜ法的に承認されているのか，そのことがいかなる影響を相続税制度に与え得るのか，という点を確認しておきましょう。

　まず「相続」の権利を憲法で保障しているドイツの議論を概観してみましょう。ドイツ基本法は14条で所有権とともに**相続権**も保障しています。この相続権保障に特別な意義を認める説もありますが，一般には所有権保障と特に区別せずに，被相続人が自己の財産を受け継がせる権利，すなわち被相続人にとっての遺言の自由，処分の自由はこの特別規定がなくとも，所有権保障の構成要素として保障されていると解されています。また，相続後の相続人の権利は疑いなく所有権で保障されます。ただ，相続人になる権利は相続開始までは通常単なる期待権にすぎないため，例外的に遺言等があった場合の真の期待権が所有権保障の問題になります。したがって，相続権の保障と所有権の保障は強いて区別する必要はないことになります。

　このような相続権の理解は，伝統的な意思説のそれと同じといってよいでしょう。この説によれば相続権の根拠は所有権者であった被相続人の意思に求められることになります。

　しかし，被相続人が常に相続人に財産を譲りたいと考えているとは限りません。そこで，相続の社会的機能に着目し，相続権の根拠として，①遺産に対する相続人の潜在的持ち分の清算，②家族構成

員の生活保障，③一般取引社会の権利安定の確保，等も指摘されています。厳密にいえば，相続人になるのは被相続人の財産形成に寄与した者に限られていませんし，相続によって引き継がれる資産には生活保障というにはあまりにも巨額の資産も含まれている，といった難点もありますが，現代社会における相続の役割をかなり適切に表しているようにも思われます。

　しかし，現代社会における相続権の根拠は結局，所有権に内在する（処分しない自由を含む）処分の自由の確保を基礎に，社会的機能を加味して理解すべきでしょう。というのは，もし相続を廃止し，被相続人の財産はすべて国家に帰属するという制度を採用した場合，人はどのように行動するでしょうか。おそらく，ゼミでも議論されたように，共同生活を営んでいる家族等に承継したいと考え，相続を回避するために生前贈与を行うことになるでしょう。このような贈与を相続回避行為として規制すると，おそらく第三者の介在した売買の形式を通じて実質的な贈与を行うことになるでしょう。そして，これをも相続回避行為として規制すると，結局，所有権者の処分そのものに国家が強度に介入せざるを得なくなり，市場経済そのものの円滑化が阻害されることになりかねません。したがって，相続権の承認は何よりもまず（処分しない自由を含む）処分の自由の実質的確保にあり，その上で，共同生活をしている家族等の潜在的持ち分の清算や生活激変の緩和という社会政策的配慮を重視して相続人の範囲・順位を決定していると解しておきましょう。

ゼミ　17－2

市木：いや〜，よかった。相続はやはり必要だ。

仁木：市木君，何か相続に期待しているみたい。相続は確かに必要だと思うけど，不平等のような気もしますよね。不まじめな

資料17-1

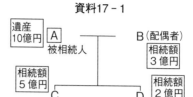

人が親の資産を相続して贅沢三昧……。

春香: そうよね。だからこそ，相続税は必要なんじゃない。相続税の考え方もしっかり理解してね。たとえば，**資料17-1**のような相続事例を考えてみましょう。

この場合，相続税で着目するのは10億円の遺産かしら，それとも各相続人が取得した相続額である，3億円，5億円，2億円なのかしら？

市木: 遺産10億円の方じゃないですか？

春香: ということは，遺産10億円から基礎控除額を引いた差額に税率が乗じられるのね？ 遺産税方式の考え方だわ。

仁木: 私は違うと思うんです。それぞれの相続人が取得した相続額が重要だと思うんですけど……。

春香: 仁木さんのは，各相続人がそれぞれ自分の取得額から各自の基礎控除額を引いて，その差額に税率を乗じるという遺産取得税方式の考え方ね。

市木: へぇ～，相続税の課税方式って1つじゃないんだ。

春香: この考え方と贈与税も連動するのよ。遺産にかける場合は，贈与税は贈与者と受贈者のどちらに課税される？

市木: 贈与税は財産をもらった人に課税されるに決まってますよ。

春香: 違うんだな～。遺産税方式の場合は，被相続人が遺産に相続税が課されるのを回避するために生前に贈与したと考えるん

　　　だから，贈与税も贈与した人にかかるのよ。

市木：ひえ〜。贈与した上に，贈与税まで払うなんて……。

春香：遺産取得税方式の場合は，相続によって相続税が課される相
　　　続人がそれを回避するために生前に贈与を受けると考えるわ
　　　けだから……。

仁木：当然，贈与を受けた人が納税義務を負う。

春香：そうね。ところで，市木君は遺産額に課税するっていうんだ
　　　けど，どうして遺産に課税するの？

市木：それだけの遺産を相続するんだから，大きな遺産には多くの
　　　税を払ってもらえるんじゃないですか？

春香：被相続人の遺産に課税することを正当化する論拠を聞いてい
　　　るのよ。だって，遺産というのは，被相続人が所得税・消費
　　　税・固定資産税などを払った上で維持してきた財産でしょう。
　　　それをどうして，死亡時に再度税金をかけるの？

市木：……。

春香：先生に聞いてみましょう。

解説　17−2

　相続税の歴史は古く，財産の名義書換料的なものから始まり，
様々な形態を経て，今世紀に入ると一般に遺産税方式と遺産取得税
方式とに大別されています。

　遺産税方式は，被相続人の残した財産，遺産に着目します。遺産
総額に対して相続税を課し，相続財産から相続税を控除した残額が

遺産分割の対象になります。それに対して，**遺産取得税方式**は，相続によって取得した財産に着目をします。これに関連して，所得税との関係では，包括的所得概念の下で相続や贈与による財産取得も所得として考えられます。そのため，相続によって得られた経済的利得についても所得として課税すべきとも考えられます。しかし，相続には，被相続人の財産における潜在的持ち分の清算や，その財産形成への貢献，相続人の生活保障などの意味もありますし，一度に大きな金額の所得を得ることになりますので，所得税においては累進税率との関係で過剰な税負担につながるともいえます。そこで，特別な基礎控除や税率構造を採用した，いわば所得税の特別税として相続税があると考えることができます。これが遺産取得税方式での相続税の考え方になります。

それから，遺産税方式を合理化する論拠として1957（昭和32）年12月の『相続税制度改正に関する税制特別調査会答申』は，「（イ）……個人が生存中富の蓄積をできるのは，その人のすぐれた経済的な手腕に対して社会から財産の管理運用を信託されたことの結果とみることができるのであるが，その相続人は被相続人と同様にすぐれた経済的手腕を有するとは限らないから，相続の開始により被相続人から相続人に対して財産が移転する際に被相続人の遺産の一部は，当然社会に返還されるべきである」という信託理論による説明と，「（ロ）人の死亡及び相続という事実は，被相続人が生前において受けた社会及び経済上の各種の要請に基く税制上の特典その他租税の回避等により蓄積した財産を把握し課税する最もよい機会であり，この機会にいわば所得税あるいは財産税の後払いとして課税するには，遺産額を課税標準とすることが当然の帰結となるとするものである。このように説明することを，英米の文献では"back tax theory"と呼んでいる」という説明をしていました。しかし，生前

216

資料17－2　主要国における相続税・贈与税の基本的仕組み

	日　　　本	ア　メ　リ　カ	イ　ギ　リ　ス
相続税の課税方式	遺産取得課税方式（法定相続分課税）	遺産課税方式	遺産課税方式
納税義務者	相続人／受贈者	遺言執行人／贈与者	遺言執行人／贈与者
贈与税の課税方法／相続税との関係	・暦年毎に課税 ・相続前3年以内の被相続人からの贈与は相続財産と合わせて課税（贈与税額は控除）	・贈与毎に過年分の贈与を累積して課税（過去の贈与税額は控除） ・生涯にわたる贈与を累積して，遺産と合わせて課税（贈与税額は控除）	・過去7年以内の贈与を累積して課税（過去の贈与税額は控除しない） ・相続前7年以内の贈与を累積し，遺産と合わせて課税（贈与税額は控除しないが，贈与から相続までの期間に応じて遺産税額を逓減）

ド　　イ　　ツ	フ　ラ　ン　ス
遺産取得課税方式	遺産取得課税方式
相続人／受贈者	相続人／受贈者
・過去10年以内の贈与を累積して課税（過去の贈与税額は控除） ・相続前10年以内の贈与を累積し，相続財産と合わせて課税（贈与税額は控除）	・過去10年以内の贈与を累積して課税（過去の贈与税額は控除） ・相続前10年以内の贈与を累積し，相続財産と合わせて課税（贈与税額は控除）

（注）イギリスにおいて遺産と合わせて課税される贈与の対象は，贈与税の課税対象よりも広い。

※平成12年4月7日付税調資料（https://warp.da.ndl.go.jp/info:ndljp/pid/11152999/www.cao.go.jp/zeicho/siryou/pdf/kiho15a1.pdf）20頁，および平成30年10月17日付税調資料（https://www.cao.go.jp/zei-cho/gijiroku/zeicho/2018/__icsFiles/afieldfile/2018/10/16/30zen18kai2-2.pdf）31-35頁をもとに作成。

の租税回避，脱税，低負担等の清算とする説明は生前に適切である
と認めていたはずの申告を死後になってから脱税等と評価すること
になります。このような説明は，租税国家，法治国家における根拠
としてはあまりにも乱暴だと思います。さらにこの説は，死亡時に
過年度の所得を把握して課税するのに等しく，実質的に遡及課税を
肯定することになり，租税法律主義の法理に反する説明ということ
にもなりかねません。

　これに対して，遺産取得税方式はいうまでもなく，相続人の相続
による不労利得の獲得に着目する課税方式であり，その根拠は明白
です。

　このように，課税根拠からすると，遺産取得税方式の方が正当性
があり，シャウプ税制で導入されたこの方式がその後も維持される
べきだったともいえます。しかし，前記答申では，「遺産を分割す
ることを前提とした現行の相続税制度のもとでは遺産を分割するこ
とが困難な農業用資産や中小企業用資産その他の資産を相続した場
合には，その財産が分割困難なため，単独又は少数の相続人によっ
て相続されることと相まって，その負担は相対的に重いものとなっ
ている」等の問題点が指摘され，「法定相続分課税方式による遺産
取得税方式」と呼ばれる，遺産税方式と遺産取得税方式の折衷的な
課税方式を採用したのです。それがどのような課税方式で，どのよ
うな問題を生み出しているかは，次章の課題にしましょう。

第18章　相続税は争続税？

【相続税法(2)──日本の課税方式と問題点】

春香の質問　18

　皆さん，ここでは，日本の相続税の課税方式の特色と問題点も理解してくださいね。相続税のことをよく相談されるけど，100件の相続事例のうち，実際に相続税が問題になるのは何％だと思う？　ところで，土地を相続したらいくらと評価されるのかしら？

ゼミ　18-1

市木：相続になったら相続税が全員にかかるんじゃないですか？

春香：資料18-1が相続税の課税割合よ。

市木：え～，9％しかないんですか？

春香：そうよ。平成25年度税制改正で基礎控除の引下げがあって，平成27年から8％に上がっているけれどそれまでは4％程度しかなかったの。思っていたより少ないでしょう。相続税は本来，富の不平等を調整する意味の強い税制だから，相続すべてに税金をかけるものではないのよ。昭和30年代なんか，わずか1％だったのよ。それが，1965（昭和40）年以降の地価高騰で相続税の課税問題がごく普通の庶民にも及び始めて問題になってきたのよ。でも，1％というのを単純に理解し

資料18−1　相続税の課税状況の推移

区分 年分	課税対象者		
	死亡者数 (a)	課税件数 (b)	課税割合 (b)／(a)
	人	件	％
昭和58	740,038	39,534	5.3
63	793,014	36,468	4.6
平成5	878,532	52,877	6.0
10	936,484	49,526	5.3
15	1,014,951	44,438	4.4
20	1,142,407	48,016	4.2
25	1,268,438	54,421	4.3
27	1,290,510	103,043	8.0
30	1,362,470	116,341	8.5
令和元	1,381,093	115,267	8.3
2	1,372,755	120,372	8.8
3	1,439,856	134,275	9.3

※財務省HP（https://www.mof.go.jp/tax_policy/summary/property/e07.htm）より作成。

てはだめよ。だって，死亡件数の中には，日本の夫婦別産制（第8章参照）の下で財産を取得していない女性も含まれるし，財産を形成する前の世代の死亡も含まれているでしょう。60代以降の男性の死亡件数の割合で見たら，その2〜3倍の割合だと考えた方がいいと思うわ。

市木：とにかく，ごく一部の資産家にしかかからないんだ。わが家は大丈夫だな。

春香：そういえるかどうかは相続税の課税方式を理解してからにしてね。

仁木：そうそう。前章では，日本の課税方式は「法定相続分課税方式による遺産取得税方式」だというところで，終わっていますね。何ですか，この方式は？

春香：日本の相続税は，戦後シャウプ勧告によっていったんは徹底した遺産取得税方式になったんだけど，その後遺産税的要素を加味した独特な制度にされたのよ。この制度は，相続財産を均等に分割しても，農家のように単独相続せざるを得なくなっても，相続財産の額が同じなら，税負担も同額になるように工夫された制度なの。

市木：そんなこと，どうやって可能なんですか？

春香：簡単にいうとこうなるの。**資料17−1**の配偶者B，長男C，長女Dの例で考えてみましょう。**資料18−2**を見ながら考え

てみて。まず，遺産から非課税のものを除いたり，相続開始
7年前の贈与財産などを加えたりしたものが課税対象になる
わ。これが10億円としましょう（[Ⅲ]）。現在の方式は10億
円からまず遺産に関わる基礎控除を控除するの。

市木：基礎控除があるんですか？　いくらなんですか？

春香：3,000万円＋（600万円×法定相続人数）よ。法定相続人が3
人だから，合計4,800万円ね。

仁木：法定相続人の数で基礎控除が変わるんですか。法定相続人が
多いと，税金が安くなるんですね。

春香：そうなの。だから，バブルの時期に租税回避手段としてよく
養子制度が利用されたの（第3章参照）。その結果，課税対象
遺産総額が減るわ（[Ⅴ]）。さしあたりの税金が減ったと思
うけど，後が大変よ。相続じゃなくて，争続になるんじゃな
いかしら。私たちは相続税のことを争続税とか，争族税とか
内緒で呼んでいるのよ。いずれにせよ，この基礎控除額以上
の課税対象遺産総額がなければ相続税は問題ないわ。このよ
うに，遺産全体から基礎控除を控除するので遺産税的な色彩
が強いわね。でも，ここからが遺産取得税的な方式になるの，
いい？　10億円から基礎控除の4,800万円を控除した9億
5,200万円を相続人が，まず，法定相続分で相続したと仮定
するの（[Ⅵ]）。

仁木：法定相続分は配偶者2分の1，子どもたちは4分の1ずつで
すから，その額を取得したと仮定するんですね。

春香：そうなの。そうして各自が負担すべき相続税の総額が3億円
になったとしましょう（[Ⅷ]）。この総額を各相続人が実際
に取得した割合に応じて負担してもらう制度なの。だから，
配偶者が10分の3，長男が2分の1，長女が5分の1だと配

資料18-2　相続税の仕組み

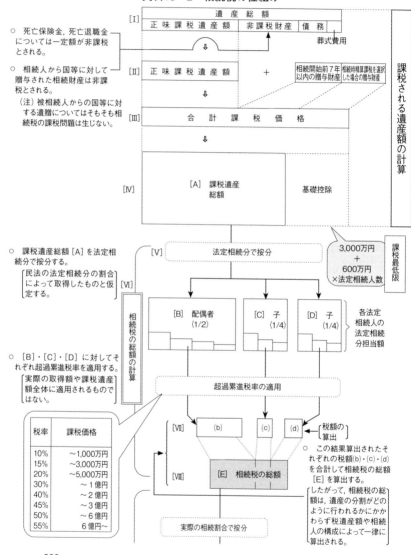

○ 死亡保険金, 死亡退職金
については一定額が非課税
とされる。

○ 相続人から国等に対して
贈与された相続財産は非課
税とされる。

（注）被相続人からの国等に対
する遺贈についてはそもそも相
続税の課税問題は生じない。

[I] 遺　産　総　額
　　　正味課税遺産額　｜非課税財産｜債　務
　　　　　　　　　　　　　　　　　　　葬式費用

[II] 正味課税遺産額　＋　相続開始前7年｜相続時精算課税を選択
　　　　　　　　　　　　　以内の贈与財産｜した場合の贈与財産

[III] 合　計　課　税　価　格

課税される遺産額の計算

○ 課税遺産総額 [A] を法定相
続分で按分する。
［民法の法定相続分の割合
によって取得したものと仮
定する。］

[IV] [A] 課税遺産
　　　総額　　　　　　　　基礎控除

[V] 法定相続分で按分

3,000万円
＋
600万円
×法定相続人数
課税最低限

[VI] [B] 配偶者
(1/2)　　[C] 子
(1/4)　　[D] 子
(1/4)

各法定
相続人の
法定相続
分担当額

相続税の総額の計算

○ [B]・[C]・[D] に対してそ
れぞれ超過累進率を適用する。
［実際の取得額や課税遺産
額全体に適用されるもので
はない。］

超過累進率の適用

税率	課税価格
10%	～1,000万円
15%	～3,000万円
20%	～5,000万円
30%	～ 1億円
40%	～ 2億円
45%	～ 3億円
50%	～ 6億円
55%	6億～

[VII] (b)　(c)　(d)　税額の
算出

[VIII] [E] 相続税の総額

○ この結果算出されたそ
れぞれの税額(b)・(c)・(d)
を合計して相続税の総額
[E] を算出する。

［したがって, 相続税の総
額は, 遺産の分割がどの
ように行われるかにかか
わらず課税遺産額や相続
人の構成によって一律に
算出される。］

実際の相続割合で按分

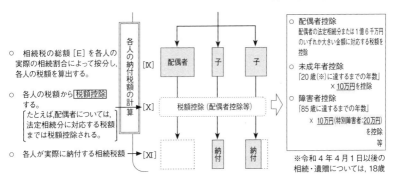

○ 相続税の総額 [E] を各人の実際の相続割合によって按分し、各人の税額を算出する。

○ 各人の税額から 税額控除 する。
「たとえば、配偶者については、法定相続分に対応する税額までは税額控除される。」

○ 各人が実際に納付する相続税額 → [XI]

[IX]

各人の納付税額の計算

[X]

税額控除（配偶者控除等）

[XI]

配偶者 子 子

納付 納付

○ 配偶者控除
配偶者の法定相続分または1億6千万円のいずれか大きい金額に対応する税額を控除

○ 未成年者控除
「20歳（※）に達するまでの年数」× 10万円を控除

○ 障害者控除
「85歳に達するまでの年数」× 10万円（特別障害者:20万円）を控除
等

※令和4年4月1日以後の相続・遺贈については、18歳

※財務省HP（https://www.mof.go.jp/tax_policy/summary/property/e01.htmおよびhttps://www.shiruporuto.jp/public/document/container/sozoku_zoyozei/sozoku_zoyozei007.html）をもとに作成。

偶者は9,000万円、長男は1億5,000万円、長女は6,000万円という各人の税額が算出されるの（[IX]）。一方、長男が単独相続している場合でも3億円を長男が1人で払うだけで総額は変わらないの。

市木： う〜ん。難しいな。

春香： 難しいわよね。農家については、農地の評価を安くするような特例等もいろいろあるので、もう課税制度自体は簡単にしてほしいわ。この制度だと、各相続人は自分の取得した遺産だけではなく、遺産総額を明らかにしないと、自分の税額も計算できないんだから大変よ。複雑になるから省略したけど、さっきのケースで配偶者が相続した場合は、法定相続分もしくは一定額までなら相続しても相続税はかからないという特例措置があるから、実際には配偶者の9,000万円は払わなくていいのよ（[X, XI]）。課税の概要は先生に説明してもらいましょう。

解説 18–1

　前章で紹介したような理由から，1957（昭和32）年答申は「**法定相続分課税方式による遺産取得税方式**」と呼ばれる現行の折衷的な課税方式を採用しました。これは，遺産取得税方式をベースにしつつも，遺産税的要素も加味し，均等に遺産分割した場合も単独相続の場合も相続税額の負担が変わらないように工夫した制度です。現行の課税方式による税額計算の流れはゼミでも説明がありましたが，ここでも概観してみましょう。

　相続財産から非課税になるもの（相法12条）を除き，相続税法上相続財産とみなされる財産（相法3条〜9条）と相続開始前7年以内に行われた贈与財産を加算します（相法19条）。生前贈与の加算は民法の特別受益（民法903条）とは異なり7年以内に限定されている反面，7年以内の贈与はすべて対象になる，といった違いなどがあるので注意が必要です。被相続人が負担している債務を控除して（相法13条，14条）課税価格が計算され，ここから基礎控除（相法15条）を控除します。各相続人の取得額から控除するのではなく，遺産全体の課税価格から控除するので遺産税的な要素を含んでいることになります。

　そして基礎控除額を引いても残額があるときは，これが課税遺産総額となります。ここからが，日本の相続税法の特色である「法定相続分課税方式」となるのです。まず，この課税遺産総額を各相続人が法定相続分どおり取得したと仮定します。その法定相続分に基

づく各相続人の相続額に税率（相法16条）が乗じられます。税率はもちろん超過累進税率です（第13章参照）。

　こうして計算された各相続人の相続税額が合計され，これを各相続人の実際の取得割合，たとえば前述のケースだと配偶者10分の３，長男10分の５，長女10分の２，というように分担するのです（相法17条）。長男が単独で相続しても，当人だけが納税義務を負うことになりますが，相続税の総額は変わりません。ですから，単独相続でも不利にならないように配慮されていることになります。こうして計算された各相続人の相続税額から，一親等の血族及び配偶者以外の者が相続した場合には２割加算したり（相法18条），配偶者や未成年者等が相続した場合には一定の税額控除（相法19条の２等）が適用され，各人の具体的な納付税額が決まることになるのです。

　このような方式は，複雑である上に，いくつかの矛盾を内包しています。たとえば，現行方式ではいったん遺産分割した後で新たに財産が発見された場合，先の例で10億円だったはずの遺産が15億円となり，それを長男が取得し，長男10億円，配偶者３億円，長女２億円になったとしましょう。長女は２億円で相続による取得額は変わらないのに，課税遺産総額が増え，相続税の総額が増えるので，負担割合は15分の２に減るものの，払うべき税額は増えてしまうのです。長女からすれば取得財産自体が増えたわけでもないのに税負担だけ増え，しかも申告手続をやり直さねばならない（通法19条）ことに強い抵抗が生じると思います。特に相続人同士が親しくないときはこの矛盾は著しいし，相続人以外で特定遺贈や死因贈与の受贈者となった者にはその不合理さはさらに著しくなります。その他にも，現行方式には多くの問題があるのですが，その根底には現行方式では遺産総額を出発点とするので，相続人相互の強い連帯性を要求している，という問題があります。相続が争続・争族といわれ

るようにトラブルが多く，個人主義化している現実と大きな隔たり
ができてしまっています。こうした観点から相続税を見直してみる
と，面白い論点がたくさん出てくるはずです。

ゼミ　18-2

仁木：大体の流れはわかりましたけど，民法の相続法とすごく関連
　　　　性があるんですね。

春香：そうよ。民法を基礎にしながら，法定相続人や相続財産の範
　　　　囲等にも微妙な差があるから，税法と民法の両方をよ〜く勉
　　　　強してね。ところで，相続税は安い方がいいわよね。相続税
　　　　負担が高くなるか，安くなるかに関して一番重要な問題は何
　　　　だと思う？

市木：当然，税率ですよ。税率が高ければ負担は増えるし……。

春香：確かに，税率は重要な要素よね。でも3億円に10％の場合と
　　　　1億円に20％では，後者の方が軽いわよね。相続税計算に際
　　　　して一番問題になるのは，その財産をいくらと評価するのか，
　　　　という問題よ。

市木：あれ，評価は決まっていないんですか？

春香：相続税法22条ではどう規定してる？

仁木：財産の価額は，「当該財産の取得の時における時価」とされ
　　　　ています。地上権のような特殊な権利の評価方法は相続税法
　　　　に規定されていますけど（相法23条等），普通の財産の具体的
　　　　な評価方法は書いてありません。

市木：じゃ，実際はどうすればいいんですか？

春香：財産評価基本通達で具体的な評価方法が定められているのよ。
　　　　通達というのは法令ではないでしょう。一番大事な評価方法
　　　　が法律には具体化されていなくて，通達に委ねられていると

いうのは租税法律主義の観点からすると問題よね。市街地の土地は「路線価方式」という方法で評価されているわ。路線価方式というのは，ほぼ同価額と認められる一連の宅地が面している路線，つまり道路の中央部の標準的な宅地の一単位当たりの価額を基準として評価する方法よ。同じ土地が面している道路などを基準に考えようということなの。

資料18‐3　路線価を基にした評価額の計算例

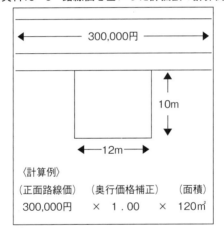

市木：な～るほど。面している道路を基準にした金額があるんだ。簡単じゃないですか。

春香：実際の土地はいろいろな形をしているでしょう。これはあくまでも理想的な土地を前提としているけど，実際にはいろいろな要素を判断しなければならないから，大変なのよ。相続税では，一番問題になるのは財産の評価なのよ。この評価が適正でないとすごく不合理なことになるわ。

仁木：どんな不合理が出てくるんですか？

春香：もし，この路線価の評価額が実際の取引価額よりすごく安い とどうなる？

市木：土地を持っていると，税金が安くなる！

春香：そう！　だから，相続が近くなってきたら，被相続人の現金 を土地に変えておくと，相続税が安くなるという租税回避が 可能だったの。でも，これは地価が上昇していた時代の話よ。 今は逆に地価が下がっているでしょう。路線価より時価の方 が安いケースも出はじめたのよ。

市木：かわいそうに。

春香：かわいそうにじゃないでしょう。法律は時価で課税すると規 定しているんだから，この評価額は？

市木：？

仁木：違法ですよね。

春香：そうよ。違法な評価基準に従う必要はないのよ。

市木：じゃあ，どうすればいいんですか？

春香：不動産鑑定士さんに頼んで，実際の時価を調べて，そちらの 方が安ければ，その鑑定評価額で申告したりするの。

市木：あっ，そうなんですか？　でも，こういうのは困りますね。 路線価が時価を正しく反映してくれなけりゃ。

春香：時価って何でしょうね？　普通は取引価額で考えているけど， これはその財産を今売ったらいくらで売れるか，という観点 からの評価なのよ。

仁木：じゃあ，たとえば，お店を相続した場合，そのお店で営業を していくのに売ったらいくらかという値段で課税されたら， 本当にそのお店を売却して事業を止めるしかなくなってしま うじゃないですか。そういう評価方法はおかしいと思います。

春香：そうね。そういう問題があるわね。それからもう1つ，評価で大事なことは，相続開始時点の評価額に基づいて課税されるということ。つまり，相続開始後の評価の変動は考慮されない，ということにも注意が必要よ。

仁木：相続税は申告までに相続開始からどのくらい時間があるんですか？

春香：10か月よ（相法27条）。だから，市木君が相続したとき10億円していた株券が，10か月後1億円に値下がりしたら，どうなると思う？

市木：当然救済してくれるんでしょうね？

春香：残念だけど，ないのよね。

市木：そ，そんなバカな。払うときに1億円しかないのに，10億円も相続したんだから何億円も払えっていわれちゃうんですか？　じょ，冗談じゃないですよ……。

春香：先生，市木君が興奮しているのでお願いします。

解説　18-2

☆評価と通達

　相続税の財産評価は相続開始時の時価を基準にします。遺産分割協議に時間がかかり，相続開始時と分割時の価格に乖離がある場合，法務実務では分割時の価格を基礎にするのが相続人間の納得を得られると思われるのですが，課税上はあくまでも相続開始時の評価額が適用されるので注意が必要です（特別縁故者については例外で取得

時の評価額です。相法4条)。

　相続税法は財産の評価基準を「時価」とすることしか規定していません（相法22条)。この時価の算定方法の具体化は実務上**財産評価基本通達**に委ねられています。いちばん重要な財産評価を法律が具体化せず，課税庁の通達に委ねているのは，租税法律主義の観点から見て疑問があります。しかし，判例は一貫して通達により評価することを基本的に合理的であると解しています。

　もっとも，法律が要求している「時価」は通常の取引価格と考えられますので，通達による評価額が取引価額を上回るときは評価額を適用することができないのは当然ですし，従来は原則として通達による評価額の方が取引価額を下回っていました。そのため，通達の低い評価を意識的に利用する行為がしばしば見られ，これに対し課税庁は通達を適用せず，取引価格で課税し，納税者が信義則違反等を理由に争う事例が続出しました。

　判例は通達が法規ではないこと，法律は時価で課税することを要求していること，租税回避を享受する利益は法律で保護するに値しない利益であること等を根拠にこのような場合は通達によらずに時価で課税することを適法としています。相続税法が規定しているのは，あくまでも時価であることに留意する必要があります。

　また，現行法では評価の時点が取得の時とされていますが，民法上相続財産は分割により遡って取得するとされている（民法909条)こともあり，相続開始時点が評価基準日になります。そして価格変動がある資産については相続開始後の変動は考慮しないことになっています。この仕組みは，地価上昇期には，相続開始後に地価が上昇しても税額に影響を与えないという意味で納税者に有利であったといってよいでしょう。しかし，地価の下落現象が現実化し，実際に相続人が当該財産の処分権を得るのは遺産分割後です。確かに，

遺産分割時までの価格変動を配慮するとなると，租税回避のために遺産分割時期が操作されることが出てくる可能性はあります。しかし，少なくとも申告時までの価格下落で，それが当事者の恣意的な操作によるものでないときは，その下落を反映した評価にしないと，納税者に著しく過酷な場合が生じてきます。

☆**事業承継税制**

　ゼミでも紹介したように，事業を承継する際には，相続税の負担が阻害要因になることもあります。たとえば，事業用の資産などについて時価を取引価格として課税すると事業承継が困難になります。そこで，事業に関する資産の評価額を減額するなどして，一定の条件の下で負担を軽くするという措置もあります。具体的には，個人事業を営んでいる場合，事業主の相続について選択により事業用宅地等の価格の80％を課税価格から除外することができ，事業承継の場合も相続税の負担が大きくなりすぎないようになっています（措法69条の4等。居住用財産についても同様の措置が取られています）。

　また，中小企業のオーナー経営者の場合には，会社のオーナー経営者から後継者への非上場株式や出資の贈与または相続について，一定の要件の下で，相続税または贈与税の納税を猶予して，最終的にはその全部または一部について免除が認められます（措法70条の7等参照）。

☆**贈与税の仕組み**

　ところで，相続税の税率と贈与税の税率（相法21条の7）を比較すると，贈与税の税率がかなり高くなっています。これはもし，贈与税の税率を相続税の税率より安くしたり，同じにすると，生前贈与を通じて相続税の回避が図られてしまうからです。つまり，生前贈与によって相続税を回避しないようにするために，贈与税が設けられているといえます。この点で，贈与税は相続税の補完税である

資料18-4　贈与税（暦年課税）の仕組み

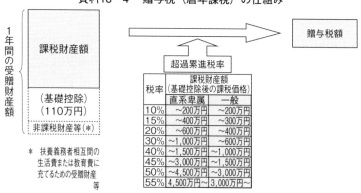

※**財務省HP**（https://www.mof.go.jp/tax_policy/summary/property/e06.htm）より作成。

といわれます。

　では，その贈与税の概要を確認していきましょう。

　贈与税は，納税義務者が１暦年の間に贈与によって取得した財産に対して課税されます。この贈与によって取得した財産を贈与財産といいます。ただし，法人からの贈与によって取得した財産や扶養義務者相互間での生活費・教育費に充てるために贈与された財産，公益目的事業への贈与などが贈与税の対象から除外されています（相法21条の３）。

　それから，法律的には贈与によって取得した財産とはいえないものでも，公平性の観点から贈与によって取得した財産とみなして贈与税の課税対象になる財産や権利があります。これを**みなし贈与財産**といいます（相法５〜９条）。

　このみなし贈与財産を贈与財産に加えた課税価格から，基礎控除（相法21条の５）と配偶者控除（相法21条の６）が控除されます。基

礎控除は年間110万円（措法70条の2の4）で，配偶者控除は，婚姻期間が20年以上である人が，配偶者から居住用の不動産もしくはその取得のために金銭の贈与を受けた場合などに2,000万円までの控除が認められます。この残額に税率を適用します（相法21条の7）。そして，この贈与税額から国外の贈与財産に対して外国で課された贈与税額が控除されます（相法21条の8）。

　このようにして贈与税額を計算することになります。

☆相続時精算課税制度

　相続税と贈与税の関係からすれば，生前贈与はあまり好ましくないとも考えられます。しかし，生前贈与を促すための措置もあります。たとえば，「**相続時精算課税制度**」（相法21条の9）という制度があります。この制度は，一定年齢以上の親から，その子である推定相続人（代襲相続人を含む）に贈与する場合，親から受けた贈与財産については高い控除額が適用され，贈与税負担が軽くなるとともに，贈与された財産はその親が死亡したときの相続財産に加えて相続税を計算し，それまでに納めた贈与税との調整をするというものです。これによって，資産を相続よりもより早い段階で若い世代に移転させることを期待しているといわれます。同じような目的で教育資金（措法70条の2の2）や結婚・子育て資金（措法70条の2の3）の一括贈与についての非課税などの特例措置が導入されています（措法70条の2の5参照）。

第19章　君たちは消費税を負担する義務があるの？

【消費税法(1)──消費税の基礎】

春香の質問　19

皆さんは，商品を購入するときに代金と一緒に消費税分の金額を支払っていますね。あの消費税分のお金は支払わなければいけないのかしら？　消費税率の引き上げにともなって，消費税額込みの「総額表示」をしなくてもよい特例が設けられていたけど，今はその特例は失効して「総額表示」が義務づけられているわ。価格表示によって皆さんの負担感は少し変わった？

ゼミ　19-1

市木：消費税!?　そりゃ，支払わなければいけませんよ。

春香：どうして？

市木：だって，消費者が商品やサービス等を消費することに税が課せられるのが消費税でしょ。

春香：どの法律にそう書いてあるの？

仁木：消費税法にそう書いてないんですか？

春香：消費税法5条が納税義務者の規定だけど，どうなってる？

市木：え～と，あれ？　「事業者は，国内において行った課税資産の譲渡等……につき，この法律により，消費税を納める義務がある」と規定されています。

春香：そうよね。消費者が納税義務を負うと書いてある？

市木：いえ，確かに，「消費者」とは書いていないな〜。

春香：では，地方税法75条のゴルフ場利用税の規定は？

仁木：え〜と「ゴルフ場利用税は，ゴルフ場の利用に対し，利用の日ごとに定額によって，当該ゴルフ場所在の道府県において，その利用者に課する」となっています。あれ？　こっちは「利用者」に課するって書いてありますね。

春香：そうよ。ゴルフ場利用税のように消費者を納税義務者としている税では，ちゃんとそう定めているでしょ。でも消費税法は，法律上の納税義務者を「事業者」と定め，その税を事業者が商品を販売するときに，消費者に転嫁することを想定しているの。だから，法律上義務を負うのは，あくまでも事業者なのよ。それが転嫁を通じて，実際には消費者の負担になると予定されているだけなの。このように法律上の納税義務者と，実際の負担者が一致しないことを予定している税を間接税というの。でも，消費行為を対象にした場合は必ず間接税というわけでもなくて，直接税（法律上の納税義務者と実際の負担者が一致する税）として規定することだって可能なのよ（第20章参照）。

市木：消費税法は消費税を間接税として，納税義務を事業者に課したんですか。すると……。

春香：市木君には，消費税を負担する義務はないのよ。

仁木：ということは，支払わない，といってもいいんですか？

春香：そうよ。当然でしょ。一度，いってみたら？

市木：じょ，冗談じゃないですよ。そんなことできますか。

仁木：そういったらどうなるんですか？

春香：納税義務がないんだから，強制的に支払わされたり処罰されたりすることなんかないわよ。ただ，お店がそれじゃ売らな

い，というかもね。

市木：なんですか，それは！　要するに，負担しなけりゃ売ってく
　　　れないんじゃないですか。あ〜あ，まじめに聞いて損した。

春香：売るか売らないかは，売り手と買い手の力関係の問題よ。法
　　　律上は，あくまでも事業者しか納税義務を負っていないとい
　　　うことなの。

仁木：でも，お店では1,000円の物を購入すると，当然のように
　　　1,100円請求してきましたけど……。

春香：お店の人も消費者に納税義務があると誤解していたんじゃな
　　　い？　なぜ，消費者が支払わなければいけないのか，買うと
　　　きに聞いてみたら，面白いわよ。

市木：う〜ん，なんか変だな。そうすると，僕がこれまで支払って
　　　きた「消費税」は何だったんだろう？

春香：すっごく良い質問よ。先生に聞いてみましょう。

解説　19-1

☆消費者と納税義務？

　多くの消費者は，お店のレジの前で消費税として請求された金額
を黙々と支払っています。おそらく一般の消費者は，「消費税」とい
う名前からして，消費者が支払わなくてはならない税金，つまり
消費者が納税義務を負っている，と考えている人が多いと思います。
しかし，消費税等の間接税における消費者の法的地位を検討してみ
ると，消費者が納税義務を負っているのではないことがわかります。

というのは，消費税法上の納税義務者は「事業者（個人事業者および法人）」であり（消法5条1項，2条1項4号），事業者が消費税を納付すればそれで租税法律関係は終了し，消費者が消費税の納税義務に関する法律関係に登場する余地はないからです。確かに，事業者が納付する税金は商品やサービスの価格に転嫁されて，消費者が実質的に消費税を負担することがありますが，それは事実上「担税者」になったというだけです。一般に間接税というのは，法律上の納税義務者と実際の負担者が一致せず，転嫁されることが予定されている税金のことをいいます。なお，転嫁によって最終的には消費者が負担することが予定されているといっても，法律は転嫁を強制しているのではなく，その「可能性」を認めているだけです。結局，立場の弱い中小事業者は転嫁できずに自ら負担すること（いわゆる「損税」）がありうるし，他方，消費者は実際に消費税を負担したとしても，法律上の納税義務者ではないので，税額等について争うこともできないのです。では，消費者が負担している金額は，法的にはどのように説明されるのでしょうか？

　消費税制度の合理性に関して争われた東京地裁平成2年3月26日判決（判時1344号115頁）では，被告の国は「事業者が取引の相手方から収受する消費税相当額は，あくまでも当該取引において提供する物品や役務の対価の一部」であると主張し，同判決も「消費者の負担する消費税分は，その本質が対価に過ぎない」としています。つまり，税法上，消費者の負担している消費税相当額は消費税ではなく，「対価の一部」にすぎず，その売上の中から事業者が消費税を負担しているだけです。事業者が消費者から消費税を国の代わりに預かって，それを国に納付しているという法的構造になっているわけではないのです。もっとも，このように，消費者が負担している金額は，「対価の一部」にすぎないと割り切ってしまうと，消費

者には納税者として何の権利も認められないことになります。その意味では，間接税における消費者の法的地位を再検討する必要性があるかもしれません。

ゼミ　19-2

市木：な～んだ，「消費税」だと思っていたら，価格の一部なんだ。

仁木：ということは，レストランで2,000円の食事をして2,200円を支払った場合，200円は「消費税」ではなく，最初から2,200円のものを食べただけということなんですか？

春香：そうね。

仁木：なんか，騙されているみたい。

市木：それで，総額で表示されるようになったのかな？

春香：2004（平成16）年4月1日から，消費税相当額を価格の中に含めて総額で表示することが法律で義務づけられたからよ。消費税率の引き上げにともなって，誤認防止措置を条件に一時特例として，一定の場合には総額表示をしなくてもよいとされたの。でも今は，この特例は失効して，再び税込価格の総額表示が義務づけられているけど。価格表示の変更によって，負担感の違いはある？

市木：以前の税抜（外税）表示の値札を見ると負担感はあったし，やっぱり「消費税を払っている」という意識は強かったかもしれないなあ～。

春香：お店の方も「値段が上がるのは消費税のせいで，本体価格は変わりません」とはっきりさせることができる分，税抜表示の方が増税分を転嫁しやすいように思うわ。ところで，市木君は，ビールの値段に含まれる酒税と消費税をあわせた税負担率が4割以上ということを知っている（詳しくは，第22章

参照）？

市木：え～っ，そんなに高かったんですか？

春香：表示価格のうちいくらが税金分か明らかでないと，そういう
　　　　ふうに税負担を自覚しないまま買い物をすることになってし
　　　　まうでしょ。それが怖いわね。それに，消費税については，
　　　　税率の引き上げばかりが話題になって，その基本的性格や問
　　　　題点が一般にあまり理解されていないように思うわ。

仁木：そうですね。たとえば，どんな商品やサービスに消費税がか
　　　　かるかっていわれても，知らない人も多いかもしれませんね。

市木：そんなの消費税法に，ちゃ～んと書いてあるんじゃないです
　　　　か？

春香：本当かしら？

仁木：消費税法4条1項に，「国内において事業者が行つた資産の
　　　　譲渡等……には，この法律により，消費税を課する」とは定
　　　　めているけど，どんな商品やサービスに消費税がかかるかは
　　　　書いてありませんね。

市木：これじゃあ何が課税されるのか，さっぱりわかりませんね。

春香：間接税には，酒税やたばこ税等のように，法律に課税対象と
　　　　なる商品等をあげて，記載された商品等に課税される仕組み
　　　　をとっているものがあるの。これが個別消費税といわれるも
　　　　ので，こういう方法を「掲名主義」というのよ。さて，問題
　　　　です。この制度の下で，市木君がとてもすばらしい新商品を
　　　　開発して販売します。従来の商品より高級な贅沢品で価格も
　　　　高いので，財務省としては課税すべきだと考えるんだけど，
　　　　課税できる？

市木：う～ん，できませんね。法律に書かれていないから。

春香：そのとおり。じゃあ課税するには？

仁木：法律を改正して，その新商品の名前と税率を記載しなくては
いけません。

春香：法律を改正しようとしても，国会審議が長引いてなかなか改
正もできないんじゃない？　消費税はどうかしら？　反対に，
まず，すべてに課税しますよ〜，と宣言するのよ。その上で，
消費税法6条1項を読んで。

市木：「国内において行われる資産の譲渡等のうち，別表第1に掲
げるものには，消費税を課さない」と規定されていますね。
ということは……。

春香：「別表第1」に書かれていない国内の資産譲渡等は，すべて
課税できることになるわね。そうすると，市木君が新商品を
開発して販売したら，消費税は？

市木：かかるってことですね！　新商品だもん，「別表第1」に書
かれているはずがない。

春香：そうでしょ。個別消費税と法的構造が全く逆でしょ。これが
「一般消費税」としての消費税の基本的性格なのよ。

市木：さっきの話に戻りますけど，てっきり僕らが消費税の納税義
務者だと思っていたので，僕らが納めた「消費税」が国にき
ちんと納付されていない問題があるって聞いて怒っていたん
ですが，価格の一部だったら怒ってもしょうがないんですか
ね？

春香：それは，いわゆる「益税問題」ね。消費税には，制度上の特
例が原因で消費者が支払った消費税が，事業者の手元に利益
として残ってしまうという問題があるの。まず，課税期間に
係る基準期間の課税売上高が1,000万円以下の事業者は，免
税点制度によって消費税の納税義務が免除されているわ。だ
から，消費者から消費税を受け取っても納付しなくていいの。

仁木：益税には，簡易課税制度によるものもありますね。

市木：それはどういう制度ですか？

春香：消費税は，課税期間中の課税売上に7.8％（軽減税率の適用対象となる取引については6.24％）を乗じた金額から課税仕入れに110分の7.8（軽減税率の適用対象となる取引については108分の6.24）を乗じた金額を差し引いて納付するのが原則よ（消法30条）。だから，課税売上と課税仕入をきちんと計算しなければならないの。特に，課税仕入れに係る税額を差し引くことを「仕入税額控除」といって，実際の課税仕入額により計算する本則課税が原則なの。でも，中小企業にとってそれが大変なので，課税売上の一定割合（みなし仕入率）を仕入とみなして計算できるような簡易な課税制度を導入したのよ。みなし仕入率は，第1種（卸売業）90％，第2種（小売業等）80％，第3種（製造業等）70％，第4種（飲食業等その他事業）60％，第5種（金融・保険業，運輸通信業，サービス業等）50％，第6種（不動産業）40％とされているの（消令57条）。そこで，たとえば，90％が仕入とみなされている卸売業の事業者の売上が1,000万円だったとしましょう。消費者から消費税として受け取る金額は，その10％として？

仁木：100万円ですね。

春香：そうね。簡易課税制度によると，この事業者の仕入は1,000万円の90％，900万円だとみなされているので，その10％の90万円を受け取った100万円から引いた差額の10万円を消費税として税務署に納めるの。この事業者が実際に仕入れた金額が700万円で，仕入の時に負担した消費税は70万円だったとしましょう。そうすると，この事業者は仕入の時に70万円負担し，さらに売上について10万円の消費税を納付したから，

　　　負担した消費税の合計は80万円よね。でも，消費者からは
　　　100万円を消費税として受け取っている。

仁木：本当は20万円多く取りすぎている。

市木：ひどいよ〜。返してくれ〜。

春香：さっきいったでしょ。市木君が負担したのは「消費税」では
　　　なく，価格の一部だって。

市木：もう頭がめちゃくちゃに混乱してきたぞ。もう，消費税のこ
　　　と考えるのいやだ〜。

春香：市木君，消費税ってもっと面白いことがいっぱいあるのよ。
　　　ここで，くじけちゃだめよ。

解説　19−2

☆個別消費税と一般消費税

　　従来，間接税の中心は，個別消費税であり，いわゆる「掲名主
義」を採用し，課税する商品等を1つ1つ法律に明記していなけれ
ばならない制度でした。したがって，法律を見てそこに名前がなけ
れば課税されないということになります。そうすると，新商品が発
売されたとしても，新商品だから別表に名前が載っているはずがな
く，課税できません。それに課税するためには法改正が必要になりま
す。いわば議会のチェックをいちいち受けなければならないのです
が，その意味では租税法律主義の要請にかなった制度ともいえます。

　　この仕組みを180度変えたのが，一般消費税としての現行の消費

税です。消費税法では，まず４条で「国内において事業者が行った資産の譲渡等……には，この法律により，消費税を課する」と規定しています。つまり，まずすべての「資産の譲渡等」にあたる国内取引が課税対象にされます。その上で，６条１項において「国内において行われる資産の譲渡等のうち，別表第１に掲げるものには，消費税を課さない」という非課税規定を設けているのです（詳しくは，第21章参照）。これにより今度は，逆に非課税にするものだけを法律に明記すればよいことになります。そうなると，新商品は当然法律には明記されていないので，自動的に課税されることになるのです。したがって，一度導入されれば後は議会のチェックをいちいち受けることなしに，自動的に課税対象を拡大できることにもなり，実質的に租税法律主義を骨抜きにすることにもなりかねない，という問題も含んでいることに留意してください。

☆益税問題

　ところで，消費者が支払っている「消費税」と称する金額は，本当に消費税相当額なのでしょうか。これが実に大きな問題だったのです。というのは，消費税導入時に反対していた中小事業者への配慮のために，中小事業者に対する特例措置（免税点制度，簡易課税制度等）が設けられ，これらが深刻な制度上の矛盾を生み出してきたからです。政府は適正な「転嫁」の重要性を指摘し，消費者が消費税の負担者であることを強調してきました。しかし，この「特例」によってその根拠が失われてしまったといってもよいのです。というのは，消費者が「消費税」と思い込んで支払っている金額のかなりの部分が，消費税や消費税相当額ではなく，消費者から事業者へのある意味での「補助金」になっている実態があるからです。この益税問題については，消費税導入時に基準期間（個人の場合は課税期間の前々年，法人の場合は前々事業年度）の課税売上高が3,000

資料19-1　仕入税額控除の本則課税と簡易課税制度

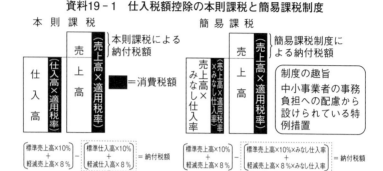

※財務省HP（https://www.mof.go.jp/tax_policy/summary/consumption/303.pdf）を一部加筆修正。

万円（2004〔平成16〕年4月1日より1,000万円）以下の事業者の納税義務を免除するいわゆる免税点制度（消法9条）との関係で，消費者が負担した税金の行方が議論を呼びました。しかし，この益税は免税点制度だけではなく，簡易課税制度（消法37条）などでも同様に問題となります。

　そこで，まず簡易課税制度の矛盾を検討してみましょう。**資料19-1**のように，簡易課税制度というのは，消費税額の計算では，本来なら課税売上額と課税仕入額とをそれぞれ計算しなければならないところ（本則課税），計算を簡易にするために，仕入額を売上額の一定割合（卸売業の場合は90％）とみなして控除できる制度です。すなわち，次章で説明する仕入税額控除の特例といえます。この結果，売上額の90％を控除した金額（売上額の10％）の10％，つまり税額は売上金額の1％と考えればよいので，売上金額さえわかれば納付税額を計算できることになります。しかし，これがゼミで議論されたような矛盾を生み出し，事業者が納付しないで済んだ差額は，事業者の手元に「益税」として残るのです。つまり，消費者

が「税金」として支払った代金
の一部が事業者の利益になって
いるのです。

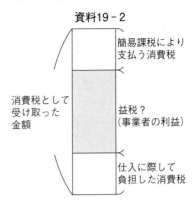

資料19−2

簡易課税制度は，消費税の税
額計算を簡易にするための法的
技術であって，事業者を優遇す
るための制度ではありません。
したがって，本来の税額計算と
著しく異なる結果が出て，それ
が事業者の利益になるような規
定の仕方は，そもそも誤ってい
るように思われます。こうした問題もあり，簡易課税の適用範囲は
徐々に縮小され，導入当初の基準期間の課税売上高が５億円以下か
ら1991（平成３）年に４億円以下，1997（平成９）年に２億円以下，
そして2004（平成16）年４月１日からは5,000万円以下の事業者に限
定されています。

　産業連関表などを用いた益税問題に関する推計によると，2005（平
成17）年時点での益税の発生額全体は，約5,000億円，そのうち簡易
課税による発生額が約1,000億円，免税点制度による発生額は約
4,000億円と見込まれていました。そして，消費税率が現在の10％の
場合には，約8,000億円の益税が発生するものと推計されています。
次章で述べるように，「適格請求書等保存方式」としてインボイス
方式を導入することによって，益税の抑制・解消の方針が示される
中で，これらの特例措置をどのようにしたらよいか。従来から益税
を生じさせる制度に対しては，廃止を求める声がありますが，その
場合中小事業者への負担配慮という難しい問題が残ります。

　後述のように，今回のインボイス（適格請求書等保存）方式の導

入により，多くの免税事業者がインボイス（適格請求書）が発行で
きる課税事業者になることが予想されます。それによって，一定程
度益税が解消され，年間2,480億円程度の税収増が見込まれていま
す。しかしその一方で，中小事業者の間には，消費税を完全に転嫁
できないことによる「損税」の発生の指摘もあります。したがって，
このような中小事業者への特例制度の廃止や見直しのためには，そ
うした問題を総合的に検討した上で，慎重に議論を進めていかなけ
ればなりません。

第20章　消費税は付加価値税？

【消費税法⑵──多段階付加価値税・仕入税額控除】

春香の質問　20

　消費課税は**資料20-1**のように分類されて，消費税は「付加価値税」とも呼ばれるけど，それはどういう意味かしら？また，日本の消費税も，2023（令和5）年10月1日からEUのように「適格請求書等保存方式」としてインボイス方式が導入されたけど，そもそも「インボイス」って何かわかる？

資料20-1　消費課税の諸類型

```
                                                      ┌─ 累積排除型 ── 付加価値税
                                           ┌─ 多段階 ─┤              ⇒消費税
                                           │          └─ 累積型 ──── 取引高税
                              ┌─ 一般消費税 ─┤
                              │            │          ┌─ 製造者売上税
                              │            └─ 単段階 ─┤─ 卸売売上税
             ┌─ 間接消費税 ──┤                        └─ 小売売上税
  消費課税 ──┤               │            ┌─ 多段階
             │               └─ 個別消費税 ─┤
             │                             └─ 単段階
             └─ 直接消費税
```

ゼミ　20−1

市木：消費課税って，こんなにいろいろな種類があるんですか？

春香：そうよ。このうち，間接消費税・直接消費税と一般消費税・個別消費税の区別は前章で紹介したわよね。

市木：消費税が個別消費税とどう違うかは大体理解したつもりだけど，次の多段階と単段階というのは？

春香：商品が消費者の手に渡るまで，製造⇒卸⇒小売等の各段階があるでしょ。このうち，１つの段階，たとえば小売業者だけを納税義務者にして課税するのを単段階課税方式というの。アメリカの州で導入されている小売売上税がその例よ。これに対して，製造・卸・小売等の流通過程の多段階で課税するのを多段階課税方式というのよ。日本の消費税は，納税義務者を特定の流通段階に限定せず，事業者全部にしているから多段階消費税ね。

市木：それはよく理解できるんだけど，次の取引高税と付加価値税という区分がよくわかんないな〜。

春香：多段階課税の場合，経済活動に対して税負担が影響を与えることがあるのよ。たとえば，売上額に10％の税率がかかる税金のケースを考えてみましょう。製造A→卸B→小売C の各事業者がそれぞれ1,000円儲けると仮定すると，いくらで消費者に渡る？

市木：まず製造業者のAさんが卸売業者のBさんに1,000円で売ると100円の税金がかかるから，Bさんは1,100円で仕入れて2,100円で売ることになりますね。

春香：小売業者のCさんはいくらで仕入れるの？

市木：Bさんが2,100円で売るときまた10％の税金210円がかかるか

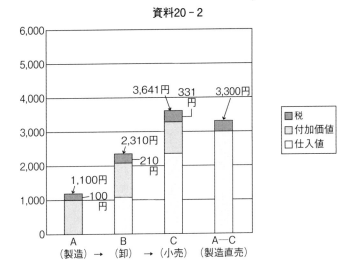

資料20-2

ら，2,310円になるのかな。

春香：そうね。

市木：う〜ん，だんだん複雑になってきたな，こりゃ？

仁木：**資料20-2**のようになりそうですね。Cさんは2,310円で仕入れて，儲け1,000円を上乗せして10%の税金331円がかかるから，3,641円で消費者に売ることになりますね。

市木：そうそう。そうなるな。小売価格はずいぶん高くなるな。

春香：そうよね。市木君がCの経営者だったらどうする？

市木：困っちゃいますよね。う〜ん。

仁木：同じ3,000円儲ける場合でも，各業者がバラバラに取り引きするのではなくて，製造直売で直接取引すれば，消費者には3,300円で売れますね（**資料20-2**参照）。

春香：正解！　だから，流通過程が複雑な業界の小売業者は，不利

になってしまうわ。なぜ，こうなってしまうかわかる？

仁木：Bさんが仕入れるときに負担した100円の税金が仕入値に含まれて1,100円になり，それにBさんの儲けの1,000円を加えた2,100円に10％の税金がかかってしまっていますね。100円の税金にまた10％の税金が課されている？

春香：そうなの。このような課税方式を多段階累積型の取引高税というんだけど，税に対する税が累積していってしまうの。この致命的な欠陥を避けるために，フランスで考案されたのが累積排除型の「付加価値税（ＶＡＴ）」なのよ（**資料20-1参照**）。

市木：付加価値税？

春香：売上に対する税額から仕入に際して負担した税額を控除する税のことなの。消費税は，「（売上×税率）－（仕入×税率）」で計算するのよ。ということは，（売上－仕入）×税率で，（売上－仕入）＝付加価値 に税率を乗じた分を納付する税だから付加価値税といわれるの。

市木：付加価値税だとさっきの問題が避けられるんですか？

春香：さっきと同じケースで考えてみましょう。Bさんが1,100円で仕入れるところまでは同じよ。でも，Bさんは1,000円の商品を100円の付加価値税を負担して引き取ったとして計算するの。そうして，1,000円の仕入値に1,000円の自分の儲けを足して2,000円でCさんに売ったとします。この時，Bさんが負担する税額は？

仁木：200円ですね。

春香：そう。でもBさんは仕入の時にすでに100円負担しているから，この100円を引いた差額の100円だけを税務署に納付すればよいの。そうすると，Cさんにいくらで売れる？

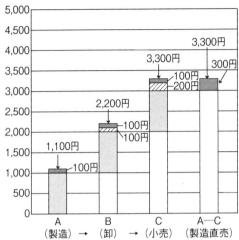

資料20-3

仁木：2,000円に自分が仕入れたときに負担した100円と，売るとき
　　　に負担する100円を加えた2,200円で売ることができます。

春香：そうね。この関係を図示すると資料20-3のようになるわ。
　　　Cさんも仕入値2,000円に儲け1,000円を足して3,000円で売り，
　　　300円の付加価値税を負担しますが，仕入れたときに負担し
　　　た200円を差し引き，100円を税務署に納付します。3,000円
　　　に仕入れのときに負担した200円と，売るときに負担する100
　　　円を加えて3,300円で消費者に販売することができますね。

市木：そうすると，あれ～？　消費者にさっきの製造直売と同じ
　　　3,300円で売れる！

仁木：だとすると，流通過程の製造A～小売Cを統合しても同じ税
　　　負担だから，わざわざ税金のために各段階の業者を統合する
　　　必要はない。そういう意味で，流通過程による影響を受ける

　　ことなく，経済活動に中立的なんですか？

春香：そういうこと。付加価値税がほかの多段階式の消費課税と比
　　べて優れているのは，この点なのよ。

解説　20‐1

☆付加価値税と仕入税額控除

　ゼミで検討したように，多段階式の消費課税には，仕入税額控除
制度を入れないと，「税に対する税」が累積する負担構造になり，
流通過程に大きな影響を与える欠陥があります。たとえば，かつて
多段階累積型の取引高税を採用していたドイツでは，流通過程の複
雑な業者から平等原則違反の憲法訴訟を提起され，それを回避する
ために，1953年にフランスで考案された付加価値税を1968年から導
入しました。現在では，EU諸国をはじめアジア，アフリカ諸国な
ど世界約170カ国以上で，付加価値税が採用されています。

　付加価値税が優れている点は，「前段階税額控除」，すなわち仕入
税額控除を通じて税の累積を排除できる点にあります。日本の消費
税も，EU諸国と同様に付加価値税として税負担の累積を防止する
ために，前段階の税額である仕入に係る税額の控除が認められてい
ます。消費税法30条1項は仕入税額控除について，「事業者（免税
事業者を除く。）が，国内において行う課税仕入れについては，課
税標準額に対する消費税額から，当該課税期間中に国内において行
った課税仕入れに係る消費税額につき課された又は課されるべき消
費税額の合計を控除する」と定めています。

　そこで，もし仕入税額控除が認められないと，どうなるか考えてみてください。**資料20-3**のCの場合では，仕入に際して200円負担し，さらに消費者に売ったことにより300円，合計500円負担することになります。これは事業者にとって相当重く，場合によっては過酷な負担を強いることになります。たとえば，6,000万円の機械を消費税600万円（合計6,600万円）負担して仕入れ，6,300万円と消費税分630万円（合計6,930万円）で販売できた事業者の場合，仕入税額控除ができれば負担する税額は30万円（630万円－600万円）となり，300万円の利益（6,930万円－6,600万円－30万円）が確保できます。ところが，仕入税額控除が認められないと，630万円の消費税を払わねばならなくなり，結局，儲けがマイナス300万円（6,930万円－6,600万円－630万円）と赤字になってしまいます。

ゼミ　20-2

春香：仕入税額控除は，どんな場合でも認められるのかしら？

仁木：消費税法30条7項は，仕入税額控除の要件として「帳簿及び請求書等」の保存義務を定めていますね。

春香：そうね。実は消費税の導入当初は，仕入税額控除の要件は「帳簿又は請求書等」の保存と緩やかに扱われていたんだけど，1994（平成6）年の改正により「帳簿及び請求書」の保存とされたの。

市木：どうして導入当初の要件は，緩やかだったんですか？

春香：やっぱり事業者の事務負担に配慮して，消費税導入への反発を和らげる意味だったと思うわ。

仁木：「帳簿及び請求書」の保存とされたことでどう変わったんですか？

春香：仕入税額控除の要件も，形式的かつ厳格に解されるようにな

ったの。業界慣行や取引先との関係で帳簿や請求書等に仮の名義を記載したり，税務調査のときに帳簿や請求書等を提示しなかった場合には，仕入税額控除が否認されているわ。

市木：ちょっと待ってください！　法律の条文ではあくまで「保存」と定めているだけで，「提示」とはいっていませんよね？

春香：そうなのよ。でも最高裁は，帳簿等の「不提示」の事案について，税務職員による帳簿等の検査に当たって「適時にこれを提示することが可能なように態勢を整えて帳簿等を保存していたということはできず」，（改正前の）法30条7項にいう「帳簿又は請求書等を保存しない場合」に当たる（最判平成16年12月16日民集58巻9号2458頁）という判決を下したのよ。

仁木：税務調査時に，ちゃんと帳簿等を税務職員の求めに応じて提示しないとダメということですか？　そこまで仕入税額控除の要件が厳しい理由はなんでしょうか？

春香：日本の消費税が，帳簿方式を採用していたからという主張があるわ。

市木：帳簿方式って？

春香：文字通り消費税の課税売上と課税仕入の計算を帳簿で行う方式のことよ。

仁木：EU諸国では，インボイス方式がとられているっていいますけど，違いはあるんですか？

市木：ちょっと待ってください。最近「インボイス」についてよく聞くけど，そもそもインボイス方式ってなんですか？

春香：インボイスとは，課税事業者登録番号や適用税率，税額等法定の記載事項が記入された計算書類のことよ。この方式では，取引ごとにインボイスが発行され，売上に係るインボイスの

税額を集計し，その合計額から仕入に係るインボイスの税額を集計して控除すれば納付税額が計算できるのよ。

市木：ということは，インボイス方式というのは，消費税の計算に帳簿を使わず，インボイスにより計算するということでしょうか？

春香：そうよ。インボイス方式は売り手と買い手の間に取引時に相互のチェック機能が働くので，税額計算がより正確になるといわれているわ。

仁木：日本でも，2023（令和5）年10月1日から「適格請求書等保存方式」としてインボイス方式が導入されましたが，何か問題はないんでしょうか？

春香：まず，適格請求書の発行や処理による事務負担の増大の問題があるわ。それに，適格請求書は課税事業者しか発行できないため，免税事業者からの仕入について仕入税額控除が認められなくなってしまうの。そうなると流通過程から免税事業者が排除されてしまうおそれがあるのよ。また，EU諸国でも問題になっているように，インボイスの偽造や還付詐欺などの不正が行われる可能性もあるわ。

市木：インボイス方式も，いいことばかりじゃないんですね。

春香：そうね。また，適格請求書等保存方式が導入されても，消費税法30条7項は「帳簿及び請求書等」と規定しているから帳簿の保存も必要になるわ。先生そうですよね。

解説　20-2

☆インボイス方式と帳簿方式

　EU諸国では，付加価値税（VAT）を計算する仕組みとしてイン
ボイス方式が採用されています。インボイスとは，課税事業者登録
番号や適用税率，税額など法定の記載事項が記入された計算書類の
ことです。この方式によれば，取引ごとにインボイスが発行され，
課税売上に係るインボイスに記載された税額と，課税仕入に係るイ
ンボイスに記載された税額を集計し，売上の合計額から仕入の合計
額を控除すれば納付税額が計算できます。

　それに対して，日本では，消費税導入時の事務処理の負担に対す
る事業者等の批判を抑える目的から，納税者の帳簿の記載で控除を
認める帳簿方式を採用しました。また，導入当初，消費税への反発
を和らげる意味もあり，仕入税額控除の要件は「帳簿又は請求書
等」の保存と緩やかに扱われてきました。しかし，1994（平成6）
年の改正（1997〔平成9〕年4月1日施行）により「帳簿及び請求
書」の保存とされ（消法30条7項），仕入税額控除の要件も形式的か
つ厳格に解されるようになりました（請求書等保存方式）。そのため，
所得税や法人税の計算では，仕入れた経費や損金があることを前提
に所得金額を計算するのに対し，消費税の場合には仕入税額はない
ものとして課税されるケースが増えてきています。たとえば，帳簿
や請求書等に記載された氏名や名称等が仮名である場合や，税務調
査における帳簿等の不提示の場合には，仕入税額控除が否認される

ことになります（帳簿等の不提示による仕入税額控除の否認について，前掲最判平成16年12月16日民集58巻９号2458頁，最判平成16年12月20日判時1889号42頁参照。同判決の多数意見と反対意見を比較検討してみてください）。

☆適格請求書等保存方式の導入

　2019（令和元）年10月１日の飲食料品等への軽減税率制度の導入（第21章参照）にともない，日本でも2023（令和５）年10月１日から「適格請求書等保存方式」として，インボイス方式が導入されました（**資料20‐4**参照）。この方式のもとでは，適格請求書及び帳簿の保存が仕入税額控除の要件となります。そして，課税仕入れに係る消費税額は適格請求書の記載事項を基礎として計算されます（消法30条１項）。ただし，ゼミでの指摘のように帳簿の保存が不要になったわけではないので注意が必要です（消法58条）。

　適格請求書とは，売り手が買い手に対し「正確な適用税率や消費税額等を伝えるための手段」であり，EU諸国のインボイスと同様に，①適格請求書発行事業者の氏名又は名称及び登録番号，②取引年月日，③取引内容（軽減税率の対象品目である旨），④税率ごとに区分して合計した対価の額（税抜き又は税込み）及び適用税率，⑤税率ごとに区分した消費税額等，⑥書類の交付を受ける事業者の氏名又は名称などが記載された請求書や納品書その他これらに類する書類をいいます（**資料20‐4**参照）。

　まず，売り手には適格請求書の交付と交付した適格請求書の写しの保存が義務づけられます（消法57条の４第１，６項）。ただし，書面の交付にかえて電磁的記録（電子（デジタル）インボイス）の提供や保存も可能です（消法57条の４第５，６項）。また，課税事業者登録制度を創設して事前に登録を行った課税事業者のみが適格請求書を発行できることとしました（消法57条の２），免税事業者等による

資料20-4　適格請求書の記載例

適格請求書

①	適格請求書発行事業者の氏名又は名称及び登録番号
②	取引年月日
③	取引内容（軽減税率の対象品目である旨）
④	税率ごとに区分して合計した対価の額（税抜き又は税込み）及び適用税率
⑤	税率ごとに区分した消費税額等※
⑥	書類の交付を受ける事業者の氏名又は名称

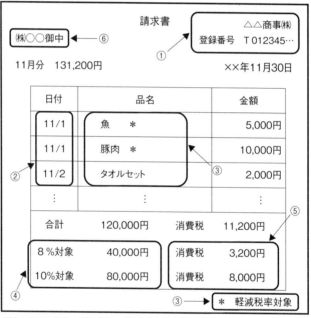

(注) 不特定多数の者に対して販売等を行う小売業や飲食業等は，適格請求書に代えて記載事項の簡易な「適格簡易請求書」を交付することができる。

※国税庁「適格請求書等保存方式の概要－インボイス制度の理解のために（令和5年7月」5頁の図を一部修正。

適格請求書と誤認させるような請求書や，偽りの記載をした適格請求書の交付は禁止され（消法57条の5），違反した場合には罰則（1年以下の懲役又は50万円以下の罰金）が科されることになります（消法65条4号）。なお，売上げに係る対価に返還等があった場合は，その旨を記載した適格返還請求書を交付しなければなりません（消法57条の4第3項）。さらに，適格請求書の記載事項に誤りがあった場合にも，交付した事業者は，修正した適格請求書を交付する義務があります（消法57条の4第4項）。

　次に，買い手に対しても，適格請求書の保存を仕入税額控除の要件とし，免税事業者からの仕入には原則仕入税額控除が認められなくなります。これによって，適格請求書を発行できない免税事業者が流通過程から排除されるおそれがあります。ただし，免税事業者は，免除を受けない選択をすることができ（消法9条4項），導入から6年間は一定割合の仕入税額控除（3年間は80％，その後3年間は50％）を可能とする特例が設けられています。

　納付税額は，売上税額と仕入税額それぞれ適格請求書ごとに記載のある消費税額に基づいて計算されます。具体的には，適格請求書に記載のある消費税額の「積上げ計算」（仕入税額については，帳簿上の積上げ計算も可能）と，適用税率ごとの取引総額に110分の10，108分の8を乗じて計算する「割戻し計算」のいずれかの方法によることができます（消令46条）。ただし，売上税額を「積上げ計算」する場合には，仕入税額も「積上げ計算」（端数処理による益税防止）によらなければなりません。

　このように日本の消費税も，インボイス方式が導入されました。インボイス方式は，事業者間の確認や牽制により，適正な執行と税の連鎖が確保できるとされています。しかし，そのモデルであるEU諸国においても，脱税スキームへの利用や還付詐欺など様々な

問題点が指摘されています。したがって，電子（デジタル）インボイスの普及をはじめ，事務負担の増大や不正の問題などへの対応に配慮しつつ，円滑に適格請求書等保存方式の導入を進める必要があります。また，免税事業者から，適格請求書の発行できる課税事業者になる中小事業者やフリーランスなどへの税負担の軽減も検討されなければなりません。

　なお，令和5年度税制改正において，当面の対応措置として，免税事業者が適格請求書を発行するため，新たに登録をして課税事業者になった場合，3年間納税額を売上税額の2割に軽減することや，課税売上高が1億円以下の中小事業者に対しては，1万円未満の課税仕入れについて，6年間適格請求書の保存がなくても帳簿のみで仕入税額控除を可能とするなど，税負担や事務負担の軽減が図られています。

第21章　消費税はシンプルな税制？

【消費税法(3)──非課税・ゼロ税率・逆進性対策】

春香の質問　21

> 消費税は「シンプルな税制」だといわれるけど，皆さんもそう思う？　それから，今後税率がさらに引き上げられていくことを考えると，食料品はいっそのこと「非課税」にすべきだと思わない？　また，消費税の逆進性対策として，飲食料品等について軽減税率が適用されているけど，本当にそれで問題は解決するのかしら？

ゼミ　21−1

市木：消費税は10％（国税7.8％，地方消費税2.2％）と 8 ％（国税6.24％，地方消費税1.76％）の 2 つの税率で所得税なんかと比べれば，非常に「シンプルな税制」じゃないんですか？

仁木：売上の10％と 8 ％から，仕入の10％と 8 ％をそれぞれ引いて合計すればいいんですからシンプルだと思うんですけど……。

春香：仁木さん。消費税の計算が「（売上×税率）−（仕入×税率）」と本当に規定されている？　消費税法28条は，消費税の課税標準を「課税資産の譲渡等の対価の額」と規定しているでしょう。この意味は，事業者が得る売上には課税対象になる取引もあれば，非課税取引もあるし，そもそも消費税が

　　　　問題にならない取引も含まれるので，このうち課税取引に関
　　　　わる売上だけに税率をかけるという意味なのよ。

仁木：ということは，売上の中身を課税取引かどうかいちいち区分
　　　　しなければならないのですか？

春香：そういうことね。現実の社会で行われている取引は，**資料
　　　　21‑1** のようにいろいろな種類があるのだけど，このうち課
　　　　税取引だけが消費税の対象になるからなのよ。

市木：「課税対象外取引」ってなんですか？

春香：たとえば，市木君が友達にテレビを安く売った場合等，事業
　　　　者以外の人が行った取引だから対象外よね（第19章参照）。そ
　　　　れから，保険金や寄附金や慶弔費等をもらっても，それは対
　　　　価関係にある取引とは違うでしょ。また，外国で行われる取
　　　　引は，日本の消費税の課税対象外取引ということになるわ。

仁木：それに非課税も区分しなければいけないんですね。

春香：そうなの，非課税取引は消費税法の「別表第１」に規定され
　　　　ているけど，具体的に非課税かどうか判断が難しい場合も少
　　　　なくないのよ。仕入の場合も同じことがいえるわ。消費税の
　　　　計算では，非課税売上に対応する仕入を含めて計算してはい
　　　　けないのよ（消法30条１項）。

市木：それじゃ，売上も仕入も，取引ごとに課税か非課税か区分し
　　　　ないといけないから結構大変だ。

春香：そうなの。おまけに，飲食料品等への軽減税率の適用の問題
　　　　も加わって，「シンプルな税制」だなんていう人は，消費税
　　　　の実務を知らない人じゃないかな～。

資料21-1　消費税の対象・対象外取引の類型

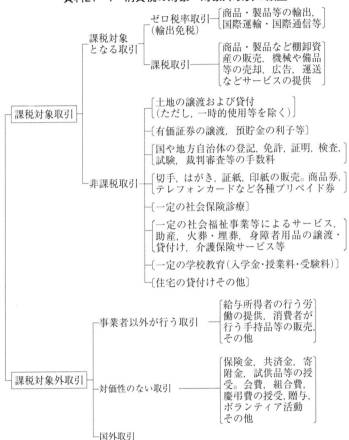

※北野弘久編『現代税法講義〔5訂版〕』（法律文化社, 2009年）263頁を一部加筆修正。

解説　21-1

☆消費税の非課税取引

　消費税は一般には「シンプルな税制」といわれていますが，実務的には非常に複雑な税制です。事業者が行った取引のうち，課税取引と非課税取引等とを区分しなければならず，個別の取引を具体的に判断することが難しい場合も少なくないからです。日本の消費税法は，導入当初，非課税をきわめて狭く限定していました。このような限定の理由としては，日本の消費税が帳簿方式（第20章参照）を採用したことにより，非課税取引が多いと帳簿上の区分や整理が大変になることなどがあげられていたのです。

　現行の非課税項目の性格は必ずしも同一ではなく，通常，次のように2つのグループに大別されています。

　まず1つ目のグループは，消費税の性格上課税対象にならないと解されるものです。この点に関し，消費税導入時の「税制改革についての中間答申」（1988〔昭和63〕年4月）は，「土地や有価証券等の譲渡，貸付金の受取利子，保険料収入等は，消費税としてのこの税の性格上本来課税対象とすることになじみにくいものであり，課税対象から除外することが適当である。これらはいわば『不課税』ともいうべき性格をもつものであって，他の非課税取引とは質的に異なる範ちゅうに属するものである」と述べていますが，これらがその性格上どうして消費税になじまないものなのか必ずしも明確ではありません。土地は減価しないので消費税にふさわしくないとも

いわれます。しかし，消費税は消費行為の背後にある所得や資産に担税力を見いだして課税しているものだと考えれば，高額な土地を購入できる人は，消費税を負担する能力があるといえるはずです。

　非課税のもう1つのグループは，社会政策的な配慮に基づくものです。たとえば，一定の社会保険診療や介護保険サービス，社会福祉事業等などです。ただし，社会政策的配慮を重視すると，非課税項目が限りなく拡大するので，必要最小限にとどめているといってよいでしょう。

　消費税は導入当初，非課税取引を非常に限定していました。そのため家賃が課税対象になる一方で，持ち家の場合には課税されないなど不公平感に基づく批判が多く，その後の改正で，住宅の貸付等も非課税取引に加えられ，現行の別表第1の13類型の非課税取引が規定されるに至っています。

ゼミ　21－2

市木：なぜ，食料品を非課税にしないんですかね？　今後もっと消費税率を引き上げるなら，絶対食料品を非課税にすべきですよ。

春香：食料品非課税ね～。市木君，その場合，「食料品」って何？

市木：「食料品」は，食料品に決まっているじゃないですか。

春香：たとえば，お酒はどうかしら？

市木：食料品でいいんじゃないですか。

仁木：そうすると，高級ワインやウィスキーも非課税？

春香：そうよね。おかしいわよね。そこで酒類は，嗜好品として各国の消費税の「食料品」の範囲から除外されているの（後述のとおり日本も同様）。アイスクリームのような菓子類はどうかしら？

市木：問題なく「食料品」だと思いますが？

春香：ところが，イギリスでは，アイスクリームや菓子類はビスケット（チョコレート等がコーティングされたものを除く）とケーキ以外は，「食料品」の除外品目になっているわ（**資料21-2参照**）。

仁木：飲食料品等への軽減税率の導入で日本でも問題となったように，外食となるイートイン（店内飲食）とテイクアウト（持ち帰り）の区分などもわかりにくいですね。

春香：ね〜，大変でしょ。「食料品」を非課税にするといっても，食料品の範囲自体が問題なのよ。それに，消費税が「非課税」になるって，そもそも消費税を負担しないですむことだと思っているの？

市木：「非課税」になれば，消費税は課税されないんだから，消費者も消費税を負担しないのは当たり前じゃないですか？

春香：消費税は，前章で紹介したように，付加価値税よね。付加価値税として機能するためには，仕入に際して負担した消費税額が控除されなければだめよね。この仕入税額控除が認められるのは，課税売上の場合だけなのよ。つまり，非課税売上の場合は，仕入にかかった税額を控除することもできないのよ。

市木：売上に税額がかからないんだったら，仕入の分を引かなくても問題がないんじゃないですか？

春香：そうかしら。たとえば，市木君が食料品を作って販売したとしましょう。市木君の売上に消費税はかかりません。

市木：いいですね〜。そうこなくっちゃ。

春香：でも，市木君は食料品を作って売るために，食料品以外の材料を1,000円で仕入れて100円の消費税を負担しています。消

266

費税の納税義務がないので，この仕入にかかった税額も控除できませんね。この食料品を売るときに500円の利益を確保しようとすると，この分を価格に上乗せしないと，従来と同じ利益を得ることはできませんね。

仁木：そうすると，1,600円になりますね。食料品を非課税にしても，価格の中には消費税が含まれてしまうんですか。

市木：あれ〜？　非課税だと，仕入れの消費税分が価格に上乗せされるんだ。

春香：そうね。先生，どうしてなんですか？

解説　21−2

☆食料品の「非課税」

　食料品の小売段階での「非課税」については，消費税の導入当初から導入を求める声が強くありましたが，実現しませんでした。その理由は「小売」の定義と「食料品」の範囲をどのように確定するかについて，ゼミでも議論されているように，多くの難問をかかえているからです。

　また，この問題が解消され，食料品が「非課税」になったとしても，食料品価格の中に消費税が含まれないわけではありません。それは，前述のように，非課税売上には仕入税額控除が認められないからです。なぜ，非課税の場合に仕入税額控除を認めないのでしょうか。非課税にも仕入税額控除を認めると，非課税の有利さが増し，業界団体や政治家からの非課税への圧力が高まるので，それを避け

るために非課税に仕入税額控除を認めないなどの説があります。理論的には，仕入税額控除の権利は納税義務の存在と一体的であり，納税義務があってはじめて行使できる制度として一応理解されています。

したがって，場合によっては，非課税よりも軽減税率により課税された方が，かえって消費者の負担が少なくなることもあるのです。ゼミでの説明のとおり，非課税の食料品を作って売る場合，食料品以外の材料等1,000円の仕入に際して100円の消費税を負担し，500円の利益を得るには，1,600円で売らないといけません。それでは，5％の軽減税率が適用されるとどうなるでしょう。この場合は1,500円の5％の75円の納税義務が生じるのですが，仕入のときに負担した100円が控除できるので，1,575円で販売でき，消費税の負担もかえって減るということになるのです。

このように，消費税における「非課税」は，通常考えられる非課税とは異なり，仕入税額控除が適用されないために，実質的に消費税分が価格に上乗せされてしまう制度であることに留意してください。

なお，食料品に対する課税上の取扱いは，ドイツやフランスのように軽減税率を適用する国とイギリスやカナダのように，次に述べる「ゼロ税率」を適用する国とがありますが，食料品の品目や範囲，外食サービスとの区分などの取扱いは国によってかなり異なっています（**資料21-2**参照）。

ゼミ　21-3

市木：あれ，**資料21-2**だとイギリスは「ゼロ税率」ってなっているけど，これってどういう意味ですか？

春香：「ゼロ税率」は非課税と異なり，売上に税金がかからない上

資料21－2　食料品に対する付加価値税の課税関係

	フランス	ドイツ	イギリス
	標準税率　20%	標準税率　19%	標準税率　20%
法律の規定と税率	水, 非アルコール飲料, および人間の消費を対象とした商品については, 税率5.5%が課される。ただし, 以下の品目（標準税率）を除く。 (a)砂糖菓子製品 (b)チョコレート, チョコレートまたはカカオを含む複合原材料食料品（ただし, 自家製のミルクチョコレート, チョコレートボンボン, カカオ豆等には軽減税率を適用） (c)マーガリンおよび植物油脂 (d)キャビア　　　［租税一般法典］ 以下に対し, 税率10%の付加価値税が課される。 m. 即時に消費するための飲食物の販売 ［通達・指針］「その場で即時に消費するのに十分なサービスを伴うものをいい, レストラン, スポーツ施設, ショッピングセンター, 映画館, キャバレー等での提供が含まれる(n.に該当するものを除く)」 n. 即時に消費するためのテイクアウトまたはデリバリー用の飲食物の販売 ［通達・指針］「・消費者による保存を想定しないもの, 即ち, 非常に迅速に消費しなければ味が変化するまたは悪くなるものをいい, たとえば, ケバブ, キッシュ, ピザ, スシ, ハンバーガー, クレープ等の提供や, カップ・グラスなどの保存できない容器に入った飲料の提供が含まれる。 ・たいして, 保存のために包装されまたは容器に入れられているものは, 食料品の提供として5.5%の税率（サンドイッチ等を除く）。 ・ケーキ, パン, ヨーグルト（スプーン付を含む）, 果実, 冷凍食品等の提供は, 常に5.5%の税率。 ・自販機での提供は常に10%の税率」	附表Ⅱに掲げる目的物の提供, 輸入, および域内輸入については, 税率を7％に軽減する。 ［附表Ⅱ］(軽減税率)(抄) | 商品名	関税定率表項目
肉・食用可能な畜殺副産物	2類
魚および甲殻類, 軟体動物およびその他の無脊椎水生動物（観賞魚, イセエビ, ロブスター, 牡蠣, カタツムリを除く）	3類
球根, 塊根, および根茎	0601	 ［付加価値税法］ (注)外食に係る特段の規定はないが, レストランでの飲食など, 食料品の譲渡が「サービスの提供」とみなされる場合には, 標準税率が適用される。	人間の消費のために使用される食料品等の提供であって, ①ケータリングによる提供, ②除外品目の提供, 以外のものには, ゼロ税率を適用する。 ［除外品目］(標準税率) 1. アイスクリーム, フローズンヨーグルト等 2. 菓子（ビスケット（チョコレート等でコーティングされているもの）およびケーキを除く） … ［脚注］ 3. 「ケータリング」には, 販売店舗で消費するための提供と, 販売店舗外で消費するための温かい食品の提供が含まれる。 3 b. 「温かい食料品」とは, 顧客に提供される時点で温かく, かつ, 以下のいずれかに当たるものをいう。 (a) 温かい状態で消費するために温められたもの (b) 注文に応じて温められたもの … 3 c. 「温かい」ものとは, 周囲の外気温より高い温度であるものをいう。 … ［1994年付加価値税法・別表8］

↓「即時に消費するためのもの」,「速やかに消費しなければ味が変化するもの」等に, 他の飲食料品よりも高い税率を適用

↓「物の提供」に当たらず「サービスの提供」に当たるもの（外食）に, 標準税率を適用

↓「店舗で消費するもの」,「温かく消費するために温められたもの」を「ケータリング」として, 標準税率を適用

に，仕入税額控除も可能な制度なの。君たちが，食料品非課
税で想定していたように，消費税が食料品価格に全く含まれ
ないようにするには，この方法があるのよ。

仁木：具体的にどう違うんですか？

春香：非課税は売上に納税義務がないから，仕入に際して負担した
消費税も控除できない制度だったわね。それに対して，ゼロ
税率は売上に０％の税率がかけられるの。だから，形のうえ
では税率０％の納税義務を負っていることになり，仕入税額
控除も認められることになるの。さっきの例に当てはめると，
1,000円の仕入に際して100円を負担して，1,500円の売上を上
げた場合，この売上には０％の税率がかけられるから納税義
務は０円。そこから仕入の際に負担した100円を控除すると
マイナス100円になるわね。

市木：マイナスということは……？

春香：税務署から還付してもらえるってこと。

市木：すっごい！　税金がかからないんじゃなくて，税務署から還
付されるんだ。ゼロ税率だったら儲かるな。

春香：儲かる？　自分が仕入の時に負担したのを返してもらえるだ
けだから，基本的には儲けなんかないわよ。

市木：あっ，そういうことか。でも，こんな方法があるんだったら，
食料品をゼロ税率にすればいいじゃないですか？

春香：そうよね。でも，政府はこのようなゼロ税率を採用すると，
食料品の小売業者にそれ以前の消費税をすべて還付しなけれ
ばならなくなるので，税収の減少が大きくなりすぎるって反
対しているわ。

仁木：それじゃ，日本の消費税にはゼロ税率はないんですか？

春香：それがあるんだな。たった１つだけ。

仁木：えっ，でも消費税法の条文を見てもゼロ税率なんてありませんよ。

春香：消費税法7条を読んでみて。

仁木：「事業者が国内において行う課税資産の譲渡等のうち，次に掲げるものに該当するものについては，消費税を免除する」って規定されています。

春香：その次に掲げられている行為は，輸出関係の取引でしょ。この7条の「消費税を免除する」というのは，今まで述べたゼロ税率を適用して，輸出業者が国内で負担した消費税を還付しますよ，という意味なの。

市木：え～，輸出業者だけ？　それって不公平じゃないですか？

春香：そんな気もするけど，輸出する商品は外国でその国の消費税が課税されるでしょ。そうすると，国際的競争中立性の観点から，日本で輸出するまでにかかった消費税を清算しないといけないわけ。輸出業者の多くは大企業で，こういう大企業には税金が還付されるけど，中小事業者は前章でみたように仕入税額控除が否認され，仕入と売上の両方で消費税を負担させられはじめていることを考えると，私もなんかすっきりしないわ。先生はどう思われますか？

解説　21-3

☆「ゼロ税率」と輸出免税

　食料品価格に消費税を含まない方法としては，非課税ではなく，

ゼロ税率方式があります。イギリスで食料品に「ゼロ税率」が採用されているのは，付加価値税導入当時の議会で野党から「食料品については永久に課税しない」ことの誓約を求められ，逆進性緩和（第4章参照）のために，「ゼロ税率」を適用したといわれています。日本でも，消費税の税率引き上げの議論に際して，食料品への「ゼロ税率」の導入が話題になったこともありますが，政府は還付の事務負担や税収の減少を理由に否定的な立場をとっています。

　他方で，日本の消費税でも「ゼロ税率」が適用されている取引があります。それは，輸出取引です。つまり，物品の譲渡や一定のサービスの提供が国内取引にあたる場合であっても，その物品が輸出され，あるいはそのサービスの提供が国外で行われる場合には，それに対する消費税は免除されるのです（消法7条）。これを，輸出免税あるいは「ゼロ税率」といい，この場合は，物品・サービスを課税の対象から除外するだけではなく，その仕入に含まれていた税額を控除・還付し，結果として国内の消費税負担がゼロになります。

　輸出される物品や国外で提供されるサービスに対する消費税の課税方法等については，2つの考え方があります。1つは，「原産地（源泉地）主義」と呼ばれ，原産地国（輸出国）に課税権があるとする考え方であり，もう1つは，「仕向地主義」と呼ばれ，仕向地国（輸入国）に課税権があるとする考え方です。

　前者だと，消費税率の低い国の商品が相対的に有利になり，消費税率の高い国の商品は輸出しにくくなります。これに対し，後者の「仕向地主義」の下では，輸出品は，原産地国の消費税を免除され，仕向地国の消費税を課されますから，税率の低い国からの輸入品も，高い国からの輸入品も同率の消費税負担に服することになり，税制の国際的競争中立性が確保される，と一般に解されています。そのために，輸出については「ゼロ税率」の適用が必要だと考えられて

いるわけです。輸出免税の対象とされている取引は，商品や貨物等の輸出や国際輸送，国際電話，国際郵便等ですが，具体的には消費税法7条等を参照してください。

　一方，輸出取引とは反対に輸入取引（保税地域から引き取られる外国貨物）は，税関で消費税が徴収されています（消法4条）。この場合，事業者のほか消費者の個人輸入も対象となります。また，2015（平成27）年10月1日から，国内外の事業者間で競争条件を同一にするため，国外事業者が国境を越えて行う電子書籍・音楽・広告の配信等の電子商取引（国境を越えた電気通信利用役務の提供）に対しても，消費税が課税されています。具体的には，事業者向け（B to B）取引の場合は，役務提供を受けた国内事業者が国外事業者に代わって申告・納税を行う，いわゆる「リバース・チャージ方式」，消費者向け（B to C）取引の場合は，国外事業者が国税庁長官の登録を受けて申告・納税を行う「登録国外事業者制度」が導入されました。なお，令和6年度税制改正において，国内向けにデジタルサービスを提供する国外のプラットフォーム事業者に消費税を課す制度が導入されます。

　消費税の輸出免税は，理論的には，仕向地主義から導かれる制度ですが，輸出取引を行う企業の多くは大企業であり，大企業は下請け業者に消費税を負担させて安い価格で仕入れて，そこからさらに消費税分を還付されており，不公平な優遇措置だとの批判もあることにも留意しておいてください。

☆飲食料品等への軽減税率制度の導入

　2019（令和元）年10月1日に消費税率が10％に引き上げられ，低所得者への逆進性対策として，飲食料品等への軽減税率制度が導入されました。具体的には，「飲食料品（食品表示法に規定する「食品」）」と週2回以上発行される新聞の購読料を対象に，8％の軽減

資料21-3　軽減税率の対象となる飲食料品の範囲

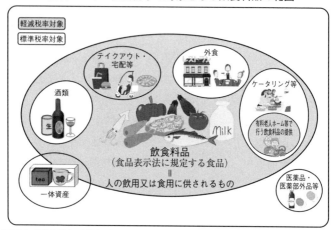

※国税庁「消費税軽減税率制度の手引き（令和3年8月版）」7頁を一部修正。

税率が適用されています。当初は財源問題から軽減税率の適用対象を生鮮食品に限定する主張が有力でしたが，安定的な恒久財源の確保に必要な措置を講ずることなどを条件に，加工食品も含む「飲食料品」を適用対象とすることになりました。ただし，酒税法に規定する酒類と外食サービス等は除かれます（**資料21-3**参照）。

　飲食料品から除外される「外食」については，飲食店営業等を営む事業者がテーブルや椅子，カウンターなど一定の「飲食設備」を設置した場所で行う「食事の提供その他これに類するもの」と定義されました。たとえば，レストランやフードコートなどでの店内飲食やケータリング，出張料理などは「外食」に当たり10％の標準税率が適用されます。それに対し，ファストフード店でのテイクアウトや出前，宅配，お土産は「外食」に当たらず8％の軽減税率が適用されます。イートインコーナーのあるコンビニエンスストア等で

の飲食料品の提供は，店内飲食か持ち帰りか顧客の意思確認などにより判定します。それによって適用される税率も異なることになりますが，混乱を避けるため店側の判断で同一の税込価格としている場合も少なくないようです。なお，飲食料品とそれ以外が一体となっている「一体商品」については，その対価の額が1万円以下であり，食品に係る部分の価額の割合が3分の2以上のものに限り，全体を飲食料品として軽減税率の対象とされます（詳細は国税庁「消費税軽減税率制度の手引き（令和3年8月版）」国税庁HP《https://www.nta.go.jp/taxes/shiraberu/zeimokubetsu/shohi/keigenzeiritsu/01-1.htm》参照）。

　これまで述べてきたように，消費税は決して「シンプルな税制」ではなく，現状でも実は大変複雑で様々な制度上の問題点があります。飲食料品等への軽減税率が導入され，インボイス方式としての適格請求書等保存方式に移行したことにより，さらに複雑になったといえます。そのほかにも，税率引き上げの景気への悪影響や深刻な滞納問題などもあります。そして，消費税率が10%に引き上げられたことから，消費税の税収は20兆円の大台を超え，所得税を上回り第一の基幹税となっています。また，消費税の使途は立法により社会保障の財源とする方針が示されていますが，軽減税率を導入しても消費税の致命的な欠陥である逆進性を解消することは困難といえます。給付つき税額控除（第12章参照）のように，最低生活水準を維持するのに必要な消費について，負担した消費税額を所得税より控除または給付するような新たな仕組みの導入も検討されなければなりません。今後，超高齢社会を支える第一の基幹税として，消費税のあるべき姿を中長期的な視点から改めて議論する必要があるように思います。

第22章　ビールと発泡酒や「第三のビール」はどう違うの？

【酒税法】

春香の質問　22

　皆さん，「第三のビール」や「新ジャンル」というビールみたいなお酒が出ているけど，これってビールとは違うのかしら？　発泡酒もビールとは違うのかな？　そもそも，ビールってどういうお酒なのかしら？　発泡酒や新ジャンルのような味や見た目がビールに似たお酒が出てきたのも，実は税法と関係があるんだけど，知ってる？

ゼミ　22-1

市木：春香先輩，今日はおかしいですよ。なんですか，急にビールの質問なんかしちゃって。税法の話じゃないんですか？

春香：市木君もビールは飲むでしょ？　アルコール飲料としてのビールの造り方を消費者のために規制している「酒造法」とか「ビール法」といった法律が日本にある？

市木：そんなこと考えたことなかったので……。え〜，六法は……。

春香：無駄よ。だって，日本にはそういう法律ないんだもの。

仁木：それじゃ，お酒の造り方には何にも規制がないんですか？

春香：酒税法はあるんだけど，これは税金を取るためにお酒の種類を区分することが中心になっているの。だから，消費者の立場からすると，ずいぶんと問題があるのよ。昔は，ウイスキー

　　　　が一滴でも入っていれば，ウイスキーに分類されたりしてい
　　　　たの。

市木：そうなんだ。お酒の話にも税法が関係あるんですね。

春香：ビールと発泡酒の違いも，酒税法に何か書いてないかしら。
　　　　ビールの定義は書いてあるわよね。

市木：どれどれ，「麦芽，ホップ及び水を原料として発酵させたも
　　　　の」（酒法3条12号イ）となっています。

春香：それは，ドイツのビールのような麦芽100％のビールのこと。
　　　　日本では，それ以外のものもビールとされているでしょう？

市木：もう1つの方か。「麦芽，ホップ，水及び麦その他の政令で
　　　　定める物品を原料として発酵させたもの」（同号ロ）と規定
　　　　されていますね。

春香：ビールの定義は，2018（平成30）年4月の改正までは，今読
　　　　んだ条文の後にかっこ書きで，麦芽以外の原料を使う場合は
　　　　その原料が麦芽の半分まで，という限定を付けていたの。そ
　　　　こで，麦芽を100，その他の原料を51使ったら，このお酒は
　　　　どうなる？

市木：酒税法ではビールではなくなるんですね！

春香：そう。「麦芽又は麦を原料の一部とした酒類で発泡性を有す
　　　　るもの」として発泡酒に分類されるわ（同条18号）。

仁木：なぜ，そんなお酒が売りに出されたんですか？

春香：税金対策のためよ。発泡酒にするとビールに比べて税金が3
　　　　分の1も安くなったの。だから，発泡酒が売れ出してビール
　　　　の売れ行きが落ちると，財務省があわてて発泡酒の税率を引
　　　　き上げたの。

市木：え～っ，引き上げちゃったんですか？

春香：1996（平成8）年の秋から，原材料のうち麦芽の割合が50％

以上の発泡酒の税率をビールと同じにしたの。

仁木：ということは，発泡酒として税金を安くするにはもっと工夫しなければならないんですね。

春香：そう。発泡酒の主要な銘柄は，麦芽の割合を25％未満にしているはずよ。それも酒税を安くするためね。でも，2003（平成15）年にはまた発泡酒の税率が引き上げられたの。

市木：それじゃ，「第三のビール」とか「新ジャンル」なんてのも，酒税を安くするために出てきたんですか？

春香：勘がいいわね。「第三のビール」といわれるものには，大豆やとうもろこしのような麦芽以外の穀類を原料にしたものと，発泡酒に別のお酒を混ぜて造るものとがあるけど，それぞれ「その他の醸造酒」（酒法3条19号）と「リキュール」（同条21号）にあたるから，どちらも税率はビールや発泡酒に比べて低いの（酒法23条）。でも，2006（平成18）年に，これらのお酒の税率も引き上げられたわ。

仁木：売れたら税率を引き上げて，そうしたら今度は税率の低いお酒を造る，なんだかイタチごっこですね。何かおかしいと思うんですけど。

春香：そうね，何かが根本的に間違っているのよ。

市木：あの，さっきビールの定義が2018（平成30）年4月に変わったという話でしたけど，どう変わったんですか？

春香：原料のうち麦芽比率が50％以上であればビールとされ，副材料の範囲に果実や一定の香味料ハーブ等が追加されたの。小規模な醸造所のクラフトビールや輸入ビールの中に，麦芽比率が全体の約67％（3分の2）に少し足りなかったり，香味料のような規定外の原材料を使用するものがあって，こういうのはこれまでは発泡酒に分類されていたんだけど，でも税

率だと麦芽比率50％以上だからビールと同じで，販売業者から「イメージは低下するのに税負担が大きい」という不満が出ていたんですって。それで，ビールに分類できるようにしたみたい。でも，こういう解決法でいいのかなあ？

解説　22-1

☆酒税法と酒の分類

　わが国には酒造法のような法律はなく，酒税法で酒類の原料や製法などが規定されています。ただし，酒税法はあくまでも酒税をかけるための法律で，課税のために酒類を分類しているにすぎません。ゼミで紹介されていたウイスキーも，かつてはウイスキー（原酒）を一滴も含まなくてもウイスキーに類似するものであればウイスキーと認められたり（1968〔昭和43〕年までの酒税法），一滴でも含めばウイスキーと認められたりしていました（1988〔昭和63〕年までの酒税法）。現在の酒税法では，「原酒」つまりウイスキーの混和率が10％以上でなければウイスキーには分類されないので（10％未満だとスピリッツに分類されます），以前の分類に比べればまだましかもしれませんが，本来のウイスキーである原酒を10％しか含んでいない酒でもウイスキーだというのです。しかも，「このウイスキーに含まれる原酒は10％」というような原材料とその割合の表示も，結局，酒税法では義務づけられていません。多くの消費者は，たった10％しか原酒が含まれていないお酒をウイスキーだと思わされているわけです。このように酒税法には，消費者の権利保護という視

点がないのです。

　さて，わが国の酒税は，アルコール度数に応じて一律に課税する方式（アルコール度数課税）や価格に応じて課税する方式（従価税）ではなく，酒の種類に応じて税率を異にする分類差等課税制度を採用しています。2006（平成18）年の酒税法の改正で分類が大きく4種類に再編されましたが，その中で細かい分類が残っています。この改正後の税率は**資料22‐1**のようになっています。

　この分類基準では，原料のちょっとした配分割合の変化で，酒の分類が変わり，税率も異なってきます。そのため，良質の酒類を開発するよりも，酒税法を利用して低い税率の酒を造った方が売れることになり，酒税負担の回避を誘引し，おかしな酒類を造り出すことになります。発泡酒はその代表例ですが，これには後述のように，企業に同情すべき点もあるのです。最近では，一度は「第三のビール」として発売された商品が，国税当局の指摘を受けて販売を中止し，あらためて発泡酒として発売するという騒動がありました。その後，製造会社が自主納付した税額の返還を求めて提訴しましたが，これも酒税法が採用している税率の仕組みから生じた問題だといえます。

　では，なぜ酒税法は，酒類をこのように分類しているのでしょう？　これを次のゼミで考えてみましょう。

ゼミ　22‐2

市木：酒税法が不合理な分類基準で税率を変えるから，発泡酒問題が生じることがわかりましたけど，それだったら，発泡酒や第三のビールの税率をどんどん上げて，ビールを造った方が安く売れるようにすればいいじゃないですか。

春香：そうかな〜。350mℓの缶ビール1缶だと，酒税はいくらかか

資料22-1　酒税率一覧表 (2023 (令和5) 年10月1日〜2026 (令和8) 年9月30日)

酒類の分類		アルコール分等	1kl当たり税率
○発泡性酒類			
	ビ　ー　ル	発泡性の有無を問わない	181,000円
	発　泡　酒	次の3つに該当するものを除く	181,000円
		麦芽比率25%以上50%未満 (アルコール分10度未満)	155,000円
		麦芽比率25%未満 (アルコール分10度未満)	134,250円
		いわゆる「新ジャンル」(アルコール分10度未満) (※)	134,250円
	その他の発泡性酒類	ビール、発泡酒以外でアルコール分10度未満であって発泡性を有するもの	80,000円
○醸造酒類 (その他の発泡性酒類に該当するものを除く)			
	清　　　　　酒		100,000円
	果　　実　　酒		100,000円
	その他の醸造酒		100,000円
○蒸留酒類 (その他の発泡性酒類に該当するものを除く)			
	連続式蒸留焼酎	21度以上	200,000円に20度を超える1度ごとに10,000円加算
	単式蒸留焼酎		
	原料用アルコール	21度未満	200,000円
	ウイスキー	37度以上	370,000円に37度を超える1度ごとに10,000円加算
	ブランデー		
	スピリッツ	37度未満	370,000円
○混成酒類 (その他の発泡性酒類に該当するものを除く)			
	合成清酒		100,000円
	みりん		20,000円
	甘味果実酒	13度以上	120,000円に12度を超える1度ごとに10,000円加算
	リキュール	13度未満	120,000円
	粉末酒		390,000円
	雑酒	みりん類似	20,000円
		21度以上	200,000円に20度を超える1度ごとに10,000円加算
		21度未満	200,000円

※国税庁HP (https://www.nta.go.jp/taxes/sake/qa/01/03.pdf) より。

っているのかしら？

市木：え～っと，１kℓあたりの酒税が約18万円だから……，350mℓ
　　だと約65円ですね。

春香：缶ビール１缶っていくらぐらいする？

市木：安売りへの規制と消費税が上がったせいで高くなったんです
　　よね，コンビニだとたしか220円くらいだったような……，
　　えっ？　それじゃ約３分の１近くは酒税なんだ！

春香：小売価格に占める比率で見ると，お酒の中でも一番高い税率
　　になっているの。**資料22−2**と**資料22−3**を見て。この２つ
　　の図はどちらも，現在予定されているとおりにビールの酒税
　　が引き下げられた後の数値で比べているんだけど，それでも
　　外国と比べて金額が高いでしょ。今の税率だと**資料22−3**の
　　酒税負担額は70円だからね。それに外国だとウイスキーのよ
　　うな蒸留酒に対する酒税の方が高いのに，日本だけビールの
　　方が異常なくらい高いの。

仁木：なぜ，ビールの税率が高いんですか？

春香：その問題は，なぜ税率について分類差等課税制度が採用され
　　ているかという，日本の酒税制度の根幹にかかわるわ。ヒン
　　トをいうと，酒税は間接税で，間接税には必然的にある欠陥
　　がつきまとうわよね。

仁木：負担が逆進的になることですか？

春香：そこよ，ポイントは。間接税はどうしても低所得者の負担が
　　相対的に重くなるわ。仮に，アルコール度数課税で一律に課
　　税したら，庶民の税負担が相対的に重くなってしまうでしょ
　　う。それを避けるためには，どうすればいい？

市木：庶民の酒を安くする？

春香：正解！　負担の逆進性を緩和するために，日本の酒税は庶民の

資料22-2　主要国のアルコール分１度当たりの酒税額指数

（日本は2026年10月以降の数値）

（2023年１月現在・蒸留酒＝100とした場合）

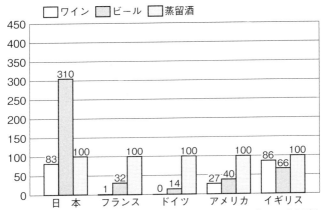

※ビール酒造組合・発泡酒の税制を考える会「ビール・発泡酒・新ジャンル商品の酒税に関する要望書（2023年８月）」(https://www.brewers.or.jp/contents/pdf/23beer.pdf) ６頁を一部加筆修正。アメリカはニューヨーク市のデータ。

資料22-3　350ml缶あたりに占める酒税負担額

（日本は2026年10月以降の数値）

（2023年１月現在・各国は350ml缶あたりに換算した酒税額）

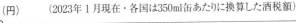
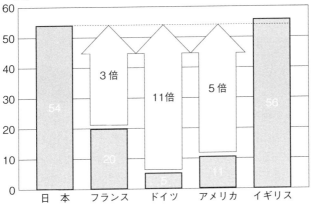

※前掲資料22-2の６頁を一部加筆修正。アメリカはニューヨーク市のデータ。

　　酒を安くし，高級酒を高くしてきたの。だから，イギリスか
　　ら批判を受けるまでは焼酎の税率をうんと安くしてきたのよ。

仁木：だったら，ビールみたいな大衆酒で，アルコール度数も高く
　　ないお酒の税率を高くするなんておかしいですよ。

市木：そうですよ，大衆酒は安くしなくちゃ。

春香：そこなのよね，問題は。ビールの税率が高いのは，ビールは
　　もともと「舶来の高級酒」だったからなのよ。

市木：え～，ビールが高級酒？？

春香：昔はね。今は違うでしょ。でも，酒税の税収の中でビールの
　　占める割合は高いの。国税庁の「酒税課税額の推移」を見る
　　と，1996（平成8）年度には75％くらい，2019（令和元）年
　　度には約40％まで下がってはいるけれど，それでも酒税の中
　　ではトップの税収を占めているわ。それに消費者は，市木君
　　みたいに酒税が高いなんて知らずに，文句も言わずに買って
　　くれるから，税率を下げようという話にならないのよ。本当
　　にすべきことは，ビールの税率の引下げですよね！　先生。

解説　22－2

☆ビールの税率問題

　いや～うまい！　このビールの値段の約3分の1近くが酒税だなん
んて，考えただけで腹が立ってきますね。酒税制度が分類差等課税
制度を採用している最大の理由は，間接税に伴う逆進性緩和のため
です。この制度によれば，高級酒の税負担は重く，大衆酒の税負担

は軽くなり，低所得者の負担増が避けられるはずです。ところが，今日もっとも大衆的で，アルコール度も高くないビールの税率が異常に高くなってしまっているのです。

　わが国のビールの税率が，このように高いのはもっぱらビールを「舶来の高級酒」としてきた過去の名残です。昭和30年代の財務省関係者の解説（たとえば，三好寛『酒の税率』〔醸界タイムス社，1956年〕70頁以下）によると，ビールの高税率はビールが家庭以外の料理店やカフェ等の料飲店で飲まれること，したがって，ビール愛飲者層は経済的に裕福な層であることが述べられています。これは明らかにビールが高級品であることを前提にした議論でした。しかし，ビールは，冷蔵庫の普及に伴い各家庭で広く愛飲されるようになり，今日ではまぎれもなく大衆酒なのです。ビールのこうした状況の変化を全く無視し，また高い酒税負担が消費者に自覚されないという間接税の弊害を利用して，高い税率が今なお適用されているのです。発泡酒や「第三のビール」が出現したのも，ビールに対する高税率を一向に改めようとしない財務省に対する業界からの抵抗策だったともいえます。しかし，ゼミでふれられていたように，財務省が行ったことは，まず麦芽50％以上の発泡酒，次に麦芽50％未満の発泡酒，さらに「第三のビール」と，売れ出してきたものの税率を次々に引き上げることでした。本来行うべきことは，大衆酒になったビールの税率を欧米並に引き下げることだったように思います。

　消費税も導入されている今日，このような不合理な状態になっている酒税制度のあり方について，抜本的な見直しを検討すべき時期に来ているように思われます。その際，酒税徴収のために禁止している趣味としてのビール造りや，後述のどぶろく造りの規制も再検討されるべきでしょう。

　なお，平成29年度税制改正により，ビール，発泡酒，「新ジャン

ル」の酒税の税率が，2020（令和2）年10月から3段階にわけて改正され，2026（令和8）年10月には1kℓあたり15.5万円に統一されることが予定されています。このとおりに改正されればビールについては税率が下がりますが，それでも350㎖あたりで54.25円の酒税が課されることになります。一方，麦芽比率25％未満の発泡酒や「新ジャンル」の税率は，ビールと統一されて反対に大きく引き上げられることになります。そうなると結局，ここまで説明してきたビールの税率に関する問題は，なお解決されないまま続くといえそうです。

☆酒造免許制度

　日本では酒類の製造に免許制度が採用されており，酒税法はたとえ自家醸造であっても免許を受けないで製造することを禁止しています。この点について最高裁は，どぶろく自家醸造禁止の合憲性が争われた平成元年12月14日判決（刑集43巻13号841頁）で「酒税法の右各規定は，自己消費を目的とする酒類製造であっても，これを放任するときは酒税収入の減少など酒税の徴収確保に支障を生じる事態が予想されるところから，国の重要な財政収入である酒税の徴収を確保するため，製造目的のいかんを問わず，酒類製造を一律に免許の対象とした上，免許を受けないで酒類を製造した者を処罰することとしたものであり（……），これにより自己消費目的の酒類製造の自由が制約されるとしても，そのような規制が立法府の裁量権を逸脱し，著しく不合理であることが明白であるとはいえず，憲法31条，13条に違反するものでない」として，合憲の判断をしています。その後，1994（平成6）年の改正で規制が緩和され「地ビール」の製造は一定の要件を満たせばようやく可能になりましたが，海外のように個人消費のホビーとしての「自ビール」までは解禁されていない，といった問題も残されています。

　そのほか，家庭で梅酒を造っているという人も，次のような規制の下で認められていることを，どれだけの人が知っているでしょうか。まず，①梅等を混和する酒は課税済みのものでアルコール分が20度以上のものでなければいけません。②次の物品は混和してはいけません。ⓐ米，麦，あわ，とうもろこし，こうりゃん，きび，ひえ，もしくはでんぷん，またはこれらのこうじ，ⓑぶどう（やまぶどうを含む），ⓒアミノ酸もしくはその塩類，ビタミン類，核酸分解物もしくはその塩類，有機酸もしくはその塩類，無機塩類，色素，香料または酒類のかす。さらに，③混和後新たにアルコール分が1度以上発酵してはならない，という条件もあります（酒令50条14項2号，酒規13条3項）。梅酒でも万一アルコールが一度以上発酵してしまうと「密造」となりうるのです。それだけではありません。酒税法上梅酒造り等が認められるものは，「自ら消費するため」の混和に限られます（酒法43条11項）。酒場や料理店などが所轄税務署に申告書を提出して，自己の営業場内で提供する特例措置はあるものの（措法87条の8），酒造免許のない者が他人のために梅酒を造ることは原則禁止されています。ただし，これをそのとおり適用したら国民から猛反発を受けるのは必至ですから，現実にはほとんど適用していない（より正確にいうと適用できない）といってよいのですが，それならば，こんな規制もやめて，販売目的ではない個人の自己飲用の酒造りを認め，酒税法を市民感覚に近づけるべきではないでしょうか。

　なお，従来製造と同様に厳格な免許制をとってきた酒類の販売免許については，現在は大幅に規制が緩和され，人的要件や経営基礎要件等の一定の要件を満たせば取得が可能となっています。

第23章　自治体が独自に課税できるの？

【地方税制】

春香の質問　23

　皆さん，地方自治が憲法上保障されていることはよく知っていますよね。地方自治を実質化するためには，自治体に独自の財源がなければならないとして，自治体が任意に条例で課税できるのかしら？

ゼミ　23-1

市木： 地方自治は憲法で習ったけど，確かに，地方自治を実質化しようとしたらお金が必要ですよね。

春香： そうよね。どの地方へ行っても駅前の感じが同じなのもお金の問題だものね。

仁木： 駅前がお金の問題？

春香： 独自に駅前を整備するお金がないから，国の補助金に頼らなければならないでしょ。補助金が出る駅前整備の基準が決まっているからどの地方も同じタイプの駅前整備になってしまうのよ。あ～あ，地方らしさが失われているな～。

仁木： 憲法が地方自治を保障しているのですから，当然財源を保障しているのではないですか？

春香： 一応の財源はあるのよ。第1章の**資料1-2**を見て。いろいろな地方税があるでしょう。だけど，自治体が行うべき行政

の費用からすると，その３割ぐらいしかこれらの税収からは
確保できないの。よく３割自治というでしょう？

仁木：こんなに多くの種類の税金があるのですか。私は住民税や軽
自動車税ぐらいしか気にしたことがありませんでした。

春香：注意してほしいのは，仁木さんたちは地方税法に基づいて納
税義務を負うのではなくて，あくまでも仁木さんの住んでい
る自治体の税条例に基づいて納税義務を負っていることよ。
だから，地方税については，租税法律主義ではなくて，租税
条例主義だということを忘れないでね。

仁木：それじゃ，自分の地方税の額がいくらか具体的に調べたいと
きは，条例まで調べなければならないのですね。

春香：そういうことね。自治体の条例には地方税法ではわからない
独自の規定もあるから，利用した方がいいわよ。たとえば，
住民税は前年の所得金額に応じて払うことになっているの。
でも，昨年は所得があったんだけど，今年転職や失業して所
得が少なくなったり，なくなった人は払えないわよね。だか
ら，多くの自治体の住民税条例には減免規定があって，一定
の手続をとれば，住民税の減免をしてくれるのよ（たとえば，
名古屋市市税減免条例２条１項８号）。

名古屋市市税減免条例２条１項８号（個人の市民税の減免）
　６月30日……現在，前年中における総所得金額が210万円以下で，
賦課期日の属する年中における総所得金額の見込額が前年中にお
ける総所得金額の２分の１以下の額に減少すると認められる者
総所得金額に対する所得割額の２分の１に相当する額

仁木：本当ですか。私の姉が今年仕事を辞めるので，すぐに教えて

あげなきゃ。

市木：そうか，条例に基づいて課税されるんですか？　あれ，だったら，地方税法って一体何なんですか？

春香：各自治体が税条例を作るための基準というか，あるいは枠法という役割を持っているの。

市木：ということは，自治体はこの法律の枠内でしか税条例を作れないんですか。それじゃ，地方税法は地方自治の本旨に反するんじゃないですか？

春香：地方税法と税条例との関係について，先生，解説をお願いできますか？

解説　23-1

　ここでは地方税制の基本的な仕組みだけを概説しておきましょう。地方税は国税と異なり，所得税法や法人税法といった税目ごとに法律を設けずに，地方税法という統一法典で定められています。ただし，この法律は国税法律とは異なり，直接住民の納税義務を規定するものではなく，各自治体が制定する税条例の**枠法**としての性格を持っているにすぎません。したがって，住民は自治体の条例に基づいて地方税の納税義務を負い，賦課徴収されることになります（**租税条例主義**）。とはいえ，この地方税法の枠組みが地方税条例の内容を規定するので，そのあり方が問われなければならないのです。

　かつて，シャウプ勧告が財政上の地方自治として次のような原則を指摘しました。

① 需要を賄うに十分な強い税を自治体が持つこと。

② 中央政府の慈悲にすがることがない調整制度の保障。

③ 税の賦課等に関する責任の集中。

　このような地方税制の理想像は今日でもその意義を失っていないと思われます。ところで，日本国憲法は第8章（92条以下）で地方自治を保障しています。「地方自治の本旨」，すなわち地方自治権の本質については，憲法ですでに学習していると思いますが，税制との関係で次の点を確認しておきましょう。地方自治にとって自律的な自主財源の確保は不可欠ですが，その根拠となる自治体の**課税自主権**の具体的なあり方については，いくつかの裁判例で争われています。学説上は，憲法が地方自治を保障している以上，法律によっても侵し得ない自治体固有の課税権があり，これに反する地方税法等の規制は違憲だとする**新固有権説的理解**も見られますが，判例はこの立場に立っていません。福岡地裁昭和55年6月5日判決（判時966号3頁）は，「憲法上地方公共団体に認められる課税権は，地方公共団体とされるもの一般に対し抽象的に認められた租税の賦課，徴収の権能であって，……その具体化は法律（ないしそれ以下の法令）の規定に待たざるをえない」と述べています。つまり，**制度的保障説的理解**に立っているといえます。そのため，自治体は地方税法の範囲内で課税するしかなく，国が定めた枠内で財源確保に努力するしかないことになります。このような考え方でいいかどうか，君たちもよく考えてみてください。

ゼミ　23-2

仁木：地方税っていろいろあるのですね。住民税とか，固定資産税とか，聞いたことあります（**資料1-2**参照）。

市木：僕が乗っているバイクには，軽自動車税がかかっているんで

すね。

春香：軽自動車税は市町村税，車にかかる自動車税は道府県税よ。

仁木：地方税は生活に身近なものにかかっている感じがします。

春香：自治体って，国よりも私たちの生活に身近でしょ。その分，自治体から受ける公共サービスも身近に感じられるものが多いわ。だから地方税は，自治体から利益を受けていることに対して税を負担するという「応益負担原則」が当てはまると一般的にいわれているの。

仁木：「応能」ではなく，「応益」ですか。

市木：僕は自分の住んでいる市から何か具体的な利益を受けているっていう実感はないな～。

春香：受けている利益の量を具体的に測ることはできなくても，自治体が戸籍や住民票の管理をしているから，市木君だって住民としてさまざまなサービスを受けることができるのよ。

仁木：住民ではなくても，その地域に所在する法人も自治体から利益を得ているので，地方税を負担すべきですよね。

春香：企業が活動するための基盤整備は自治体が行っている部分が多いものね。でも，法人事業税は「法人の所得金額」を課税標準としている部分（所得割）があるから，赤字で法人税を納めていない法人は，法人事業税も納めなくていいの。

市木：でも，赤字で法人税を納めていない法人なんて，少ないんじゃないですか？

春香：それが違うのよ，市木君。**資料23−1**によると，なんと6割以上の法人が法人税を納めていないのよ。

仁木：企業は自治体からサービスを受けて事業活動をしているはずなのに，地方税を納めないなんて不公平じゃないですか。

春香：地方税の「応益負担原則」からするとそうよね。それに，所

得を課税標準とすると，好況・不況に影響されて自治体の収入が安定しないのよ。だから，法人事業税では，2004（平成16）年からは所得以外の基準として「付加価値」と「資本」という基準が資本金１億円超の企業に適用されるようになったわ（地法72条の12）。これを外形標準課税というの。

市木：企業は赤字だと税金を納めることができないけど，行政コストをかけてサービスを提供している自治体からすればそれなりの負担を求めるのはもっともだし。難しいな〜。

解説　23−2

☆**地方税原則**

　国税は納税者の担税力に応じた課税（**応能負担原則**）が基本原則ですが，地方税の場合，自治体から住民が受ける利益が把握しやすいという面があります。そのため，地方税には「**応益負担原則**」が当てはまるといわれています。ただしこれは，「自治体から利益を受けた量に応じて税額が決まる」というのではなく，「利益を受けたという事実を課税の根拠とする」と理解しなければなりません。自治体からサービス等の利益を受けている者が税を負担するというのが，課税の公平にもかなうからです。

☆**外形標準課税**

　住民だけでなく，自治体内に所在する法人も，自治体から利益を受けているため，応益負担原則からすると一定の税負担を負うべきです。しかし，日本には法人が286万社ほどありますが，実はその

うちの約62％，約175万社が赤字であり（2021〔令和3〕年度），実際には法人事業税を払っていないのです（**資料23-1参照**。なお，各国の法人数については**資料14-1参照**）。

資料23-1　欠損法人割合の推移

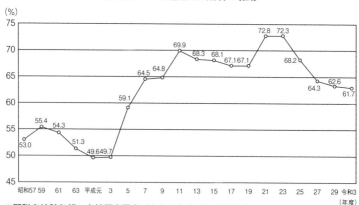

※国税庁統計年報・会社標本調査（令和3年度分）より作成。
（https://www.nta.go.jp/publication/statistics/kokuzeicho/kaishahyohon2021/pdf/kekka.pdf）

　法人の6割以上が赤字のまま事業を継続できているのも奇妙なことですが，自治体から見ると，いろいろな行政サービスを受けているにもかかわらず，赤字を理由に税負担を免れられてはたまらない，ということになります。しかし，赤字では払いたくても払えない，という企業側の反論もあります。この両者の立場が真正面からぶつかるのがこの外形標準課税問題なのです。

　外形標準課税とは，所得に関係のない他の基準，たとえば資本金額とか家屋の床面積や従業員数といった外形的基準で課税することをいいます。かつて東京都が法人事業税についてこのような課税を行ったケースは，「銀行税訴訟」として争われました。最高裁では

結局和解で終わりました（東京高判平成15年1月30日判時1814号44頁参照）が，後の外形標準課税導入の契機となりました。

ゼミ　23-3

仁木：先月，東京でホテルに泊まったときに「ホテル税」を払いました。あれって，東京都だけの税なんですか？

春香：あ〜，宿泊税ね。地方税法が認めている法定外税を利用して，東京都が独自に制定し，各地で導入されているのよ。

市木：法定外税？

春香：地方税法にはいろいろな税が定められているでしょう。地方税法に定められている税目以外の税を法定外税というの。税収の使途をあらかじめ定めておくかどうかによって，法定外普通税と法定外目的税があるわ。

仁木：東京都はなぜこういう税を作ったんですか？

春香：「国際都市東京の魅力を高めるとともに，観光の振興を図る施策に要する費用」に充てることが目的とされているわ。この税は，1人1泊1万円以上の宿泊料金に対して100円，1万5,000円以上なら200円が課されるというものよ。

市木：仁木さん，いいホテルに泊まったんだね〜。うらやましい。

仁木：自治体は地域の独自性や財政需要に応じて，独自の課税をしているのですね。

春香：課税自主権が保障されているからね。法定外税以外の方法でも，独自課税の試みはほかにもされているのよ。

市木：どんなものがあるんですか？

春香：たとえば，神奈川県や横浜市は水源環境や緑地の保全のための財源に充てる目的で，県民税や市民税の均等割に一定額を上乗せする超過課税という方法を行っているわ。

【地方税制】

市木：僕も環境保護目的の税だったら協力してもいいな。

春香：でも，独自課税といっても，自治体が自由に課税できるわけではないの。地方税法の枠は結構厳しいし，新しい税源を見つけるのも大変なのよ。もっと地方の自主的な判断を認めるべきだと思うんですけど，先生どうですか？

解説　23-3

　地方税法は自治体（地方税法上は地方団体）が課すことのできる税目を具体的に列挙しつつ，同時に，それ以外の税を独自に自治体が課すことも認めています（地法4条3項，6項等）。地方税法に具体的に規定されていない税を法定外普通税・目的税といい，自治体が独自に条例を定め，徴収し，自己の収入とすることができます。この権限は自然増収の期待できた高度経済成長期にはあまり活用されなかったのですが，地方財政危機が深刻化した1975（昭和50）年以降，熱海市の別荘等所有税，福井県の核燃料税などが相次いで実施されたことによりその存在がクローズアップされ，法定外税制度をめぐる論議が活発に展開されるようになりました。

　もっとも，現行の地方税法は，この法定外税制度を自治体の全く任意にすることまでは認めているわけではありません。総務大臣の「同意」を条件として認めるようになっているからです。しかも，①国税または他の地方税と課税標準を同じくし，かつ，住民の負担が著しく過重となる場合，②地方団体間における物の流通に重大な障害を与える場合，③国の経済政策に照らして適当でない場合には

総務大臣は同意しなくてよいこととされているのです（地法261条，671条等）。結局，国の定めた枠内でのみ独自の税制が可能ということであり，国が課税権を行使していない隙間に課税するしかなく，税収としてもあまり期待できないものになっています。2023（令和5）年4月現在では**資料23-2**のような法定外税が実施されていますが，地方財政の逼迫や財政需要の多様化を受けて，多くの自治体が独自の税制を模索しています。

　そのほか，法定税である県民税や市民税について，標準税率を超える税率で課税して，その超える部分の財源を自治体内の水源環境や緑地の保全のために充てるなどといった**超過課税**という独自の取組みも行われています。これらは，課税自主権に基づいた地方独自の取組みであるといえますが，地方税法が定める制限によって自治体の取組みが制約を受けていることは事実です（神奈川県臨時特例企業税を違法と判断した最判平成25年3月21日民集67巻3号438頁参照）。

　また，最近話題を呼んでいる「ふるさと納税」も自治体の財源確保に一定の寄与をしています。これは「納税」とはいうものの，自分が指定する自治体に対して寄付をし，その額が住民税や所得税から控除されるという制度です。これは，居住地以外の自治体に税の一部を移転させるものであることから，地方税の応益負担原則に反すると指摘されています。また，寄付額は増加の一途をたどってきましたが，それは自治体による「返礼品競争」によるところが大きく，「税の非対価性」に反するのではないかとも考えられています。なお，返礼品競争に対する総務省の規制について，最高裁は，地方税法の委任の範囲を逸脱したものとして違法と判断しています（最判令和2年6月30日民集74巻4号800頁）。

　地方税の基本的な考え方である負担分任や課税自主権の行使のあり方など，地方自治との関係を考えてみてください。

資料23-2　法定外税の状況

令和3年度決算額 634億円（地方税収額に占める割合0.15%）（令和5年4月1日現在）

1　法定外普通税

（令和3年度決算額）

［都道府県］　　　　　　　　　　　　　　　　　　　　　　　　［単位：億円］

税目	地域	額
石油価格調整税	沖縄県	9
核燃料税	福井県, 愛媛県, 佐賀県, 島根県, 静岡県, 鹿児島県, 宮城県, 新潟県, 北海道, 石川県	257
核燃料等取扱税	茨城県	12
核燃料物質等取扱税	青森県	194
計	13件	472

［市区町村］

税目	地域	額
別荘等所有税	熱海市（静岡県）	5
砂利採取税	山北町（神奈川県）R4.4.1失効（＊4）	0.05
歴史と文化の環境税	太宰府市（福岡県）	0.5
使用済核燃料税	薩摩川内市（鹿児島県），伊方町（愛媛県），柏崎市（新潟県）	16
狭小住戸集合住宅税	豊島区（東京都）	5
空港連絡橋利用税	泉佐野市（大阪府）	2
宮島訪問税	廿日市市（広島県）	—
計	7件	29
［合　　計］	20件	501

2　法定外目的税

［都道府県］

税目	地域	額
産業廃棄物税等（＊1）	三重県，鳥取県，岡山県，広島県，青森県，岩手県，秋田県，滋賀県，奈良県，新潟県，山口県，宮城県，京都府，島根県，福岡県，佐賀県，長崎県，大分県，鹿児島県，宮崎県，熊本県，福島県，愛知県，沖縄県，北海道，山形県，愛媛県	69
宿泊税	東京都，大阪府，福岡県	15
乗鞍環境保全税	岐阜県	0.05
計	31件	84

［市区町村］

税目	地域	額
遊漁税	富士河口湖町（山梨県）	0.1
環境未来税	北九州市（福岡県）	9
使用済核燃料税	柏崎市（新潟県）R2.10.1失効（＊3），玄海町（佐賀県）	4
環境協力税等（＊2）	伊是名村(沖縄県)，伊平屋村(沖縄県)，渡嘉敷村(沖縄県)，座間味村(沖縄県)	0.1
開発事業等緑化負担税	箕面市(大阪府)	0.5
宿泊税	京都市(京都府)，金沢市(石川県)，倶知安町(北海道)，福岡市(福岡県)，北九州市(福岡県)	36
計	14件	49
［合　　計］	45件	133

※総務省HP（https://www.soumu.go.jp/main_content/000755777.pdf）より。
　なお，＊1～＊4の内容については上記URLのサイトに記載されている注記を参照。
　また，端数処理のため，計が一致しない。

第24章　国際租税法という法律があるの？

【国際課税】

春香の質問　24

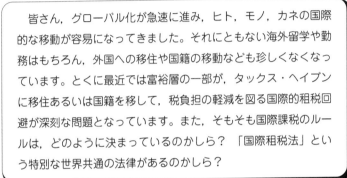

　皆さん，グローバル化が急速に進み，ヒト，モノ，カネの国際的な移動が容易になってきました。それにともない海外留学や勤務はもちろん，外国への移住や国籍の移動なども珍しくなくなっています。とくに最近では富裕層の一部が，タックス・ヘイブンに移住あるいは国籍を移して，税負担の軽減を図る国際的租税回避が深刻な問題となっています。また，そもそも国際課税のルールは，どのように決まっているのかしら？　「国際租税法」という特別な世界共通の法律があるのかしら？

ゼミ　24-1

市木：国際租税法？か〜。これがわかるとかっこいいですね。

春香：確かに，かっこいいけど…でも，大変よ！　たとえば，市木君が海外で稼いだ所得には，どこの国の税法が適用されるの？

市木：それは，国際課税のルールを定めた世界共通の「国際租税法」があるんじゃないですか？

春香：そんなのないわよ。課税権というのは国家の専権に属するから，それぞれの国家が法律で課税していて，それを調整する世界共通のルールはまだないの。もし，あれば，「タックス・ヘイブン」もないはずよ。

市木：聞いたことありますよ，「税金天国」のことですね！

春香：それは"heaven"の方で，タックス・ヘイブンは"haven"だから，一般には「租税回避地」や「軽課税国」とか訳されているわ。でも，利用している人には文字通り「天国」かもしれないわね〜。

仁木：世界共通のルールがないということは？

春香：各国がそれぞれの課税権に基づき国内税法で定めたルールに従って課税を行うことになるわ。

仁木：市木君の海外の所得にも，日本の税法が適用されるんですか？

春香：そうよ。所得税法のところで勉強したでしょ（第7章参照）。思い出してみて！　日本に住所を有しているか，または現在まで引き続いて1年以上の居所を有していれば「居住者」（所法2条1項3号），いずれも有していなければ「非居住者」（同項5号），居住者のうち日本国籍を有していない人で，かつ，過去10年間のうち国内に住所または居所を有していたのが5年以下の人が「非永住者」（同項4号），それ以外が「永住者」よね？　市木君は生まれてからず〜っと日本に住んでいるから？

市木：そうそう思い出したぞ！　僕は「永住者」だから，海外で稼いだ所得も含めて，世界のどこで稼ごうとも日本の所得税が課されるんだった。

春香：そうね！　でも市木君が稼いだ国でも，その国の税法により国内源泉所得として課税される場合もあるわ。

仁木：ということは，相手国の税法もよく理解しておかなければいけないんですね。でも，もし課税されるということになると，同じ所得に対して二重に課税されることになりますね。

市木：それは困るな。そんな場合はどうするんですか？

春香：所得税法のところでも話したように，二重課税を排除するため外国税額控除（所法95条）を適用して，日本で所得税を支払うときに外国で支払った税額を一定の方式により控除して計算すればよいの。また，租税条約という課税に関する国家間の条約も，このような二重課税の調整を目的としているはずよ。

仁木：結局，国際課税では，自国の税法と相手国の税法や両国間の租税条約の理解も必要になってくるんですね。

市木：そりゃー大変だ！　ちょっと頭がくらくらしてきた。

春香：それだけじゃないわ。各国の税制や課税の仕組みの違いにも留意する必要があるわ。

仁木：どういうことですか？

春香：たとえば，相続税で遺産税方式と遺産取得税方式の違いを勉強したわよね（第18章参照）。日本の相続税は遺産取得税方式だから，贈与税は受贈者が納税義務を負っているわね。でも，アメリカは，遺産税方式だから，贈与税も贈与者に課されるの。たとえば，日本の資産家の子どもがアメリカに移住したとします。この資産家の父親がアメリカに保有している一定の財産をアメリカの子どもに贈与したとしましょう。贈与税はどうなる？

市木：父親は日本に住んでいるんですよね。日本では受贈者が納税義務を負うけど，父親は贈与者だから関係ないか。

仁木：子どもはアメリカの居住者だから，アメリカの贈与税になるけど，アメリカでは贈与者が納税義務を負う！　わあ〜，父親と子どもの両方とも課税されないんですか？

春香：贈与した財産が国内財産だと日本で課税できるけど，アメリ

カの財産で，アメリカでも贈与税が非課税のものだと両方で課税されないわね。

市木：へえ〜，面白いじゃないですか。

春香：面白がって，変なことしてももうだめよ。こんな行為があまりにも横行したので，現在は日本国籍を持っている人が同様なことをしても，日本の贈与税がかかるようになったわ（相法1条の4第2号）。

仁木：国籍が基準になったんですか。

春香：そう，これまでの「住所」を基準にして課税範囲を決める方法は，各国の税制の違いを利用した租税回避行為に対応できなくなっているの。

解説　24−1

☆国際課税のルールと基本的仕組み

　経済のグローバル化の進展により，個人や企業の経済活動が国際的に展開されるようになりました。その結果，国境を越えた活動から生じた経済的利益への課税問題が国際社会の重要な課題となっています。19世紀の終わり頃から欧州を中心に，ヒト・モノ・カネの国際的な移動や経済活動が活発化したことから，20世紀に入ると，国際課税の共通ルールが議論されてきました。しかし，現在も課税権が国家の専権に属していることには変わりなく，国際的な経済活動に対しても，基本的には各国の国内税法が適用されます。よく，「国際租税法」や「国際税法」という言葉を耳にしますが，それは

国際課税の共通のルールという意味ではなく，そうした領域の研究や実務の分野を指すのが一般的です。

　各国の国内税法は，個人の「生活の本拠」である住所等による「**居住地国課税**」と，その経済活動の結果生じた所得の源泉（発生）地による「**源泉地国課税**」の２つの考え方に基づいています。居住地国課税は，その国の居住者の全世界で得た所得に課税するという考え方です。それに対し，源泉地国課税は，その所得の発生した国（源泉地国）が課税を行うという考え方です。日本を含む多くの国々は，これら２つの考え方の組み合わせに基づき，個人の国際的な経済活動を課税しています。

　すでに学んだとおり個人の所得税について，日本国内に住所または１年以上の居所のある居住者は，居住地国課税の考え方に基づき無制限納税義務を負い，国内所得はもちろん国外所得についても課税されます（第７章参照）。一方，源泉地国課税の考え方に基づき，所得を得た国でも国内源泉所得として制限納税義務を負います。ここで問題となるのが，居住地国と源泉地国の二重課税の問題です。それについては，居住者が居住地国での納税に当たって，源泉地国で納付済みの税額の控除を受ける外国税額控除（所法95条）や租税条約によって調整する仕組みがとられています。

　法人についても，本店所在地を基準（本店所在地主義）に，国内に本店のある法人を「内国法人」，本店のない法人を「外国法人」とし，内国法人はその法人の全世界所得に法人税が課税され，外国法人は国内源泉所得に課税されます。たとえば，日本の内国法人が外国に支店を出店した場合，その法人は国内所得に加え，外国における支店の国外所得にも納税義務を負います。支店の外国での所得はその国でも課税されるため，個人と同様に外国税額控除（法法69条）や租税条約により二重課税が排除されています。

【国際課税】

☆租税条約

　租税条約は，国家間の二重課税や課税の空白，脱税の防止などのための二国間の取り決めとして締結されています。そして，各国の国内税法の適用関係を調整し，両国間のヒト・モノ・カネの移動の円滑化を図り，経済交流を促進する機能も有しています。租税条約の内容は，締約国同士の合意によるため，条約ごとに若干異なっていますが，一定の種類の所得の課税を免除したり，適用される税率を軽減したり，各国の国内税法の課税ルールを調整する定めが置かれています。ただし，租税条約は国内税法の規定を調整するものであって，租税条約を直接の根拠として課税することはできません。また，一般の国際条約には，複数の国々が締結する多国間条約の形式がとられる場合も少なくありませんが，租税条約については税務行政の協力などに関する一部を例外として，原則，二国間条約の形式をとっています。そのため，租税条約を締結した二国間のみを拘束します。国際的な租税条約のモデルとして，先進国間には「OECDモデル租税条約」，先進国と途上国との間には「国連モデル租税条約」がありますが，それらはあくまで「モデル」を示しているのみで，各国の租税条約のガイドラインに過ぎません。

　結局，国際課税では自国と相手国の税法を適用したうえで，それを調整する二国間の租税条約を検討して，課税関係を考えることになります。

☆住所か国籍か

　ところで，わが国の税法では，課税範囲を決める基準は長らく「住所」のみでした。相続税法でも，日本国内に住所を有している者は，国籍に関係なく，その人が全世界で保有している財産に対し日本での課税が行われてきました。したがって，税法上，国籍は意味をもたなかったのですが，2000（平成12）年度の改正で国籍条項

が導入されました。その結果，日本国籍を有している者は，日本に住所を有していなくても，国外財産を相続したり贈与されたりした場合には，日本の相続税や贈与税の納税義務を負うことになりました。どうしても，日本での課税を逃れたい場合には，被相続人・相続人および贈与者・受贈者の双方が5年を超えて外国に住所を移さなければならないことになりました。さらに，2017（平成29）年度の改正により，この期間が10年に延長されています。

　このような改正が行われた背景には，ゼミで紹介した贈与税の仕組みの違いによる租税回避を規制する目的がありました。日本の贈与税は受贈者課税ですので，受贈者が非居住者であれば国外財産の贈与に日本の贈与税は課税されません。他方，アメリカの贈与税は贈与者課税を採用しています。そのため，贈与者がアメリカの非居住者であってもアメリカ国内の財産を贈与した場合には課税されるのですが，贈与したのがアメリカの贈与税の非課税財産であると，結局アメリカでも課税されないことになります。そこで，国籍条項を導入する改正が行われ，このような贈与税の租税回避が規制されました。また，この改正の直前に，オーナー経営者が事業承継のため息子を相続税や贈与税のない香港に移住させ，オランダ法人経由で自社株を贈与したのが，武富士事件（最判平成23年2月18日判時2111号3頁）です。なお，前述のように，2006（平成18）年度の改正により，所得税法においても，非永住者の判定に国籍が加味されています（第7章参照）。

　このような改正は，今後の国際的な税制のあり方を考える上でも興味深いものです。ヒト・モノ・カネの国際的な移動が容易になっている現在，「住所」で各国の課税権を区別するのは，もはや困難になりつつあるからです。

ゼミ　24－2

市木：「タックス・ヘイブン」って，どんなところなんでしょうか？

春香：そもそも税金のない国や地域や，あっても免除されていたり非常に税率が低かったりする国や地域のことよ。ケイマン島やヴァージン諸島などのカリブ海の島々のように，多くは常夏の島などにあって，すばらしいリゾート地なのよ。

市木：それじゃ～やっぱり「税金天国」だ～！

仁木：でも，どうして税金がなかったり安かったりするんですか？

春香：タックス・ヘイブンと言われる国や地域は，もともと欧米各国の属領や植民地が多いのよ。その中には，植民地としての歴史的な背景などから税率が低かったり，かなり優遇された租税条約を旧宗主国と結ばされていたりしたの。でも，これらの国や地域は，旧宗主国の影響下で，政治的に安定し，法律や制度も欧米をモデルにしており，通貨も欧米の通貨を使用し，為替規制がないか緩やかで，英語やフランス語などの言語が通じるというように，欧米各国が投資するのに障害が少ない場合が多いのよ。もし，そんな国や地域があったら市木君ならどうする？

市木：僕なら，そこに会社も移すし，自分の住所も移しますね。税金のためなら，何でもするぞ～！

春香：そういう人や会社が必ず出てくるのよ。でも，その会社が本当に現地でビジネスをするならいいのだけど，単なるペーパー・カンパニーの場合がほとんどなの。

仁木：せっかく，会社が設立されるのに，ペーパー・カンパニーでは，その国や地域も困るんじゃないですか？

春香：これらの国や地域の産業は，ほとんど観光で成り立っている

から，別にそこでビジネスをしてもらわなくてもいいのよ。だから，タックス・ヘイブンでは，会社の登記と事務所の郵便ポストだけを置いているようなところも少なくないの。たとえば，ケイマン島ではこのようなペーパー・カンパニーを管理する法律事務所が多くあり，それらが多数の人を雇用しているそうよ。このような雇用やペーパー・カンパニーの登記や管理料を財源とするために，わざわざ低税率政策をとる国や地域もあるのよ。

市木：いいですね～。僕は常夏の島に住んで，自分と会社の税金を安くするために，毎日青い珊瑚礁で泳ぎま～す。そんな会社に就職した～い！

仁木：でも，そんなこと誰にでも簡単にできるんですか？

春香：そうなのよ。結局，タックス・ヘイブンを利用して不正に課税を免れているのは，近年の報道でも明らかになったように，一部の政治家や有名人，スポーツ選手などのお金持ちや大企業ばかりなの。そうなると，放っておけばますます国際的な課税の不公平は広がるばかりよね。そこで，OECDを中心に国際的な対策を進めているそうよ。先生，そうですね。

解説　24-2

☆タックス・ヘイブンの利用と国際的租税回避の深刻化

近年，富裕層や多国籍企業などが，不正に課税を逃れる国際的租税回避の問題が深刻化しています。とくに，富裕層の中には，税負

担が著しく軽い**タックス・ヘイブン**に国籍や住所を移す者が増えています。それによって，税負担の重い居住地国の所得や財産に対する課税を逃れることができます。同様に，タックス・ヘイブンに子会社としてペーパー・カンパニーを設立し，そこに利益を留保して課税を不正に免れている会社も急増しています。また，多くの多国籍企業は，タックス・ヘイブンに子会社を設立し，関連会社間の取引やノウハウの提供などの価格を操作して，その子会社に利益や資金を移転させる「移転価格」を広く行っています。それに対し，先進各国は，それらの租税回避を否認するための対策税制を導入し，租税条約を改定するなど対応を進めています。しかし，最近のグーグル，アップル，アマゾン・ドット・コム，メタなどの巨大IT企業の課税逃れに関する報道のように，国際的租税回避の巧妙化や深刻化がますます進んでいる現状があります。

☆「有害な税の競争」とBEPSプロジェクト

OECD（経済協力開発機構）は，そのようなタックス・ヘイブンを利用した租税回避を防止するため，1998年には「有害な税の競争」報告書，2000年には「プログレス・レポート」を公表するなど，過度な税制優遇の規制やタックス・ヘイブンリストの公表など，「有害な税の競争」の防止を目的とする国際的な課税問題への取組を積極的に進めてきました。

また，2012年6月にOECD租税委員会は，巧妙化する国際的租税回避やタックス・ヘイブンへの利益移転などを防止するため，国際課税の原則や仕組みを抜本的に見直すべく，「**税源浸食及び利益移転（BEPS）プロジェクト**」を立ち上げました。BEPSプロジェクトは，2013年7月には15項目の「BEPS行動計画」，2015年10月には「BEPS最終報告書」を公表しました。現在，このBEPS最終報告書の勧告に基づき，OECD加盟国にG20を加えた「ポストBEPS」

の「包摂的枠組み」において，国際的租税回避防止のための課税ルールの見直しやデジタル経済への対応などの対策を進めています。OECDは，売上高200億ユーロ超で利益率10％超の多国籍企業グループの残余利益に市場国への課税権を認める新たなデジタル課税のルール（第1の柱）と，世界共通の15％の最低法人税率によるミニマム・タックス（第2の柱）を導入することで合意し，そのための多国間条約（協定）などを公表しています。また，日本を含め合意に参加した各国は，2024年中を目標にそれに対応した国内法の改正整備を急いでいます。

これもわかる！　移転価格税制

多国籍企業グループ内の関連会社間の国際取引では，対価を自由に設定できるため，通常価格とは異なる価格を設定して，利益移転を図る「移転価格（transfer pricing）」と呼ばれる租税回避が横行しています。たとえば，税負担の小さい国の関連会社との取引価格を高く設定し，逆に税負担の大きい国の関連会社との取引価格を低く設定することにより，グループ全体の税負担の軽減を図ることができます。その場合，税負担の大きい一方の国の所得が減少し，その国の課税権が侵害されることになります。そこで，このような移転価格を規制する対策税制として，多くの国々が「**移転価格税制**」を導入しています。

移転価格税制とは，関連会社間の国際取引について，操作された価格を通常の取引価格（独立企業間価格）に引き直して課税する制度のことです。1950年代以降，先進各国が導入を進め，日本でも1986（昭和61）年に導入されました（措法66条の4）。しかし，近年，無形資産取引の増加などの要因から独立企業間価格の算定が困難な場合も多く，国内外での法的紛争につながるケースも増えています。そのため，各国は制度の見直しに取り組み，OECDを中心に国際的な対策の議論も進みつつあります。

第25章 誤って税額を多く申告した。どうなる?

【租税手続法(1)——確定手続】

春香の質問　25

　　皆さん，自分が支払う税金の額がどのように決まるのか知っていますか?　また，「申告納税」という言葉を聞いたことがあります?　何のために申告するのかしら?　もし，申告しなかったり，申告した税額が本当の税額より高すぎたり，安すぎたりしたらどうすればいいのかしら?

ゼミ　25-1

市木：申告は何のためにするか?　決まっているじゃないですか，自分の税額を知らせるんですよ。

春香：知らせるだけ?　それじゃあ，税額はいつ誰が決めるの?

市木：税務署が毎年決めているんじゃないですか?

春香：普通の場合，申告した人に税務署から「あなたの税額はいくらです」といった内容の決定がなされているかしら?

仁木：父は申告していますけど，そういうことを聞いたことがありませんね。

市木：ということは，あの申告という行為は，どんな意味があるんですか?

春香：自分の税額を確定する，という効果を持った行為なのよ。単なるお知らせではないわ。

市木：何で，確定しないといけないんですか？

春香：だって，あなたの税額が具体的に確定しなければ，いくら納付したらいいのか，また，税務署だっていくら徴収していいかわからないじゃない。納税義務は，所得税の場合，暦年終了時に成立するけど（通法15条 2 項 1 号），具体的な税額を確定しないと納付も徴収もできないから，まず，確定手続が必要なの。確定申告というのはそのための重要な制度なのよ。

仁木：ということは，申告によって納税者は自分の税額を具体的に確定できるんですね。

市木：自分の税金を自分で決める。これは，いいですね。

春香：誤解しないでよ。税額を自分で勝手に決められるわけではないわ。税法の大原則は？

市木：租税法律主義……。

春香：でしょ。だから，税法に定められている基準に照らして納税者が自分の税額を確定するということよ。勝手になんてできないわよ。ただ，納税者自身が最初に税法を解釈して税額を確定できるという意味では，納税者に税法の第一次的解釈権を与えている制度だともいえるわ。

市木：でも，納税者の解釈が税法に従っていないときは？

春香：税務署長が，申告税額を修正するために，更正処分をすることができるのよ（通法24条）。

市木：ということは，原則として納税者の申告で税額が確定するけど，例外的にその申告が正しくないときは税務署長が確定しなおせる，ということか。

仁木：税務署長に更正される可能性があるけど，原則として納税者自身の申告で税額を決めることができる，という意味で申告納税は民主的な制度なんですね。

春香：そういう評価も可能かもしれないけど，徴税のコストの関係
もあるかもしれないわね。申告納税は，もともと国土が広く
徴税が困難なアメリカの制度なの。EU諸国は伝統的に税務
署の処分により課税する賦課課税制度だったんだけど，最近
イギリスもコストの関係で申告納税に移行しているわ。

仁木：コスト？　安いんですか？

春香：そりゃ～，賦課課税と比べたら安上がりよ。だって，納税者
の申告で原則として確定するので，例外的な場合しか処分し
ないでいいんだもの。たとえば，ドイツの所得税は，典型的
な賦課課税制度だけど，この場合納税者が行う申告はお知ら
せというか，単なる課税処分のための資料提供なの。納税
者の申告を参考に，税務署が全納税者に対して課税処分をす
るのよ。全員によ。大変だと思わない？

市木：納税者全員に，課税処分をするんですか。それは，確かに大
変だ。日本がそんな制度でなくてよかった。

春香：あら，日本でも1947（昭和22）年までは，賦課課税制度だっ
たのよ。今だって，賦課課税制度を採用している税金もある
わ。国税の場合は例外だけど，地方税の場合には多くて，普
通徴収といわれているのが賦課課税方式なのよ。だから，納
税者に納税通知書が交付されているの。

市木：日本は申告納税だけじゃないんだ！

春香：さらに別の制度もあるのよ。市木君はアルバイト代から，所
得税等を源泉徴収（天引き）されたわよね（第10章参照）。そ
の源泉徴収された税額について申告した？

市木：いいえ。

春香：それじゃ，何か税務署長から処分とか通知を受けた？

市木：そんな記憶ないな～。

春香：ないはずよ。だって，あの場合の税額は，自動的に確定され
る方式なの（通法15条３項２号）。印紙税や登録免許税も同じ
よ。

市木：そ，そんな自動的なものがあるんですか？

春香：これらの税金は，税額の計算が客観的に簡単にできるから，
確定手続を入れなくても問題ないと考えられているの。少し，
先生に整理してもらいましょう。

解説　25−1

☆納税義務の確定と確定方式

　納税義務は，法律の定めた要件を充足することによって成立しま
すが，その額を具体化するための確定手続が必要です。国税通則法
は，この確定手続として次の３種類の確定方式を規定しています。

　(1)　**申告納税方式**　　納付すべき税額が，納税者の申告によって
確定することを原則とし，申告が誤っている場合や申告がなされて
いないときに限って，租税行政庁の更正または決定によって税額を
確定する方式です（通法16条１項１号）。申告納税方式は，伝統的に
アメリカで用いられてきた方式ですが，納税者に税法の第一次的解
釈権が与えられている点において民主的な面があります。租税の効
率的徴収の要請にも合致するため，わが国でも，第二次大戦後の
1947（昭和22）年の改正から，従来の賦課課税方式の代わりに採用
され，国税の大部分は申告納税方式をとっています。

　(2)　**賦課課税方式**　　納付すべき税額が，もっぱら租税行政庁の

処分によって確定する方式のことです（通法16条1項2号）。賦課課税方式は，伝統的にEU諸国において用いられてきた方式で，わが国でも，第二次大戦以前は，この方式が一般的に用いられていました。地方税については，普通徴収といわれ，現在でもこの方式が原則です。賦課課税方式の場合，納税者に申告義務を課さないものもありますが，課税標準が複雑な場合は申告書の提出を求めます。この場合の申告書は，税額確定の効果を持つものではなく，課税処分のための資料にすぎないのです。ですから，同じ申告のように見えてもその法的効果は，全く異なることに留意してください。

(3)　**自動確定方式**　　納付すべき税額が，納税義務が成立すると同時に，特別の手続を必要とせずに，法律に定める課税要件の充足によって当然に確定する税があります。このようにして確定する方式を自動確定方式といいます。たとえば，源泉徴収による国税，車検に際して負担している自動車重量税，印紙納付の印紙税，登録免許税等があります（通法15条3項）。これらの租税は，課税標準の金額または数量が明らかであり，税額の算定もきわめて容易であることが，自動確定方式が適用される理由とされています。

ゼミ　25-2

市木：申告で税額が確定するということですが，申告しないとどうなるんですか？

春香：所得税の場合，所得がない人は申告義務がないから，心配いらないわ。でも，申告義務があるのに，申告しなかったら，税務署長は決定処分をすることができるわ（通法25条）。

市木：申告しないでいると決定処分をされるんだったら，申告していないことに気づいたら，後からでも申告しておいた方がいいですね。

春香：もちろんよ。そうすれば、無申告加算税も安くしてもらえる可能性があるわよ。

市木：ええ〜、無申告加算税って? 所得税を払うだけじゃだめなんですか?

春香：だって、申告義務があったのに、それを履行しなかったんでしょ。行政上の制裁として、そういう人に対して無申告加算税が課されるのよ。

仁木：納税者が申告しないのに、どうやって所得金額を決めるんですか?

春香：もちろん、実際の所得がいくらかを調査するけど、その直接的な資料がないときは、間接的な資料により推計で課税できるのよ（所法156条、法法131条）。たとえば、店舗の面積、従業員数、電気やガスの使用料とか、いろいろ手がかりがあるでしょ。でも、課税処分は実額に課税するのが原則だから、推計で課税するのは例外で、その必要性が認められる場合に限って認められるの。とくに青色申告者に対する更正処分の場合は、推計で課税できないことになっているわ。

市木：なぜですか?

春香：青色申告者というのは、一定の帳簿書類を備え付けて取引を記帳し、それに基づいて申告を行う納税者のことをいうの。青色申告者になるには、事前に税務署長に申請した上で承認を受ける必要があるけど、認められれば青色申告特別控除（措法25条の2）や青色事業専従者給与（所法57条）等の特典が与えられるわ。最近、コンピュータ化が進み所得税の申告書の用紙は白色になっているけれど、もともと青色の申告用紙で申告できる人のことをそう呼んで、白色の普通の申告用紙で申告する白色申告者と区別してきたの。青色申告者は、

記帳をしているんだから，実額で課税する資料があるはずだからよ。

仁木：記帳する代わりにいろいろ配慮されているんですね。

春香：そうね。青色申告者の申告を否認して更正処分をするときは，なぜ更正処分をするのか，その理由を付記しなければならないの（所法155条2項）。

市木：更正処分を受けるんじゃ，理由付記があってもうれしくないな～。

春香：あら，とても大事なのよ。市木君と税務署の調査官が所得の有無について激しく論争になった場合，理由付記がなかったらどんな不利益な処分だってできるじゃない。でも，理由を書かなければいけないとなれば，処分をする方だって慎重になるわ。従来，理由付記は，青色申告者にしか認められていなかったけど，現在は白色申告者にも記帳・帳簿保存義務（所法232条1項）とセットで認められているの（通法74条の14，行政手続法14条1項本文）。

仁木：ところで，いったん申告をしたんですが，後からよ～く考えてみたら税額が間違っていることに気がついた場合はどうしたらいいんですか？

春香：その場合は2つに分かれるわ。1つは当初の申告税額が少なかったとき，もう1つは当初の申告税額が多すぎたときね。

仁木：当初の申告税額が，少なかった場合は？

春香：納税者が申告をやり直す「修正申告」をすればいいの。これは，税務署長が処分をする前までならいつでもいいわよ。

仁木：その場合，最初から正しい申告をした場合と比べて不利益はないんですか？

春香：過少申告加算税（通法65条）が課せられる可能性はあるけど，

　　　　自主的に申告したなら減免されるわ。

市木：反対に申告税額が多すぎた場合は？

春香：税務署長に対し、「更正の請求」という手続をとらなければ
　　　　いけないの（通法23条）。

仁木：修正申告ではいけないんですか？

春香：申告は税額を確定するでしょう。最初の申告を高く変更する
　　　　のはかまわないけど、いったん確定したものを下げる場合は
　　　　納税者の自主的な判断だけではだめで、税務署長に減額の更
　　　　正処分をするように求めるの。

市木：なんかおかしいな？　税額を多くするのは納税者の自由で、
　　　　少なくするときは税務署でチェック、ということか。

春香：しかも、更正の請求は、法定申告期限から原則5年以内にし
　　　　なければだめなの（通法23条1項）。

市木：え～、修正申告はいつでもどうぞ、でも減らす場合は5年以
　　　　内にしなければだめだったんですか。なんか、ずるいぞ。

春香：市木君が私に土地を売って譲渡所得を申告して納税した後に、
　　　　私がこの売買は無効だという裁判を起こして、10年後私の方
　　　　が勝訴して契約の無効が確定するような場合もあるわよね。
　　　　こういう「やむを得ない理由」がある場合に、市木君が救済
　　　　されないのは酷なので、後発的事由による更正の請求（通法
　　　　23条2項）も定められていることにも注意しておいてね。

市木：でも、普通の場合は、10年後に税金を高く納めすぎているこ
　　　　とに気づいても、もう手遅れで返してもらえないんだ。

春香：そうね。だから、申告は私たち税理士に任せてよね。

市木：でも、10年も昔にうっかり申告していないことに気がついた
　　　　場合に、わざわざ申告する人がいるのかな～？

春香：あら、いいことに気づいたじゃない？　実は税務署もいつま

でも課税できるのではなくて，課税できる期間の制限がある
のよ。そうですよね，先生？

解説 25-2

今回のゼミでは，租税手続法上の専門用語が多く出てきましたの
で，少し整理しながら，その概要を紹介してみましょう。

☆**更正・決定**

前述のように，申告納税制度は，納税者の申告で税額が確定する
ことを原則とする制度ですが，納税者の申告が常に法的に正しいも
のとは限らないし，申告をしない納税者もあります。申告で一応確
定している税額を変更する処分を**更正処分**（増額・減額）といい，
更正通知書が交付されます（通法24条・28条）。また，申告をしてい
ない者の税額を確定することを**決定処分**といい，決定通知書が交付
されます（通法25条・28条）。このような課税処分をする場合，実際
の所得を調査して処分する（**実額課税**）のが原則ですが，そのよう
な直接的な資料がなく，店舗面積や客数等の間接的な資料からしか
課税できない場合もあり，これを**推計課税**といいます（所法156条，
法法131条）。推計課税は，その必要性が認められる場合に限り，合
理的な方法で行わなければなりません。ただし，この推計課税は次
に述べる青色申告者に対しては行うことができません。

☆**青色申告**

青色申告は，申告納税制度の定着を図るため，シャウプ勧告に基
づいて導入された制度です。法人税および特定信託の収益に対する

法人税ならびに不動産所得・事業所得または山林所得を生ずる業務を行う個人の所得税について，税務署長の承認により認められます（法法121条，所法143条）。財務省令の定めに従って，一定の帳簿書類を備え付けて記帳・保存し，その帳簿書類を基礎とした正確な申告を奨励する意味で，各種の特典が付与されています。たとえば，青色申告に対する更正は，推計によって行うことはできず，その帳簿書類を調査し，その調査により所得金額の計算に誤りがあると認められる場合に限ってすることができます（所法155条1項）。しかも，その場合には，更正通知書に更正の理由を付記しなければなりません（同条2項）。処分への**理由付記**は，不利益処分をする場合に行政手続法上義務づけられており（行政手続法14条1項本文），理論的には青色申告者の特典にとどめられるべきものではなく，白色申告者にも本来は認められるべきものです。そのため，長年にわたり，白色申告者の処分への理由付記の必要性が議論されてきました。現行法では，個人の白色申告者についても，記帳・帳簿保存義務（所法232条1項）を条件に行政手続法の規定に基づき，すべての処分に原則理由付記が求められています（通法74条の14）。

　なお，青色申告者が，実際には帳簿等を備え付けておらず，実額で課税する資料がない場合には，いったん青色申告承認を取り消して（所法150条1項1号），白色申告者に戻してから推計課税を行うことになります。

☆修正申告・更正の請求

　納税者は，申告期限後において自己の提出した申告に誤りがあることに気づいたときは，これを修正することができます。この修正には税額を減額するものと増額するものがあり，増額する場合には，修正申告を行えますが，減額する場合には，税務署長による減額更正をうながす間接的な請求権の行使として，**更正の請求**が納税者に

認められるにすぎません。

(1) **修正申告**　納税者は，自己の申告や更正・決定による税額等が過少であることに気づいたときには，それを修正する修正申告書を提出することができます（通法19条）。この当初の申告税額を増額する修正申告には，期間制限はありませんが，後述のとおり加算税が課されます。また，修正申告は，本来納税者が自主的に行うものですが，税務職員が事後の不服申立てを避けるために，修正申告を行うように指導する「修正申告の慫慂（しょうよう）」が従来から問題とされてきました。現行法では，税務調査の終了の際の手続として「修正申告や期限後申告の勧奨（かんしょう）」ができることが法定されています。（通法74条の11第3項前段）ただし，納税者に対し更正の請求が可能なことを説明し，その旨を記載した書面を交付することが義務づけられています（同項後段）。

(2) **更正の請求**　納税者は，自己の申告税額が過大であることに気づいたときには，法定申告期限から5年以内に限り，税務署長に対し税額等を減額すべき旨の更正の請求をすることができます（通法23条1項）。従来，この期間は1年以内とされ，それを過ぎると税務署長への「嘆願」によらざるを得ないということが長年にわたり問題とされてきました。現行法では，更正の請求の期間は，原則として5年です（同条同項）。

更正の請求がされた場合，税務署長は，調査によりその請求に理由があると認めるときには更正をし，理由がないという場合にはその旨を納税者に通知します（通法23条4項）。さらに，国税通則法は，**後発的事由による更正の請求**として，判決等によって当初の申告や更正・決定が前提とした課税標準および税額計算の基礎となったものとは異なる事実が確定した場合等には，その確定した日の翌日から起算して2か月以内に更正の請求ができることとしています（同

条2項）。そのほか，所得税法や相続税法等の個別税法にも，後発的事由による更正の請求についての特例規定が置かれています（所法152条，相法32条等）。

　なお，内容が虚偽の更正の請求に対しては，罰則（1年以下の懲役または50万円以下の罰金）が設けられています（通法128条1号）。

☆除斥期間（更正等の期限）

　納税者が税額を増額される危険性は，永久にあるのでしょうか？国税通則法70条は，この点について**除斥期間**を規定し，更正等の期間制限を設けています。通常の更正・決定の除斥期間は，更正の請求期間と同様に5年間とされています（通法70条1項1号）。ただし，偽りその他不正の行為（脱税）をしていた場合には，法定申告期限から7年を経過した日まで更正・決定を行うことができます（同条5項）。法人税に係る純損失等の金額については10年です（同条2項）。

　この期間は，時効期間ではなく，除斥期間ですから，時効の場合のような中断事由などはありません。したがって，7年経過すれば基本的に不利益な処分を受ける危険性はなくなります。他方で，不正な行為を行っている場合には，7年前にまで遡って，その間に免れた税額等すべて課税された上，様々な制裁措置があることにも留意しておくべきでしょう（第27章参照）。

　なお，更正等の期限には，訴えなどによる時間の経過や後発的事由をカバーするための特例もあります（通法71条1項1号，2号参照）。しかし，更正の請求の事由とされながら（通法23条2項3号，同法施行令6条1項5号。見解変更事由），この特例でカバーされていないものがある点に，注意が必要です（通法71条1項2号，同法施行令30条，24条4項。大阪高判平成29年3月17日税資267号順号12997参照）。

資料25−1　加算税の概要

名称	課税要件	課税割合 (増差本税に対する)	不適用・割合の軽減	
			要件	不適用・ 軽減割合
過少申告加算税 (注1〜3)	期限内申告について、修正申告・更正があった場合	10%	・正当な理由がある場合 ・更正を予知しない修正申告の場合(注4)	不適用
		[期限内申告税額と50万円のいずれか多い金額を超える部分] 15%		
無申告加算税 (注1・3・5・6)	①期限後申告・決定があった場合	15%	・正当な理由がある場合 ・法定申告期限から1月以内にされた一定の期限後申告の場合	不適用
	②期限後申告・決定について、修正申告・更正があった場合	[50万円超300万円以下の部分] 20%	更正・決定を予知しない修正申告・期限後申告の場合 (注4)	5%
		[300万円超の部分] 30%(注7)		
不納付加算税	源泉徴収等による国税について、法定納期限後に納付・納税の告知があった場合(注4)	10%	・正当な理由がある場合 ・法定納期限から1月以内にされた一定の期限後の納付の場合	不適用
			納税の告知を予知しない法定納期限後の納付の場合	5%
重加算税 (注5・6・8)	仮装隠蔽があった場合	[過少申告加算税・不納付加算税に代えて] 35%		
		[無申告加算税に代えて] 40%		

(注1) 国外財産調書・財産債務調書の提出がある場合には5%軽減(所得税・相続税)する。国外財産調書・財産債務調書の提出がない場合等には5%加算(所得税・相続税(財産債務調書については所得税))する。国外財産調書について、税務調査の際に国外財産の関連資料の不提出等があった場合には更に5%加算等する。

(注2) 電子帳簿等保存法上の一定の要件を満たす電子帳簿(優良な電子帳簿)に記録された事項に関して生じる申告漏れ(重加算税対象がある場合を除く。)については、過少申告加算税を5%軽減する。

(注3) 税務調査の際に行われる税務当局の質問検査権の行使に基づく帳簿の提示又は提出の要求に対し、帳簿の不提出等があった場合には、過少申告加算税又は無申告加算税を5%又は10%加算(所得税・法人税・消費税)する(令和6年1月1日以後適用)する。

(注4) 調査通知以後、更正・決定予知前にされた修正申告に基づく過少申告加算税の割合は5%(※部分は10%)、期限後申告等に基づく無申告加算税の割合は10%(50万円超300万円以下の部分は15%、300万円超の部分は25%【令和5年度改正】)とする。

(注5) 過去5年内に、無申告加算税(更正・決定予知によるものに限る。)又は重加算税を課されたことがあるときは、10%加算する。

(注6) 前年度及び前々年度の国税について、無申告加算税(申告が、調査通知前に、かつ、更正予知する前にされたものであるときに課されたものを除く。)又は無申告重加算税を課される者が更なる無申告行為を行う場合には、10%加算する【令和5年度改正】。

(注7) 納税者の責めに帰すべき事由があると認められない事実に基づく税額(例えば、相続税事案で、本人に帰責性がないと認められる事実に基づく税額(相続人が一定の確認をしたにもかかわらず、他の相続人の財産が事後的に発覚した場合において、その相続財産について課される税額))については、上記の300万円超の判定に当たっては除外される【令和5年度改正】。

(注8) スキャナ保存が行われた国税関係書類に係る電磁的記録又は電子取引の取引情報に係る電磁的記録に記録された事項に関して生じる仮装隠蔽があった場合の申告漏れについては、重加算税を10%加算する。

※財務省HP「加算税の概要」(https://www.mof.go.jp/tax_policy/summary/tins/n04_3.pdf)。

☆加算税

　申告納税制度の信用を維持し，適正な申告と納税を推進するため，適正な履行を怠った場合には，制裁として特別に経済的な負担をかける意味での「加算税」が課されます（通法65条以下）。加算税には，**資料25−1**のように**過少申告加算税**，**無申告加算税**，**不納付加算税**，**重加算税**の4つがあります。たとえば，税務調査などで申告漏れに気づき修正申告をするときは，原則として過少申告加算税や無申告加算税が課されます。ただし，調査等の前に自主的に申告した場合や「正当な理由」がある場合などには，減免されることになっています（通法65条1項，4項，5項，66条1項ただし書，6項，7項）。

　ところで，法律の解釈には幅があります。納税者や税理士が合理的に自己に有利な法解釈に基づいて申告をし，それでも最終的に裁判で敗れた場合はどうなるのでしょうか。申告納税制度は，複雑難解な税法を第一次的に納税者自身に適切に解釈・適用させて，自己の納税額を確定させるものです。ですから，恣意的な解釈は全く別として，法解釈として一定の合理性がある方法で税法を解釈・適用しているのであれば，申告納税制度が求めている納税者の役割は十分に果たされているはずです。このような場合には，「正当な理由」を認め，加算税を課すべきではないと思われます。しかし，実務は加算税を課し，判例もそれを認めています。そのため，現実には納税者も税理士も法的判断を行わず，通達に従ってしまうことが多いのです。加算税制度には，こういう問題も含まれていることに留意してください。

第26章　税務署が突然調査にきた。断れるの？

【租税手続法(2)──税務調査】

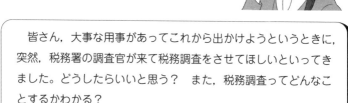

春香の質問　26

皆さん，大事な用事があってこれから出かけようというときに，突然，税務署の調査官が来て税務調査をさせてほしいといってきました。どうしたらいいと思う？　また，税務調査ってどんなことするかわかる？

ゼミ　26-1

市木：税務職員もわざわざ調査に来たんだから，しょうがないんじゃないですか？

春香：大事なお客さんとの商談をする予定のある場合でも？

仁木：私もやむを得ないのではないかと思います。

春香：どうして？　断ればいいじゃない。事前に通知もなく突然来たんでしょう。大事な仕事があるのなら，断れるわよ。

市木・仁木：え～っ，断れる？

春香：そうよ。だって，課税処分のための調査については，国税通則法74条の2以下で法定されているけど，これは任意調査なんだから。

市木：それじゃ応じなくてもいいんですか？

春香：合理的な理由があればね。合理的な理由がないのに調査に応じないと，不答弁や検査妨害の罰則が用意されているけど

（通法128条2号・3号），任意調査なのよ。

市木：合理的な理由がないのに，応じなければ，処罰されるんでしょう？　だったら，強制されているじゃないですか？

春香：罰則によって，間接的には強制されているけど，本人がいやだといっているのに強制的に調査はできないのよ。だから，合理的な理由なく調査が拒否されているからといって，調査を強行することはできないのよ。規定上は，罰則があるだけなの。一般の税務調査は任意調査なんだから，本来は事前に通知して相手の都合を聞いて行うべきものなのよ。

市木：そんなことしたら，みんな隠しちゃうじゃないですか。

仁木：そうですよ，不正を発見できなくなりますよ。

春香：はは～ん。2人とも税務調査をだいぶ誤解しているわ。税務調査は，課税処分のための調査で，犯罪捜査のために行ってはならないのよ（通法74条の8）。犯罪としての脱税の可能性が強い納税者に対しては，内偵をした上で，裁判官の令状をもらって，臨検・捜索等の強制調査が可能なのよ。これが査察，いわゆる「マルサ」と呼ばれる犯則調査よ。

仁木：それと，税務調査とは違うんですか？

春香：違うわよ。だって，一般の税務調査は，申告内容を確認するための調査だから，犯則の嫌疑があるなしに関係なく行われるものよ。仁木さんだって，申告したら，何も問題がないはずなのに調査されることだってあるのよ。事前に何の連絡もなしに，調査に来られたら困るでしょう。

仁木：確かに，困ります……。だとすると，突然に税務調査できることがおかしいような気がするんですが……。

春香：そうね。アメリカやEU諸国などでは税務調査に際しては事前に通知して，調査内容を文書で明らかにしているのに，従

　　来，日本では身分証明書の携帯義務が法定されているだけだ
　　ったの。現在は，法律で事前通知が義務づけられているわ
　　（通法74条の9）。

市木：それじゃあ，突然の調査は，違法ということになるんです
　　ね？

春香：これまでも事務運営指針では，事前通知をすることが原則だ
　　ったんだけど，それが法律で定められたのは一歩前進ね。で
　　も，事前通知は書面でなくてもよく，税務署長が税務調査の
　　適正な遂行に支障を及ぼすおそれがあると認めるときは，事
　　前通知をしなくてもよいの（通法74条の10）。

解説　26 - 1

☆課税処分のための調査と犯則調査

　いわゆる**税務調査**には，全く法律上の根拠を有しない「純粋の任
意調査」もありますが，法律上の根拠を有する税務調査としては，
通常，次の3つに区分されます。

　(1)　**課税処分のための調査**　　一般に「税務調査」といえば，こ
の課税処分のための調査を指す場合が多いといえます。以前は，個
別の税法に質問検査権として規定されていましたが（旧所法234条，
旧法法153条等），現行法では国税通則法74条の2〜6に集約して法
定されています。

　従来より**質問検査権**の行使は，「公平確実な賦課徴収」を目的
（最大判昭和47年11月22日刑集26巻9号554頁）とするものと解されて

います。この調査は，納税者が正当な理由なく調査を拒んだ場合に，罰則が用意されていますが，その本質は，納税者の同意と協力に基づく**任意調査**ですから，調査を強制することはできません。

(2)　**滞納処分のための調査**　　国税徴収法141条以下に規定されている調査で，この場合の質問検査も，基本的には任意調査ですが，(1)と同様に罰則があり（徴法188条），さらに捜索という令状を必要としない強力な強制調査（徴法142条）も背後に控えています。

(3)　**犯則事件のための調査**　　犯則嫌疑者に対する質問・検査，領置等（通法131条）や臨検・捜索等（通法132条）がこれにあたります。このうち，質問・検査は，任意調査ですが，臨検・捜索は，**強制調査**で裁判官の許可なしには行使し得ない（同条1項）ことに注意する必要があります。なお，犯則事件のための調査については，国税犯則取締法が定めていましたが，平成29年度税制改正により同法は廃止され，2018（平成30）年4月1日から国税通則法に編入されました。

　課税処分のための調査と，犯則調査のための調査が事実上交錯する場合もありますが，課税処分のための調査は「犯罪捜査のために認められたものと解してはならない」（通法74条の8）ことになっています。したがって，課税処分のための調査と称して犯則調査をすることは，許されるものではないですし（名古屋高判昭和50年8月28日税資93号1198頁），逆に犯則調査と称して課税処分の資料を収集することも，許されないのです。

☆調査の適正手続

　ところで，税務調査についての手続規定は，ゼミで紹介したように，従来は身分証明書の携帯義務しか法定されていませんでした。そこで，税務調査（質問検査権行使）の要件等のあり方については，昭和40年代以降，学説を中心に，憲法31条等の趣旨に基づき手続面から納税者の権利を保障することの必要性を重視する厳格な解釈論

が展開されてきました。これに対して，最高裁昭和48年 7 月10日決定（刑集27巻 7 号1205頁）が，納税者側の主張を退ける判断を示したことから，課税庁側は税務職員の裁量が認められることを強調し，課税庁側の判断で自由に質問検査権を行使しうるかのような態度が見られます。しかし，最高裁決定は，「質問検査の必要があり，かつ，これと相手方の私的利益との衡量において社会通念上相当な限度にとどまるかぎり，権限ある税務職員の合理的な選択に委ねられている」と述べているのですから，決して，課税庁の自由裁量に委ねたわけではありません。その意味で，2011（平成23）年の国税通則法改正は，税務調査手続の適正化に向けた第一歩として評価してよいと思います。

ゼミ　26-2

市木：国税通則法では，税務調査について，どのように定めているんですか？

春香：まず，税務職員は，「調査について必要があるときは」，納税義務者等に「質問し，その者の事業に関する帳簿書類その他の物件……を検査し，又は当該物件（その写しを含む。……）の提示若しくは提出を求めることができる」と規定しているわ（通法74条の 2 第 1 項など）。従来の質問検査権の規定の場合，納税義務者等への質問や帳簿書類等の検査を行う権限は認められていたんだけど，帳簿書類その他の物件の「提示」や「提出」を求めることができるかについては規定されていなかったの。

仁木：それで，提出された帳簿書類等は，返してもらえるんですか？

春香：普通は，調査後に帳簿書類等は返却されるんだけど，提出さ

れた帳簿書類等を，そのまま税務職員が預かるということが
認められたわ。「留置き」というの（通法74条の7）。

市木：今までもそんなことができたんですか？

春香：税務調査の現場では，税務職員が帳簿書類等を預かる実務慣
　　　　行があったそうよ。でも，それを法律で定めたとなると，だ
　　　　いぶ意味が違ってくるわ。

市木：え〜，それじゃあ，改正で税務調査は厳しくなっちゃったと
　　　　いうことですか？

春香：帳簿書類等の「提示」や「提出」について，正当な理由なく
　　　　応じない場合は，罰則の適用の可能性（通法128条3号）もあ
　　　　るわけだから，ある意味そういえるわ。でも，新しく公表さ
　　　　れた通達やFAQ等では，帳簿書類等の提示・提出や留置き
　　　　に当たっては，納税者の理解と協力の下，その承諾を得て行
　　　　うものとされているわ。

仁木：税務調査は，いつ，どうやって終了するんですか？

春香：税務署長等は，税務調査の結果，更正決定すべきと認められ
　　　　ない場合，その旨を書面により通知し（通法74条の11第1項），
　　　　更正決定等すべきと認められる場合，調査を行った職員が，
　　　　その非違の内容を納税者に説明することになったの（同条2
　　　　項）。これで調査は終了よ。でも，非違事項が見つかった場
　　　　合には，職員は修正申告を勧奨できることになったのよ（同
　　　　条3項）。

市木：どういうことですか？

春香：税務職員が修正申告を行うように，納税者に指導することよ。
　　　　ただ，納税者に対し更正の請求が可能なことを説明し，その
　　　　旨を記載した書面を交付することが義務づけられたの（第25
　　　　章参照）。

資料26-1　税務調査手続の流れ（イメージ）

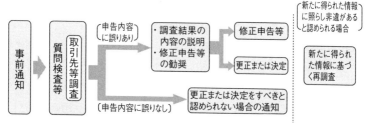

※国税庁・国税局・税務署「税務手続について〜近年の国税通則法等の改正も踏まえて〜」（平成28年4月）（https://www.nta.go.jp/publication/pamph/koho/02.pdf）2頁を一部加筆修正。

仁木：でも，納税者本人だけの調査で，十分に取引内容などがわかるんですか？

春香：納税者本人に対する調査ではなく，その取引先や金融機関等に対する調査も行われているわ。「反面調査」というの。改正で国税通則法の事前通知の対象に，取引先等を含む形で間接的に反面調査を規定しようとしたんだけど，結局見送られたわ。だけど実際に反面調査は，従来から広く一般的に行われているの。

市木：取引相手の調査は，しょうがないんじゃないかな〜。

春香：本人が調査に協力しない場合はしょうがないけど，協力しているのに勝手に取引相手を調査されたら困るのよ。

仁木：取引相手も税務調査はいやでしょうから，確かに困りますね。だって，それをきっかけに取引停止なんてこともありますからね。本人が協力しているときでも，反面調査が簡単にできてしまうと，違法な調査なんて考えられないじゃないですか？

春香：そうでもないわよ。判例のいう「社会通念上相当な限度」を

超えた違法な調査の例というのはあるのよ。

市木：えっ，あるんですか？　どんな場合ですか。

春香：たとえば，人がいない店舗に無断で立ち入った場合。

市木：あれ，立ち入ってはいけないんですか？

春香：税法上認められている調査権には，住居等に立ち入る権利は，含まれていないわよねえ。調査等のために職員の立入が必要なときは，たとえば，消防法4条のように明記しているはずよ。

市木：そうか，納税者がいやだといえば，家には入れないんだ。

春香：そうよ，プライバシー保護の観点からも勝手に居宅や寝室などにも入ってはいけないのよ。当然じゃない。それと，個人のカバンやバッグ等を無理やり開けることも許されないわよ。

仁木：そうですよね。私も自分のバッグを無理やり開けられたら困ります。

市木：強制調査ではなく，任意調査だから，納税者の同意なしに私物に手を出すことはだめなんだ。意外と「社会通念上相当な限度」という判例の基準も使えるじゃないですか。

春香：でもさっき話したように，国税通則法に事前通知や調査終了時の手続が定められたけど，その他についてはまだ個々に判断しなければならないわ。諸外国のように，租税手続に関する法律や納税者権利憲章等で，税務調査に関する具体的なガイドラインが示されるといいんだけど。

仁木：ところで，調査が違法だと，その調査に基づいて行った処分はどうなるんですか？

春香：調査自体が違法でも，それに基づいて行われた不利益な更正処分の効力には，原則として影響を与えないのよ。

市木：ということは，税務調査が違法であっても，それに基づいて

　　行われた更正処分は適法，ということですか。違法な調査を
　　受けた納税者はどうすればいいんだ！
春香：どうするんですか，先生？

解説　26 - 2

　税務調査の具体的方法は，これまで「社会通念上相当な限度」内
であれば，税務職員の合理的な選択に委ねられてきました。2011
（平成23）年の国税通則法の改正により，事前通知や調査終了時の
手続等については法定されましたが，その他については依然として
税務職員の裁量に委ねられています。**反面調査**についても，法律
には規定されず従来と同様の状況です。学説は，本人調査によって資
料収集が不十分な場合にのみ反面調査を補完的に認めるべきと解す
るものが多いのですが，判例は，この点も税務職員の合理的な選択
に委ねてしまっています。とはいえ，最高裁が抽象的に示した「社
会通念上相当な限度」の基準については，これまで判例上いくつか
の具体例が現れています。

　たとえば，税務職員が，事前の連絡もしないで酒臭を漂わせたま
ま，早朝の出勤間ぎわの時刻に訪問して調査を行おうとした事例で
は，「税務調査活動の限界を明らかに逸脱したものと認められる」
として，被告人とされた納税者に対する不答弁罪の適用を否定しま
した（神戸地判昭和51年11月18日税資98号１頁）。また，調査官が同意
を得ずに無人の店舗の内扉の止め金を外して侵入した事例では，課
税庁側は「原告の不在を確認する目的であった」などと主張しまし

たが，「質問検査権の範囲内の正当な行為とはいえ」ないとして，違法な調査に対する国家賠償を認める判決が下されました（最判昭和63年12月20日税資166号963頁）。同様に，調査官が２階の住居部分に無断で入り込んだ行為等について，税務調査の違法性を認定し，国家賠償を認めた事例もあります（大阪高判平成10年３月19日判タ1014号183頁）。

　このように，相当な限度を超える税務調査の事例が裁判で徐々に明らかにされていますが，こうした問題は，調査の手続や方法について法律できちんと規制を設けて，納税者が不当な扱いを受けないように予防すべきです。国税庁も国税通則法改正を受けて，税務調査手続に関する通達等の整備（「税務手続について〜近年の国税通則法等の改正も踏まえて〜」国税庁HP《https://www.nta.go.jp/publication/pamph/koho/02.pdf》参照）を行いましたが，諸外国では，税務調査の一連の手続や方法についての制限等が法定されています。

　また，多くの国々が**資料26−2**のように，法律や行政上の宣言文書として**納税者権利憲章**を制定して，税務調査について代理人の選任・立会権や調査の録音権等，手続面での納税者の権利を特別に保護しています。

　国税通則法改正により，事前通知（通法74条の９）や調査の終了手続（通法74条の11）等が法定されました。しかし，改正の内容は，当初の議論からはだいぶ後退し，国税通則法の名称や目的規定に「納税者の権利」を入れることや，納税者権利憲章の制定等今後の大きな検討課題が残ることになりました（通法附則）。

　なお，税務調査が違法でも，原則としてそれに基づく更正処分には影響を与えないと一般に解されています（たとえば津地判平成９年11月13日税資229号555頁参照）。したがって，違法な調査を受けた場合には，国家賠償法１条１項に基づき，違法な公権力の行使によ

資料26-2　各国の納税者権利憲章の制定状況

国名	納税者権利憲章	制定年	備考
フランス	税務調査における納税者憲章 納税者権利憲章	1975年 1981年	1987年の租税手続法改正により税務調査前に納税者に交付されることになった。 1981年租税手続法典，納税者権利憲章の制定。2005年改定。
ドイツ	租税通則法改正	1977年	納税者権利憲章はないが，租税通則法の手続規定により納税者の権利を保護している。
カナダ	納税者権利宣言	1985年	2007年納税者権利章典改定（7つの法的権利・8つの行政上の権利）。2013年行政サービスへの苦情申立権追加。
イギリス	納税者憲章	1986年	1986年行政文書として制定したが，2003年事実上廃止。2009年財政法により憲章の作成公表の法的根拠を規定し，歳入関税庁が新憲章を作成公表。2016年改定。
ニュージーランド	内国歳入庁お客様憲章	1986年	行政文書
アメリカ	納税者権利保障法第1次～3次 納税者権利章典	1988年 2014年	1988年第1次，1996年第2次，1998年第3次納税者権利保障法制定。それに基づき「納税者としてのあなたの権利」を内国歳入庁が作成・配布。 2014年内国歳入庁が新たに「10の権利」からなる納税者権利章典を公表。
オーストラリア	国税庁サービス方針 納税者憲章	1989年 1997年	納税者への行政サービスの方針の策定。 英語版ほか各国語版があり，日本語版もある。2010年改定。
インド	納税者権利宣言	1990年	行政文書
韓国	納税者権利憲章	1997年	2007年改定。
スペイン	納税者権利保障法	1998年	納税者の権利に関する法律として立法。
イタリア	納税者権利法	2000年	納税者の権利に関する法律として立法。
トルコ	納税者権利宣言	2005年	行政文書
オーストリア	納税者憲章	2008年	行政文書

※平成22年4月13日第6回政府税調納税環境整備小委員会資料および長谷川博税理士のHP（http://www.h-hasegawa.com/）の資料などを参考に作成。

り受けた精神的苦痛に対する賠償を求めるしかないのが現状です。

　しかし，平成23年の国税通則法改正により手続的正義が明文化されました。この点からすると，税務調査の違法が課税処分に影響を

与えないとする判例は変更されるべきではないでしょうか。

　そのように考えなければ，平成23年改正で事前通知等の手続を明文で法定したことの意義が失われるおそれがあるからです。今後の判例の動向に注視が必要です。

　この点について，近時の裁判例には，平成23年改正で導入された事前通知や調査終了時の説明がなかったことを理由に，納税者が課税処分の取消しを求めたものが増えています（東京高判令和2年3月4日税資270号順号13389，東京高判令和2年8月26日税資270号順号13441，東京高判令和3年8月25日税資271号順号13597，東京地判令和3年10月6日税資271号順号13613等参照）。

　また，こうした税務調査手続の違法と課税処分の関係について，調査終了の際の手続を定めた国税通則法74条の11の「規定は，税務当局の納税者に対する説明責任を強化する観点から，調査終了の際の手続について，実務上行われてきた運用上の取扱いを法令上明確化したものである。この改正の趣旨からすると，税務当局が国税に関する調査結果の内容について納税者に対する説明責任を果たさず，その結果，自ら納税義務の内容の確定を行う意思のある納税義務者の修正申告等の機会が実質的に失われたと評価される事案については，税務当局による説明義務が定められた趣旨に反するものとして，当該手続を経てされた課税処分を違法な処分として取り消すべき場合がある」と判示したものも，あらわれています（東京高判令和4年8月25日公刊物未登載）。

第27章　脱税が見つかると，どうなるの？

【租税処罰法】

春香の質問　27

　　皆さん，脱税した人には懲役等の実刑を科すべきかしら，それとも税金をごまかしたんだから経済的負担を課した方がいいかしら？　ところで，所得税17億円の脱税が見つかったら，実際にはどうなると思う？

ゼミ　27-1

市木：脱税した場合ですか？　税金をごまかしたんだから，基本的には罰金で痛い目に遭わせた方がいいんじゃないですか～。

仁木：でも，脱税ってやはり犯罪よ。懲役刑も必要じゃない？

市木：う～ん，脱税している人って結構いると思うな。脱税するとみんな刑務所に入れられるのは，ちょっとな～。

春香：脱税に対する制裁をどうするかは，難しい問題よね。戦前は罰金・科料の財産刑だけで，しかも脱税額の何倍というように形式的に決められていたそうよ。

市木：要するに，税金をごまかしたんだから，金を納めろ，ということか。

春香：それが，徐々に通常の犯罪と同様になってきているの。所得税を脱税すると，「10年以下の懲役若しくは1,000万円以下の罰金」が科されるわ（所法238条1項）。懲役と罰金が併科さ

れることもあるようよ。

市木：懲役刑があるのか〜。なんか厳しいな。

春香：脱税犯は，通常，国税通則法（平成29年改正前は，国税犯則取
締法）に基づく強制調査を受けて，それで犯罪の嫌疑が固ま
ると告発されて起訴されるんだけど，年間何件ぐらい起訴さ
れて裁判になっていると思う？

仁木：1〜2万件以上はあるのではないですか？

市木：いや，もっとあるんじゃないかな。

春香：資料27−1を見て。

資料27−1　直接国税犯則事件表

1 審判決数および有罪件数・率の累年比較

区　分 （年度）	判決件数	有　罪	
		件　数	率（％）
平成29	143	143	100.0
30	122	122	100.0
令和元	124	124	100.0
2	87	86	98.9
3	117	117	100.0
4	61	61	100.0

（注）件数には，上級審からの差戻し件数を含む。
※国税庁長官官房企画課「税務統計―20―3　国税犯則事件（査察事件）」（https://
www.nta.go.jp/publication/statistics/kokuzeicho/sonota2022/pdf/hansoku/20_
gaiyo.pdf）の第40表より作成。

市木・仁木：え，たったの100件台？

市木：おかしいな。脱税している人がこんなに少ないかな〜？

春香：刑事事件として起訴される数はこの程度なの。脱税は軽微な
ものまで含めると確かに数が多いわ。だから，脱税すべてを
起訴するのではなく，巨額の脱税や非常に悪質な脱税に絞っ
て起訴しているようよ。

市木：それじゃ，軽微な脱税は許してもらえるんですか？

春香：許されるわけではないわよ。軽微な脱税者には通常の加算税
　　　（通法65条，66条，67条）より重い重加算税（通法68条1項〜
　　　3項）を課して，それでおしまいにしているのよ。

市木：悪質な脱税者は起訴されて刑事罰を受け，軽微なものは重加
　　　算税でおしまい，というわけか。何だかホッとしたな。

仁木：何でホッとするの？　あやしいわ。税務署に知らせようかな。

春香：そうそう，脱税発見の一番有力な手がかりは密告みたいよ。
　　　この間も私のところに，「○○さんは非常にあくどく稼いで
　　　いるのに，税金も払っていない。何とか，処罰してほしい」
　　　というメールが来てたわ。だから，最寄りの税務署でそうい
　　　う情報を受け付けているはずだから電話したら，と教えてあ
　　　げたのよ。どうなったかな〜。

解説　27-1

☆租税刑法の一般刑法化

　脱税を含む租税犯の性質をどう理解し，それに対する処罰をどう
考えるべきなのでしょうか。戦前は，租税犯を，実質的には国庫に
損害を与える違法行為と解し，したがって，租税犯に対する処罰も
国庫に対する損害賠償ととらえる見解が有力でした。1944（昭和
19）年の法改正までは，刑罰は罰金・科料の財産刑に限られ，その
金額は脱税額の3倍とされ，裁判官の裁量の余地を認めない定額財
産刑主義が採用されていました。また，罪を犯し，まだこれが発覚
する前に自首すれば国に財産上の損失を生じさせなかったことにな

るので，その罪を問わない自首不問罪等の規定もありました。刑法総則中の多くの規定が排除されていたのも，租税犯に対する処罰は国家に対する損害賠償であるとの考えの現れであったといわれています。

しかし，その後，間接税への懲役刑の導入，定額財産刑主義・自首不問罪の廃止（1944〔昭和19〕年），直接税への懲役刑の導入（1947〔昭和22〕年），刑法総則の適用排除の全面廃止（1962〔昭和37〕年）と改正が重ねられ，今日では一般刑法とほとんど差異がなくなっています。諸外国においても，脱税に対する刑罰として懲役刑・禁錮刑といった自由刑が定められています（**資料27-2** 参照。なお，日本では2010〔平成22〕年度の税制改正で，懲役刑・罰金刑とも上限が引き上げられています。さらに，2025〔令和7〕年6月1日に施行される改正刑法では，懲役刑は拘禁刑になります）。

また，1980（昭和55）年頃から，直接国税脱税犯に対し懲役の実刑判決を言い渡す例が見られるようになったことも，租税刑法の一般刑法化を裏づけています。**資料27-3** のとおり，脱税犯に対する実刑判決は，1975（昭和50）年にはわずか1件だったものの，1998（平成10）年には懲役刑の有罪判決のうち1割強を占めるほどにまで増えています。

ただし，ゼミでも紹介したように，実際に起訴されて裁判になっているのは年間に100件を超える程度であり，ごく悪質な脱税者に限られています。その他の軽微な脱税については，重加算税という行政上の制裁ですまされているからです。

☆重加算税

その意味で，重加算税制度は重要な役割を果たしています。

重加算税の目的は，納税者が隠蔽・仮装という不正手段を用いた場合に，これに特別に重い負担を課すことによって，申告納税制度

資料27−2　脱税に対する罰則の国際比較（未定稿）

(2009年1月現在)

区分	日　　本	アメリカ	イギリス
罰則の内容	○5年以下の懲役 　もしくは ○脱税相当額（脱税額が500万円以下の場合は500万円）以下の罰金 　または ○その併科	○5年以下の禁錮 　もしくは ○10万ドル（1,050万円）（法人の場合50万ドル〔5,250万円〕）以下の罰金 　または ○その併科	［略式起訴の場合］ ○6か月以下の拘禁刑 　もしくは ○5,000ポンド（95万円）以下の罰金 　または ○その併科 ［正式起訴の場合］ ○7年以下の拘禁刑 　もしくは ○罰金（上限なし） 　または ○その併科 　　　　　　　　　　等

ドイツ	フランス
○5年以下（悪質な場合は，6か月以上10年以下）の懲役・禁錮 　もしくは ○5ユーロ（755円）以上180万ユーロ（2億7,180万円）以下の罰金 　または ○その併科	次の禁錮および罰金の併科 ○5年以下（5年以内の再犯の場合は，10年以下）の禁錮 ○37,500ユーロ（約566万円）以下（悪質な場合は，75,000ユーロ（約1,133万円）以下，5年以内の再犯の場合は，10万ユーロ〔1,510万円〕以下）の罰金

(注) 所得税および法人税に相当する税に関するものである。
(備考) 邦貨換算レートは，1ドル＝105円，1ポンド＝190円，1ユーロ＝151円（基準外国為替相場および裁定外国為替相場：2008〔平成20〕年6月から11月までの間における実勢相場の平均値）。
※国立国会図書館が保存した2010年6月1日時点の財務省HP資料（http://warp.ndl.go.jp/info:ndljp/pid/1022127/www.mof.go.jp/jouhou/syuzei/siryou/208.htm）より。

の意義が失われるのを防止することです。通常の過少申告加算税（原則として10％。通法65条1項）等の代わりに，その計算の基礎となる税額の35％（無申告加算税〔通法66条1項〕の代わりの場合は40％）の高税率で負担が課せられます（通法68条1項）。

資料27−3 脱税犯に係る懲役刑の有罪人員（第1審判決・間接国税以外）

（単位：人）

期間＼判決年	1年未満	うち実刑	1年以上	うち実刑	2年以上	うち実刑	3年以上5年以下	うち実刑	合計	うち実刑
昭和50年	95	1	21	—	2	—	—	—	118	1
55	76	—	71	4	5	—	—	—	152	4
60	57	2	74	9	11	2	—	—	142	13
平成元	27	2	106	8	33	7	3	1	169	18
5	16	—	109	10	33	3	6	3	164	16
10	44	—	119	12	24	7	5	4	192	23

（注）最高裁判所事務総局「司法統計年報2刑事編」による。
※平成12年5月16日付税調資料 (https://www.cao.go.jp/zei-cho/history/1996-2009/gijiroku/soukai/2000/pdf/kiho20e2.pdf) 19頁より。

　事実の「**隠蔽**」とは，売上除外，証拠書類の廃棄等，課税要件に該当する事実の全部または一部を隠すことをいい，事実の「**仮装**」とは，架空仕入・架空契約書の作成・他人名義の利用等，存在しない課税要件事実が存在するように見せかけること等をいうと，一般に解されています。

　他に何もせずに，ただ申告書に本当の所得よりも少ない金額を書いて申告する行為を「**つまみ申告**」といいます。このような申告が重加算税の対象になるのか疑問があるのですが，判例（最判平成6年11月22日民集48巻7号1379頁）は，これも重加算税の対象にしています。

　前述のように，この重加算税制度が軽微な脱税等に適用されてい

ることは，**資料27 - 4**のように，申告所得税だけで，年間約2万1,000件の重加算税処分があることから理解されるでしょう。

資料27 - 4

区　分		令和3年分とそれ以前の合計		
		人員	総所得金額等	申告納税額
申告または処理による増減差額		1,901,779	百万円 7,202,059	百万円 438,514
加算税の増減差額	過少申告加算税	54,149	—	5,088
	無申告加算税	76,926	—	6,027
	重加算税	21,668	—	7,506
	計	152,743	—	18,621
合　計		—	—	457,135

※国税庁HP統計資料（https://www.nta.go.jp/publication/statistics/kokuzeicho/shinkoku2022/pdf/02_kazeijokyo.pdf）（申告所得税の「既往年分の課税状況」の表「合計」欄）より作成。

ゼミ　27 - 2

市木：そうすると実際に起訴される人は，よほど悪質なんだ。

春香：行為の悪質性と脱税額の大きさなんかが基準になっているみたいね。昔は3年間で1億円以上脱税したら，起訴されるんじゃないかっていわれていたわ。

市木：1億円！　一度でいいから脱税してみたい……。

春香：大変よ，発覚したら。2010（平成22）年度に脱税犯の法定刑が引き上げられたときの資料では，1件あたりの脱税額は概ね1億5,000万円程度と説明されていたわ（平成21年度第18回税制調査会〔12月3日〕資料〔納税環境整備〕9頁参照）。でも，最近は4,000万円くらいの脱税でも起訴されているみたい。

仁木：なぜ3年間の金額で考えるんですか？

春香：さっき所得税の脱税に対する刑罰の上限が改正前は懲役5年だったという解説があったでしょう。これは他の税でも同じだったんだけど，そのため，5年経つと起訴できなくなっていたの（公訴時効。刑訴法250条2項5号）。脱税の調査から起訴されるまで結構時間がかかることもあって，3年分で考えることが多かったみたい。でも，課税処分は，悪質な場合は7年遡ってされるわ（通法70条5項。第25章参照）。ここは区別しておいてね。それに，所得税だけでなく他の税でも懲役刑の上限が10年に延びたことで，公訴時効も7年まで延びたから（刑訴法250条2項4号），これからは脱税額も3年分ではすまなくなるかもしれないわね。

仁木：発覚した場合は，脱税した分は当然納めるんだと思いますが，罰金も加わるんですか？

春香：いい？　まず，脱税した税額。それにさっきもいった重加算税がかかるわ。それから，本来払うべき時期に払わないで，ず～っと遅れたんだから延滞税もかかるわ。

市木：なんだか，恐ろしくなってきたけど，具体的なイメージがわかないな。

春香：それじゃ，17億円も脱税したある政治家の事件を具体例に紹介してみようかな。

仁木：ぜひお願いします。

春香：まず，所得税17億円脱税したから，この分は納めなければいけないわね。それに重加算税，約6億円。

市木：え～，6億円!!

春香：だって，脱税額17億円の35％だったら，そのぐらいでしょ。それに延滞税が約3億円。

市木：ひえ〜。それじゃ26億円じゃないですか。

春香：まだまだよ。だって所得税を脱税しているなら，当然地方税の住民税も脱税しているわね。その分が4億円。その地方税の重加算金と延滞金（地方税の場合は加算金，延滞金と呼ぶ）が2億円ぐらいになるはずよ。

市木：それじゃ，17億円が32億円。う〜ん……。

春香：まだ倒れるのは早いわ。これに罰金が加わるのよ。

市木：そ，そんなバカな。だってさっき重加算税を課しているじゃないですか。

仁木：それって，憲法が禁止している二重処罰の禁止に該当しないのですか？

春香：重加算税は申告納税制度をまもるための特別な負担で，刑罰ではないから，二重処罰にはあたらないというのが判例の立場よ。だから，罰金が3億円だって。

市木：そ，それもおかしいですよ。さっき，所得税の場合の刑罰は「10年以下の懲役若しくは1,000万円以下の罰金」といったじゃないですか。

春香：この罰金額は脱税額が1,000万円を超えるときは，脱税額以下まで引き上げることができるのよ（所法238条2項）。通常の場合は，脱税額の2割程度が相場のようよ。

市木：それじゃ，35億円。この人が17億円脱税したときの所得はいくらだったんですか？

春香：確か，28億円程度よね。

市木：28億円の所得に対し17億円の所得税がかかるので，脱税したら，その結果35億円も納めねばならない。う〜ん……。

春香：まだあるわ。これに懲役3年が加わるから。

市木：懲役も？　もう，ばかばかしくって唸ってられな〜い。

344

春香：さっき，懲役と罰金が併科されることもあるっていったわよ
　　　　ね。この場合もそうなの。

仁木：これで終わりですか？

春香：実際にはもっとあるのよ。懲役刑を免れたい人がよくやるの
　　　　は，贖罪寄付ね。福祉施設などに多額の寄付をして，悔い
　　　　改めていることを裁判官に理解してもらい，何とか懲役刑を
　　　　勘弁してもらおうということなの。結構多いのよ。

市木：いや～，脱税ってお金がかかるんですね～。

解説　27－2

　このように，脱税が摘発された場合には，本税のほかに重加算税
および**延滞税**が課せられます（通法68条，60条）。延滞税は，法定納
期限の翌日からその国税を納付するまでの期間に応じ，原則として
14.6％（同条2項本文。現在は特例措置があります。措法94条1項参照）
の割合で課せられるもので，私法上の遅延利息に相当する民事罰と
解されています。さらに，所得税を脱税している場合には住民税も
脱税しているので，この本税および**重加算金・延滞金**が加わりま
す。
これだけでも，相当重い負担になりますが，さらに罰金も加わりま
す。

　軽微な脱税には重加算税が適用され，その負担だけですまされて
いること等を考慮すると，重加算税は実質的に罰金の代替的機能を
有しているといえますので，両者の併科は**二重処罰の禁止**（憲法39
条後段）に該当すると解する学説が少なくありません。この点，最

高裁昭和45年9月11日判決（刑集24巻10号1333頁）は重加算税の性格を「納税義務違反の発生を防止し，もって徴税の実を挙げようとする趣旨に出た行政上の措置」であるとし，「違反者の不正行為の反社会性ないし反道徳性に着目してこれに対する制裁として科せられる刑罰とは趣旨，性質を異にする」と述べて，二重処罰の禁止に該当しないと判示しています。しかし，立法論としては，軽微な脱税については重加算税，悪質な脱税には刑罰のみを科すように，両者の適用範囲を明確に区別すべきでしょう。

　さて，実際に脱税が摘発された場合の，その後の負担は様々ですが，最高裁平成9年7月3日決定（税資225号1944頁）が支持した原審・東京高裁平成6年3月4日判決（判時1499号135頁）の判断はゼミで紹介されたような内容でした。この事例では被告に罰金まで科すことが妥当かどうかが争点とされ，第1審では罰金は科されませんでしたが，政治家の脱税責任を重く見た高裁で逆転されました。

　株などで儲かったときに，脱税をし，それを資金にさらに投資したところ，株が下がってしまい，しかもその時に脱税が発覚した場合を想定すれば，どういう事態になるかは容易に推測できるでしょう。本章では，脱税の発覚した場合の経済的負担等の重さを理解してください。

第28章　納得いかない課税処分を受けた。どうする？

【租税救済法(1)──不服申立て】

春香の質問　28

> 皆さん，もしあなたに納得のいかない課税処分がなされたらどうします？　直接，裁判所に訴えることができるのかな？

ゼミ　28-1

市木：納得いかない課税処分がなされた？　放っとけば？

春香：払わないで，放っておいていいのかしら？　課税処分というのは，行政法でいうところの行政行為の典型だから，いろいろと特殊な効力があるのよ。

仁木：どんな効力ですか？

春香：たとえば，行政行為に対しては一定期間内に争っておかないと，後から違法だといってその取消しを求めることができなくなるわ。不可争力とか形式的確定力といわれる効力よ。

市木：そりゃ大変だ！

春香：課税処分をそのままにしていると，今度は国税徴収法に基づいて，市木君に対して滞納処分がなされるわ。

仁木：滞納処分って，差押えのことですか？

春香：そうよ。民間の金貸しが市木君からお金を返してもらうときは，まず裁判所に訴えて自分の権利を認めてもらわないといけないし，強制執行も裁判所の力を借りてはじめてできるの

よね。ところが，税金の場合は租税債権者が裁判所に訴える
必要もないし，強制徴収も裁判所の力を借りず自らできる仕
組みになっているの。自力執行力といわれる効力よ。

市木：差押えされたときに，争えばいいじゃないですか。

春香：そこで争えるのは，たとえば，差押えが禁止されている財産
（徴法75条等）を差し押さえた場合のような，差押え固有の瑕
疵に限定されていて，「課税処分が違法だったから，それに
基づく差押えも違法だ」とは主張できないというのが判例な
の。だから，差押えされてからでは手遅れなの。

市木：わかりましたよ。すぐ争いますよ。裁判所へいつまでに訴え
ればいいんですか？

春香：ごめんね。いきなり裁判所に訴えてもだめなのよ。

市木：え〜っ，それじゃ，どこで争えばいいんですか？

春香：まず行政庁に対して不服申立てをしなければならないの。不
服申立前置主義といわれている制度ね。

市木：行政事件の場合はみんなそうなんですか？

春香：行政事件訴訟法の建前では，行政庁に対する不服申立てと直
接裁判所へ出訴するのと，どちらを選んでもいいことになっ
ているんだけど（行訴法8条1項本文），実際は国税通則法の
ように，個別の法律で不服申立てを前置している例が多いよ
うよ。

仁木：なぜ，不服申立てをしなければならないんですか？

春香：課税処分って毎年大量に行われるから，不満だからといって
すぐに裁判所に訴えられたら裁判所が大変だっていうわけ。
それに，税金事件はかなり専門的でしょ。だから，専門的判
断ができる行政のところで再度検討した方が救済の効果が上
がる，と考えられたみたい。

仁木：課税処分の場合は具体的にどこへ申し立てるんですか？

春香：不服申立制度は**資料28－1**（国税に関する不服申立制度の概要図）を見て。課税処分の場合は，税務署長が行った処分になるから，２つの方法があることになるわね。

市木：うーん，なんかややこしそう。

春香：１つは，国税不服審判所長に対する審査請求。もう１つは，税務署長等に対する再調査の請求ね。

仁木：どちらが原則なんですか？

春香：審査請求が原則よ。

市木：ってことは，裁判になる前に２つの手続をしないといけない，ってわけではないのですね？

春香：そうよ。裁判の前に不服申立てをしないといけないといっても再調査の請求は必須ではなくて，審査請求をすればよいとされているの。審査請求前置主義といわれる仕組みね。

市木：いきなり審査請求をして，それがダメだったら裁判を起こせるわけですね。じゃ，納税者の負担は大きくはなさそうですね。

春香：そうね。ただ，再調査の請求を選択したときは，それがダメだった場合にいきなり裁判を起こすことはできなくて，審査請求をすることになるから，それは注意してね。

仁木：あの，なぜ再調査の請求という制度があるんですか。審査請求だけにしてしまった方が納税者にとってもいいんじゃないかと思うんですが。

春香：さっきも説明したように，課税処分は毎年大量に行われて，不服申立ても大量になされているのだけど，処分をした当の行政庁に簡易な手続で改めて処分の見直しをさせる方が，不服を申し立てる納税者の権利や利益を簡易迅速に救済できる

資料28-1 国税に関する不服申立制度の概要図

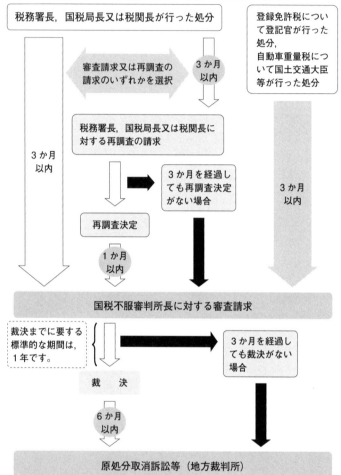

(注) 1 国税庁長官が行った処分に不服がある場合は,国税庁長官に対する審査請求を経て,訴訟を提起することができます(国税不服審判所長に対する審査請求をすることはできません。)。

2 国税徴収法第171条第1項又は第2項の適用があるときの不服申立期間については,上記の期間と異なる場合があります。

※国税不服審判所「審判所ってどんなところ?」(令和5年8月)
(https://www.kfs.go.jp/introduction/pamphlet/pdf/pamphlet1.pdf) 5頁より。

面もある，と考えられたからなの。

市木：でも，税務署とはいろいろ議論した上で，結局，課税処分を
してきたんでしょう。議論しても無駄じゃないかな。

春香：税務署でも処分を担当した人とは別の人が担当するみたいだ
から，違った結論が出るかもしれないわよ。ほら，**資料28
－2**を見て。

資料28－2　再調査の請求の状況

区分 （年度）	再調査の請求件数		処理済件数	請求認容件数	
		伸び率			割合
平成30	2,043　件	12.6　%	2,150　件	264　件	12.3　%
令和1	1,359	－ 33.5	1,513	187	12.4
2	1,000	－ 26.4	999	100	10.0
3	1,119	11.9	1,198	83	6.9
4	1,553	37.0	1,371	63	4.6

※国税庁「令和4年度における再調査の請求の概要」（https://www.nta.go.jp/
information/release/kokuzeicho/2022/saichosa/index.htm）より作成。

仁木：納税者の主張が認められたのは，数％から10％程度なんです
ね。納税者からみるとあまり期待できなさそうですね。

春香：そうね。でも，再調査の請求を納税者が取り下げる場合も10
％程度あるんだけど，その中には税務署が職権で課税処分を
取り消したケースもあるらしいの。だから，納税者が救済さ
れる割合はもう少し高いかもしれないわね。

市木：それじゃ，全く無駄ってわけでもないんだ。再調査の請求を
するときは，どうすればいいんですか？　税務署の窓口で
「再調査の請求をします」といえばいいんですか？

春香：それではだめね。再調査の請求書をきちんと書いて（通法81
条），課税処分があったことを知った日の翌日から3か月以

内に提出しなければならないのよ（通法77条１項本文。**不服申立期間**）。３月10日に課税処分の通知を受けたなら，６月10日までに提出することになるわね。この期間も，2016（平成28）年４月の改正前は２か月だったから，納税者にとっては検討や準備をする時間が少しは延びたといえるわ。

市木：でも，再調査の請求って多い年でも年間2,000件台なんですね。これって少なくないですか？

春香：そうね。**資料28 − 2** の統計の件数は申し立てた人数を数えているわけじゃないからちょっとわかりにくいんだけど，**資料28 − 3** を見ると確かに少ない気がするわね。

市木：えっと，課税処分は20数万件とか30万件くらいあって，再調査の請求は異議申立ての項目を見ればいいから，異議申立てが1,200件前後か。やっぱり少ないな〜。なんでこんなに少ないんですか？

春香：調査で誤りや対立のある点を指摘されると，税務署が修正申告を求めるのよ。そして，納税者も修正申告に応じることが多いの（第25章参照）。

仁木：なぜ，修正申告を税務署が勧めるんですか？

春香：修正申告は納税者が自分で税額を修正するのだから，後から争えないでしょう。教科書では申告が誤っている場合には更正処分をするって書いてあるけど，それは例外で，実際は修正申告が原則になっているのよ。

資料28－3　課税処分件数と課税関係争訟数との比較
（申告所得税・法人税・相続税・贈与税の場合。人数〔事件〕ベース）

		17年度	18年度	19年度	20年度
					（速報値）
①課税処分	上段：加算税賦課	299,409	308,192	290,993	234,760
	下段：更正・決定	11,822	11,351	11,902	12,182
②異議申立て （税務署長等，原処分庁に対するもの）		1,294	1,151	1,203	1,134
③審査請求 （国税不服審判所に対するもの）		675	554	559	549
④訴　訟 （第１審地方裁判所に対するもの）		112	157	117	122

（注１）　上記計数は，各年に行われた課税処分，異議申立て，審査請求，訴訟の人数（事件）ベースの件数であり，それぞれ個別に対応するものではない。課税処分は事務年度（ただし，加算税賦課につき，申告所得税は会計年度，相続税は国税庁統計年報書による），課税処分以外は会計年度の計数。

（注２）　「課税処分」の件数は，「加算税賦課」については申告所得税，法人税，相続税および贈与税に係る加算税賦課決定件数を，「更正・決定」については所得税（着眼を除く実地調査），法人税（実地調査），相続税および贈与税の更正決定件数（一部減額更正を含む。）を，それぞれ合計したもの。

（注３）　「異議申立て」および「審査請求」の件数は，各年度において，申告所得税，法人税，相続税および贈与税の処分に対してそれぞれ異議申立てまたは審査請求をした納税者の数を合計したもの（国税庁，国税不服審判所調べ）。

（注４）　「訴訟」の件数は，第１審の各年度の提起件数のうち，主たる税目が所得税，法人税，相続税および贈与税の件数を合計したもの（国税庁調べ）。

※平成22年５月13日開催税制調査会納税環境整備小委員会資料（https://www.cao.go.jp/zei-cho/history/2009-2012/gijiroku/sennouzei/2010/__icsFiles/afieldfile/2010/11/19/sennouzei8kai1.pdf）　５頁より。

解説　28－1

☆不服申立前置主義

　課税処分の内容を争う場合，いきなり裁判所に訴えることはできません。ゼミで説明されたとおり，2016（平成28）年３月までの制度では，原則として，まず異議申立てをして，次いで**審査請求**をするという，二段階の不服申立てをすることが求められていました。

同年4月からの新しい制度では，いきなり審査請求から行うのでも，**再調査の請求**をしてから審査請求を行うのでも，どちらでも良いことになりました。ただ，ゼミでいわれていたとおり，課税処分の内容がおかしいと考えたら課税処分自体を争う必要があり，その後の滞納処分の段階では課税処分の内容がおかしいことを理由として争うことができなくなりますから（広島高判昭和26年7月4日行集2巻8号1167頁等参照），3か月の不服申立期間を過ぎないよう注意する必要があります（なお，再調査の請求が退けられた後に審査請求をする場合，不服申立期間は1か月となることに注意してください）。

　訴訟の前にこうした行政上の不服申立てをし，これに対する判断（裁決など）を経ることを強制する仕組みを**不服申立前置主義（審査請求前置主義）**といいます（行訴法8条1項ただし書，通法115条1項本文）。さらに，以前の制度では，国税については不服申立ても二段階とする仕組み（**異議申立前置主義**）が採られていました。二段階の不服申立てを強制することに対して学説からは批判も強かったのですが，最高裁昭和49年7月19日判決（民集28巻5号759頁）は「その趣旨は，国税の賦課に関する処分が大量かつ回帰的なものであり，当初の処分が必ずしも十分な資料と調査に基づいてされえない場合があることにかんがみ，まず，事案を熟知し，事実関係の究明に便利な地位にある原処分庁に対する不服手続によってこれに再審理の機会を与え，処分を受ける者に簡易かつ迅速な救済を受ける道を開き，その結果なお原処分に不服がある場合に審査裁決庁の裁決を受けさせることとし，一面において審査裁決庁の負担の軽減を図るとともに，他面において納税者の権利救済につき特別の考慮を払う目的に出たものであり，租税行政の特殊性を考慮し，その合理的対策としてとられた制度であることは明らかである」としています。

たしかに，このような利点があることも否定はできないでしょう。しかし，事実関係には争いが無く税法の規定の合憲性のような法律問題が争点となる事件にまで二段階の不服申立てを強制する合理性はないでしょう。ゼミで説明された改正は，行政上の不服申立制度を一般的に定めている行政不服審査法が，公正さの向上や使いやすさ（利便性）の向上という観点から全面的に改正されたことにともなうものです。新しい制度では審査請求のみでも良いこととし，再調査の請求については前置主義を採らないことにした点は，納税者の利便性を高めるという点で評価できると思われます。

　もっとも，裁判を受ける権利（憲法32条）との関係から考えると，審査請求前置主義自体も見直し，納税者に不服申立てをするか直接裁判所に訴えて争うかの選択を認める制度にすることも考えられます（**自由選択主義**）。

☆修正申告とその救済

　なお，納税者の申告が誤っていた場合，税務署長は増額更正処分を行うことができます。しかし，現実には更正処分がなされることは少なく，通常は納税者自身に修正申告を勧め，納税者もこれに応じています。このような修正申告の勧奨は，以前は行政指導（行政手続法2条6号）の一種と考えられ，明文の根拠なく行われてきましたが，現在では明文化されています（通法74条の11第3項，第25章参照）。納税者も納得した上で修正申告に応じるのであれば問題はないといえますが，修正申告をすると，争うべき更正処分がないため不服申立てもできなくなりますから，注意が必要です。いったん修正申告に応じたもののやはり納得できないという場合には，更正の請求期間内であれば更正の請求により修正申告で増額した税額の見直しを求めることが可能ですが，期間が過ぎてしまえばこの方法も不可能になります。この点には留意してください。

ゼミ　28-2

市木：えっと，さっきの説明だと，再調査の請求をしてもしなくて
も，裁判で争う前には国税不服審判所長に対して審査請求を
しないといけないんでしたよね。

仁木：国税不服審判所というのは，どういう機関なんですか？

春香：国税庁に置かれてはいるんだけど，税務署などの課税や徴収
を行う機関とは分離され，審査請求に対する裁決だけを行う
機関なの。行政の中に第三者的な機関を置き，裁判所に準じ
てできるだけ公平な立場で判断できるようにしようという考
え方のもと，1970（昭和45）年に設立されたわ。

仁木：実際もそうなっているのですか？

春香：それがね～，審判官の身分は通常の税務署の職員と同じで，
審判官を務めた人がその後再び税務署に戻っている例が多い
のよね。

市木：それで，第三者的な機関といえるのですか。

春香：最近は，民間人の採用も進められていて，審判官の半数が税
理士や弁護士などから採用されているのよ。民間採用がほと
んど無かった時代に比べれば，審判所を設立した時の理念に
近づいたといえるでしょうね。でも，根本的には税務署とは
人事を独立させることが必要なんじゃないかな。

仁木：審査請求では納税者の主張がどのくらい認められているんで
すか？

春香：資料28-4を見て。再調査の請求とあまり違わないくらいか
な。

市木：これだと，審判所が第三者的な機関って印象をますます受け
なくなりますね。利用する意味があるのか，微妙だなぁ。

資料28-4　審査請求の状況

区分 (年度)	審査請求件数		処理済件数	請求認容件数	
		伸び率			割合
平成30	3,104　件	5.1　%	2,923　件	216　件	7.4　%
令和1	2,563	− 17.4	2,846	375	13.2
2	2,237	− 12.7	2,328	233	10.0
3	2,482	11.0	2,282	297	13.0
4	3,034	22.2	3,159	225	7.1

※国税庁「令和4年度における審査請求の概要」(https://www.nta.go.jp/information/release/kokuzeicho/2022/shinsa/index.htm)。

仁木：審査請求をすると，税務署と法廷みたいなところで議論できるんですか？

春香：いいえ。納税者も税務署も言い分を書面で提出することになっていて（通法87条，93条等），原則として提出された書類を基に審理が進められるの（書面審理主義）。**資料28-5**を見て。

市木：「国税」不服審判所って名前が付いているということは，地方税の不服申立ては審判所では扱わないんですよね，たぶん。

春香：そのとおり。地方税も不服申立前置主義があるけど（地法19条の12），基本的な手続は行政不服審査法に基づいて行われるし，国税と違って審査請求を審理するための特別な機関は置かれていないから，都道府県民税なら知事に，市町村民税なら市町村長に対して審査請求をすることになるわ（行政不服審査法4条参照）。ただし，細かい話だけど，固定資産税に関してはまた別の制度（審査の申出）があるから，固定資産税が問題となるときは注意してね（地法432条～436条）。

仁木：資料を見ると，書面を出すだけじゃなくていろんな手続があるみたいですけど，こういう手続は弁護士でないとできないんですか？

資料28-5　一般的な審理の流れ

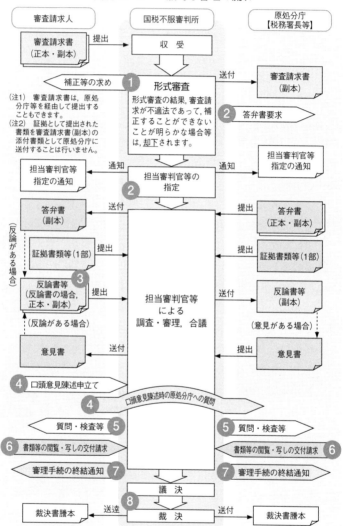

※国税不服審判所「審判所ってどんなところ?」(令和5年8月)(https://www.kfs.go.jp/introduction/pamphlet/pdf/pamphlet1.pdf)　6頁より。

春香：私，審査請求の代理人をやったことがあるのよ。不服申立ての代理人は「弁護士，税理士その他適当と認める者」ができるの（通法107条１項）。

仁木：結果はどうだったんですか？

春香：審判所の判断は裁決で示されるんだけど，私の場合は負けちゃった。残念だったわ。

仁木：そうなると，いよいよ裁判ですね。

解説　28－2

　国税の審査請求については，1970（昭和45）年以来，専門的審理機関として**国税不服審判所**の制度が導入されています（通法78条）。この制度は，それ以前の協議団制度より第三者的な性格をもたらすものとして期待されて創設されたのですが，実際にはその果たしている役割に疑問が多く投げかけられてきました。その最大の理由は，組織的・人事的独立性の問題です。国税不服審判所はあくまで国税庁の機関であり，審判官等の職員の身分も通常の税務職員と同様の税務行政官です（税理士や弁護士等から審判官に任命される者も，身分的には税務行政官になります）。しかも，国税不服審判所と税務署部門との間に，常時，人事交流が行われています。そのため，人事的な面での独立性が欠けてしまっているといわざるを得ません。税法という専門の紛争についてはある程度専門知識を持っている者が担当するのが望ましく，その意味で税務職員経験者が審判官として関与することを否定する必要はないのですが，頻繁に人事交流がな

されては，第三者的性格が薄れてしまい，権利救済機関としては問題といわねばなりません。この点を改革することが最大の課題であり，審判官になった者はそのまま審判官の職に定年まで専念するのを原則とするような改革を行うべきでしょう。その上で，民間審判官を多く採用し，第三者的性格をより高めていく必要があると思います。韓国の不服審判院では，民間の審判官を多く採用し，国税庁からきた審判官と民間の審判官が同数で議決をする方法を採用して，救済率を上げてきています。ゼミでも説明されていたように，現在では日本においても審判官の半数が民間採用となっています。

2016（平成28）年4月から始まった国税に関する新しい不服申立制度は，行政上の不服申立制度を一般的に定めている行政不服審査法が，公正さの確保や使いやすさ（利便性）の向上という観点から全面的に改正されたことにともなってつくられました。具体的な審理の手続についても，以前の制度に比べてより公正で使いやすいものになっているといえます。また審査請求は，職権での調査が行われる点で，従前から，裁判所よりも事実認定においては救済される可能性が高い面もあります。これらの点からも，国税不服審判所がこの点からも納税者の権利救済機関としての役割をしっかり果たす制度となることが期待されます。

第29章　日本の税金裁判って，これでいいの？

【租税救済法(2)——税務訴訟】

春香の質問　29

皆さん，いよいよ税金裁判（税務訴訟）の問題だけど，そもそも傍聴したことはある？　税金裁判で納税者はどのくらい勝訴しているのかしら？　何か仕組みを変えたりする必要はないのかな？　また，脱税事件の裁判との違いはわかるかしら？

ゼミ　29−1

市木：税金裁判？　そういえば見たことないな。

仁木：傍聴しても難しそう。必要経費がどうだとか……。

春香：それが実際の裁判って，法廷で華々しい弁論をするのかと思っていたら，書面の交換ばっかり。いきなり傍聴してもよくわからないかもしれないわね。

仁木：春香先輩は裁判所で代理人になれるんですか？

春香：訴訟代理人は弁護士さんに限定されているから（民訴法54条1項本文），無理よ。

仁木：でも，弁護士さんで税法問題に詳しい先生って少ないんじゃないですか。税理士は関与できないんですか？

春香：補佐人としてなら関与できるわ（税理士法2条の2）。補佐人は，もともと耳や口の不自由な人に対する介添人的な性格だったんだけど，日本では弁理士さんが補佐人として活躍して

きたので，専門家的な役割も持てるようになってきたみたい
ね（民訴法60条）。

仁木：勝訴率はどのくらいですか？

市木：再調査の請求や審査請求より高いんじゃないかな？　裁判所
は中立な立場で判断するんだから。

春香：資料29-1を見て。

資料29-1　国税に関する訴訟の状況

区　分 （年度）	訴訟提起件数		訴訟終結 件　数	納税者勝訴件数	
		伸び率			割　合
平成29	199　件	− 13.5　%	210　件	21　件	10.0　%
30	181	− 9.0	177	6	3.4
令和1	223	23.2	216	21	9.7
2	165	− 26.0	180	14	7.8
3	189	14.5	199	13	6.5
4	173	− 8.5	186	10	5.4

※国税庁「令和4年度における訴訟の概要」（https://www.nta.go.jp/information/
release/kokuzeicho/2022/sosho/index.htm）より作成。

市木：え？　7％とか3％とかって何それ？　再調査の請求や審査
請求よりも低いっておかしくないですか？

春香：そうね。私もそう思うわ。ただ，ちょっと細かい話になるけ
ど，再調査の請求や審査請求のデータとは違って，裁判の勝
訴率のデータは，単純に事件ごとの結果を表したものになっ
ていないから，注意してね。

市木：？

春香：日本の裁判が三審制になっていることは知ってるわよね？

仁木：1つの事件について3つの裁判所で審理を受けられて，より
上級の裁判所が前の段階でされた判決を見直すことができる

制度ですよね。

春香：そう。税金裁判は地方裁判所，高等裁判所，最高裁判所の3
　　　種類の裁判所で審理されるんだけど，国税庁が公表している
　　　データはそれぞれの裁判所の段階での結果とその合計の数字
　　　なの。1つの事件の最終的な結論がどうなったかを表すデー
　　　タではないのよ。

市木：う〜ん……。

春香：たとえば，地裁では納税者が勝ったけど，高裁では逆転して
　　　納税者が負けて上告されずに判決が確定した場合だと，その
　　　裁判の結論は納税者敗訴でしょ。でも，国税庁のデータだと，
　　　地裁では納税者勝訴の事件に，高裁では納税者敗訴の事件に
　　　入れられるの。

市木：ああ，なるほど。それじゃ，さっきの資料でこの年は何パー
　　　セント納税者が勝っているとかいっても，事件ごとで見たら
　　　数字が違うかもしれないわけですね。

春香：そうね。まぁでも，税務訴訟での納税者の勝訴率がかなり低
　　　いこと自体は間違いないといって良いと思うわ。市木君が驚
　　　くのも当然ね。

仁木：納税者の勝訴率がこれほど低くなる理由は，何かあるんでし
　　　ょうか？

春香：はっきりとはわからないけど，これが理由じゃないかと疑わ
　　　れてきたものはあるわ。まず，弁護士さんたちが問題にして
　　　いるのは，判検交流ね。

市木：なんですか，それ？

春香：裁判官と検察官が人事交流しているのよ。税務訴訟の国側の
　　　代理人の中心となっている訟務検事の多くは，判検交流によ
　　　り法務省に出向している裁判官なんですって。つまり，国を

勝たせるために代理人として訴訟活動をした人が，数年後裁判官として再び税務訴訟を担当することがあるそうよ。

市木：え〜，それじゃ不公平じゃないですか。

春香：裁判官の人はまじめに仕事をしているとは思うけど，疑われるわよね。

市木：これじゃ裁判所に期待したくてもできないな。がっかりだ。

春香：そうね。でも，訟務検事についての判検交流は法務省も減らしていく方針だそうよ。きちんと実行されれば少しは良くなるのかもね。あと，納税者が勝てないのは，総額主義も影響しているかもしれないわ。

市木：何ですか，それ？

春香：たとえば，市木君に1,000万円の不動産所得があるとして課税処分をされたとしましょう。でも，市木君は不動産所得1,000万円なんかないので，訴訟で争ったとするわ。そうしたら，確かに不動産所得はないんだけど，他の所得が1,000万円あったとしましょう。課税処分を取り消してもらえるかしら？

仁木：所得は1,000万円あったんだから，だめですよね。

市木：それはおかしいよ。不動産所得がなかったんだから，課税処分を取り消してもらわないと。

春香：市木君の考え方は**争点主義**というの。不動産所得1,000万円があったか否かが審理の対象になるという考え方ね。争点主義だと，不動産所得1,000万円がなかった以上，他の所得があって所得金額も税額も変わらないことがわかった場合でも，課税処分は違法になるわ。でも，判例・実務は，仁木さんのいった考え方なの。これは**総額主義**といって，裁判での審理の対象は，市木君のその年の所得税額がいくらであるかだと

考えるのね。課税処分がされた直接の理由を争うことには自信があっても，裁判の機会にまたほじくり返されるのが嫌だと思うと裁判を起こすのをためらう，なんてケースも聞いたことがあるわ。

市木：なんか暗い話ばっかりですね。どうすればいいのかな～。

解説　29 - 1

☆税務訴訟の類型

　税務訴訟にはいくつかの種類があります。

　①最も基本的な訴訟は，更正処分等の行政処分が違法であることを理由として，その処分の取消しを求める**取消訴訟**です（行訴法3条2項）。この場合は原則として訴訟の前にまず不服申立てをしなければならず（不服申立前置主義，第28章），審査請求に対する裁決があったことを知った日から6か月以内に提起しなければなりません（**出訴期間**。行訴法14条1項本文）。なお，その課税処分の瑕疵が重大で明白な場合は，不服申立前置や出訴期間の制限に関わりなく**無効等確認訴訟**を提起できますが（行訴法3条4項），これは例外的な方法ですし，課税処分の瑕疵が重大かつ明白であると認定されることはほとんどありません。

　②**義務付け訴訟**も税務訴訟では利用されることがあります。更正の請求が認められなかった場合，その認めないという通知処分（通法23条4項）の取消しと同時に，裁判所から税務署長に減額更正を命じるよう求める訴訟です（申請型義務付け訴訟。行訴法3条6項2

号)。

③これら以外にも，源泉徴収税額が過大であった場合に納めすぎた金額（誤納金）の返還を求める訴訟や（実質的当事者訴訟。行訴法4条），違法な税務調査（税務職員の違法な公権力の行使）によって損害を受けた場合等にその賠償を求める国家賠償訴訟（国家賠償法1条）などがあります。

☆制度上の問題

税務訴訟については，ゼミで指摘されているように救済率が低い点が指摘できます。その原因には，もちろん納税者側の問題もあるかもしれませんが，次のような制度上の問題も指摘されています。

①まず，比較的大きな規模の地方裁判所では税務訴訟は裁判所の行政部で審理されますが，そこに属する裁判官の多くは行政庁に出向させられ，行政サイドの仕事を経験します。ゼミで紹介された判検交流の問題です。行政サイドの視点から納税者を見続けていけば，納税者は脱税・租税回避をしがちな存在としてのみ印象づけられることになっても不思議ではありません。税務調査についても，裁判官は，「税務職員が違法な調査活動をすることはない」という前提で判断しがちで，たとえば承諾なしに個人の寝室に入った事実関係を納税者が証明した場合でも，納税者の「黙示の承諾」があったと安易に認定してしまう傾向がありますが，これはこのような人事交流が影響しているように思われます。判検交流については，ゼミでも述べられていたとおり，法務省も減らしていく方針を示しており，きちんと実行されることが望まれます。調査の違法性が課税処分には影響しないと解されていることや，訴訟になってから課税処分について国が理由の差替えをすることが認められていることも原因といえるでしょう。

②次に，税務訴訟の多い東京地裁と大阪地裁には，租税に関する

事件の「審理及び裁判に関して必要な調査……をつかさどる」裁判所調査官が置かれていますが（裁判所法57条2項），この裁判所調査官には国税庁からの出向者（つまり税務職員）が就任しています。調査官としての職務を終えた後には，税務署の副署長等のポストに就いて税務の現場に戻っていることが多いと指摘されています。税務訴訟は国を被告として提起し争う訴訟であるのに，その審理を行う裁判所の中に税務署からの出向者がいて裁判官を補助しているというのです。実際に調査官の意見がどの程度影響しているかはわかりませんが，少なくとも納税者から見て，そのようなシステムの下で裁判が公平に行われていると信頼することはできないでしょう。

　また，現在の司法試験の選択科目には租税法が入っているとはいえ，一般の裁判官は必ずしも税法に詳しくないといえますから，調査官の意見が審理や判決に影響を与えている場合も実際にあるのではないでしょうか。税法の専門性が高いために調査官が必要だというのであれば，たとえば税理士からも調査官に就任してもらうような仕組みが検討されるべきでしょう。

　③他にも，次のような問題があります。税務訴訟の段階で原告である納税者の主張に反論するための証拠を集めるため，国側の「指定代理人」に就いている課税庁の職員が質問検査権を行使して税務調査を行うことがあります（質問検査権については第26章参照）。裁判所は，このような質問検査権の行使を認めてきましたが（広島高判昭和63年5月30日行集39巻5＝6号415頁，最判平成9年10月17日税資229号30頁等），これでは，訴訟の相手方である原告（納税者）に対しても，質問に対する答弁等を罰則により間接的とはいえ強制できることになり，納税者も国も訴訟上は対等な当事者であることを無視しているといわざるを得ません。このような裁判所の態度にも問題があるといえるでしょう。また，新たな調査は新たな非違事項が

必要なのに，訴訟段階で証拠収集のための調査がなされていますが，通則法との関係で制約があるはずです。

　以上の問題以外にも，ゼミで紹介された総額主義の問題もあります。これらの問題をどこから，どのように改革すべきなのか，皆さんも考えてみてください。

ゼミ　29−2

市木：う〜ん。やっぱり判検交流って気になるな〜。まずはこれを止めるべきですよね。

春香：そうね。他には何かありそう？

仁木：税金裁判も陪審制にするというのはどうですか？

市木：陪審制？　裁判官抜きで一般市民だけが判断する制度ですよね？　そりゃ無理だ。僕が陪審員になっても，税金事件のことだと全くわかんないから。

春香：刑事裁判の陪審制では，陪審員は証拠に基づいて犯罪に当たる事実の有無を判断するのよね。法律をどう解釈するかという問題だと難しいと思うけど，税金事件の場合も所得があったかどうかの事実認定なら可能かもしれないわよ。陪審制では難しいというなら，参審制ならどうかしら？

仁木：参審制って，陪審制とは違って，市民が裁判官と一緒に事実認定などをする制度ですよね。

春香：そうね。日本の刑事裁判で行われている裁判員制度も，裁判のやり方は参審制に近いといわれているわ。

市木：う〜ん，それでも一般市民には難しいんじゃないですか？

春香：たしかに簡単ではないでしょうけど，でもたとえばドイツでは，実際に税務訴訟で参審制を採用しているそうよ。

市木：へぇ〜。

春香：ドイツでは，財政裁判所という裁判所が税務訴訟を専門的に扱っているそうよ。こういう専門的な裁判所を作って，そこで市民が裁判に関わってもらう仕組みにしたら，市民の方も慣れてきて上手く制度が動くかもしれないわね。

仁木：そういえば，特許のような知的財産権の裁判については，日本でも専門の裁判所があるんですよね？

春香：そうね。2005（平成17）年4月に知的財産高等裁判所が設置され，特許など一定の知的財産権に関する高裁（控訴審）での裁判は，日本全国どこの事件であっても，東京にあるこの裁判所だけが扱うことになっているの。

市木：税金の裁判も同じようにすればいいんじゃないですか？

春香：そうかもしれないけど，でもたとえば沖縄の人が課税について争うのに，控訴する（される）と東京に行かないといけないというのは，ちょっと負担が重い気がするわ。

市木：それはそうですね。

春香：裁判所ではないけど，日本であれば国税不服審判所に専門裁判所のような役割を果たしてもらう方がいいかもしれないわね。もちろん，前に見たように，審判官の人事を独立させる制度改革などをした上での話だけどね（第28章参照）。

市木：なるほど。こうやって考えると，いろんなやり方がありそうですね。

春香：そうね。とにかく，日本の税務争訟制度がきちんと機能して納税者の救済が図られるものにするためには，税理士もどんどん意見をいわないといけないと思うわ。頑張らないとね。

仁木：あの，さっきから気になっていたんですけど，脱税した場合の処罰のことについての勉強の中でも裁判の話が出てきましたよね（第27章参照）。脱税についての裁判は，今勉強してい

369

る税務訴訟とはまた違うものなんですか？

春香：そうよ。脱税の場合は刑事裁判だから，裁判に訴える，つまり起訴するのは検察官で，納税者は被告人という立場になるし，判断の対象も被告人が有罪か無罪かで，有罪の場合だとたとえば「被告人を懲役○年に処する」という判決になるわ。その判決がほとんど有罪だというのが，脱税のところで見た**資料27-1**ね。

市木：なるほど。

春香：今勉強している税務訴訟の多くは，課税処分の取消しを求める訴訟だけど，これは納税者が訴えて原告になり，被告になるのは国税の場合だと国だから，納税者と国（検察官）との間でどちらが訴える・訴えられる立場に立つかは，刑事事件と逆になるわ。それに，判断の対象もその課税処分に違法性があって取り消すべきかどうかで，もし取り消すのであれば判決は「●●税務署長がした平成△△年分の所得税の更正処分を取り消す」というものになるの。

仁木：そうすると，裁判のやり方も違ってくるんですか？

春香：そうね。脱税の場合の裁判は刑事訴訟法に基づいて進められるけど，税務訴訟の場合は，訴訟の手続は民事訴訟法に基づいて進められるの（行訴法7条）。前に知り合いの弁護士さんに教えてもらったんだけど，訴訟手続の中でのかなり大きな違いは，証拠にできる証言や書類などの範囲に違いがあることだそうよ。民事訴訟（税務訴訟）だと，基本的にどういう書類や証言を証拠にしてもいいんだけど，刑事訴訟（脱税）の場合は，証拠として裁判所に見てもらうための要件が厳しくて，制限があると聞いているわ。

市木：どういう制限があるんですか？

春香：え〜っと，たとえば証人Aさんが刑事訴訟の法廷で「被告人がBさんに『税務署に見つからないようにお金を金庫に隠したんだ』といったと，Bさんから聞きました」と証言した場合，原則として，このAさんの証言を被告人が本当に金庫に隠したことの証拠として使うことはできないことになっているそうよ。証拠にするためには，実際に被告人からその話を聞いたBさんに法廷で証言してもらう必要があるんですって。こういう又聞きの証拠を認めないというルールは，伝聞法則というそうよ（刑訴法320条1項参照）。

仁木：税務訴訟にはそういう制限はないんですか？

春香：民事訴訟の手続にはこういう証拠の制限はないそうだから，税務訴訟も制限がないことになるわね。弁護士さんから聴いたのは，刑事訴訟は人に刑罰を科すかどうかの手続だから慎重な手続になっていて，証拠についても基本的には直接見聞きしたことを見聞きした人に法廷で話してもらって，記憶違いなどがないかを証人尋問でチェックした上で使うという仕組みが採られているそうよ。

市木：な〜るほど。

春香：脱税事件の場合に納税者が「脱税はしていない」と争う場合だと，前に見た例とは違って納税者は修正申告をせず課税処分がされて，刑事訴訟とは別に課税処分の取消しを求める税務訴訟も起こることになるけど，今のような証拠の範囲の違い等が理由で，同じ納税者の脱税のケースでも，刑事訴訟の判決の方が税務訴訟に比べて脱税額は少なくなる傾向があるそうよ。

仁木：同じ税に関わる裁判でも，有罪無罪や刑罰を問題にする場合と課税処分が適法かを問題にする場合とで，手続の仕組みか

らだいぶ違うんですね。

春香：そうね。税法に関して重要といわれる判決の中には，こうした刑事事件の判決もあるから，判例を読むときにも注意してみるといいかもね。

解説　29－2

　税務訴訟をどのような機関や手続で取り扱うかは，国によっても異なります。ゼミで出てきたドイツでは，財政裁判所という税務訴訟専門の裁判所が概ね各州に１つずつあり（これ以外に上訴審としての連邦財政裁判所も設置されています），税法専門の裁判官に市民裁判官が加わるという**参審制**により税務訴訟が行われています（訴訟の数そのものも日本とは桁違いですが，それぞれの国の税務行政システムの差がこのような違いの背景にあります。詳しくは，三木義一「ドイツにおける税務訴訟の現実とその背景⑴（２・完）」民商法雑誌119巻４＝５号・６号〔1999年〕参照）。

　市民が税務訴訟に関与するというのは必ずしも不合理ではないといえるでしょう。税務訴訟もその多くは，たとえば所得があったといえるかどうか等の事実認定に関する争いであり，難解な税法の解釈を要求されるものではないからです。わが国でも刑事事件では裁判員制度が行われていますが，市民の感覚を裁判に活かすことは，税務訴訟でも求められるのではないでしょうか。

　現在の仕組みの下でも，税理士補佐人制度の創設など一定の改革は行われており，法廷で補佐人として活躍する税理士さんも増えて

きていますが，まだまだ課題は多いのです。弁理士の活躍する特許事件でも専門裁判所の設置が実現したのと同様に，日本でも税務訴訟の裁判所を設けるべきだと思われます。この観点からは，前章で紹介した国税不服審判所制度を改革し，人事の独立，終身審判官の採用等を導入して，税務専門の裁判所に変えていくことが一番の近道かもしれません。

エピローグ　税理士や税務弁護士を目指してみない？

学生からの質問

> これまでは，春香先輩が質問してきましたが，今回は私たち2人が税理士の仕事について質問します。

市木：春香先輩いろいろありがとうございました。最後に質問なんですが，なぜ，税理士になられたんですか？

春香：ゼミの先生に勧められたの。騙されたのかな？　中小企業の社長のためにもっとも必要な法律家が税理士だ，っていわれたの。それで，面白いかな〜，と思ったの。

仁木：実際は？

春香：日常業務は会計的な仕事が多くて，最初は先生に騙されたと思ったけど，だんだん慣れてきたら，相談をよく受けるようになって，それが法律問題が圧倒的に多いのよ。

仁木：税理士さんて会計というか，計算の仕事だと思っていたんですけど……。

春香：そう思う人が多いから，経営学部や経済学部出身の人が多いけど，実際に仕事をやるようになってから法律の知識が必要

374

だということを実感されるみたいよ。

市木：それじゃ，法学部の学生が目指してもいいんだ。

春香：そうよ。法学部の学生で会計にも興味がある人がベストかも。司法試験では租税法も選択科目になったので，税法専門の弁護士さんを目指してもいいんじゃない？

市木：今は少ないんですか，そういう弁護士さん？

春香：まだ少ないわ。でも，法科大学院から毎年多くの弁護士さんが誕生するようになったら，変わると思うわ。弁護士さんの役割も裁判より紛争を事前に予防することが重点になるはずよ。そうしたら，税法の問題を視野に入れなければ話にならないわ。

仁木：どうすれば，税理士になれるんですか？

春香：税理士試験があるの。税法3科目に簿記論・財務諸表論の5科目に合格すると税理士資格を取得できるの。

仁木：5科目ですか。

春香：もう1つ司法試験と決定的に違うのは積み上げ方式なの。

市木：？

春香：つまり，5科目を一度に合格する必要はなくて，毎年1つずつでもいいの。だから，まじめな仁木さんだったら大丈夫よ。

市木：5科目か……，以前，無試験で税理士になる方法，なんていうのがインターネットにあったような気がするけど……。

春香：それは大学院利用による試験回避のことをあおった宣伝よ。従来の税理士法では，簿記論・財務諸表論や税法に関係ない科目でも修士の学位を取得すれば税法等の科目が免除されていたので，それが濫用されていたの。でも，2001（平成13）年改正で，税法に属する科目で修士の学位を取得した場合に税法科目の免除が限定され，さらに税法1科目は試験に合格

していないと，他の税法2科目の免除は受けられなくなった
の。それに会計科目も同じように1科目は試験に合格しなけ
ればならなくなっているわ。

仁木：だいぶ厳しくなったんですね。

春香：そうね。これで，ずいぶん良くなったわ。でも，今の税理士
試験がいいというわけでもないのよ。時間との勝負の計算問
題中心で税法的な思考能力を試す試験になっていないわ。だ
から，税理士の憲法上の使命を考えると，問題だと思うの。

市木：税理士の憲法上の使命？？

春香：税理士は憲法が要求している租税法律主義を申告過程で実現
する重要な使命を有している税法専門家だと思わない？　だ
から，私も先生も法学部の学生がもっと税理士を目指してほ
しいと思っているの。

市木：そうか。憲法上の使命を有している税法専門家か！

春香：それに，さっきも言ったように平成14（2002）年から法廷に
補佐人として関与できることになったのよ（税理士法2条の
2）。

市木：そうでした。

春香：弁護士さんは税法に強くないでしょう。だから，税務に関す
る事件については弁護士さんを補佐して法廷で陳述等ができ
ることになったの。

市木：へえー！　目指してみる価値がありそうだな。

仁木：私も頑張ろうかな。

春香：2人に期待しているわ！

第18版　あとがき

　18版を読んでどのような感想を持たれたでしょうか？　本書を通じて，税法が基本的には法的論理で形成されているものであることが理解されればうれしく思います。

　しかし，税法は他の法領域以上に，政策的な影響を受けています。例えば，本書で取り上げている消費税のインボイス方式の導入などがそうです。

　本書では，難解と思われている税法をわかりやすく解説することを目指しています。本書を通して税法の基本を理解すると，報道とは異なる視点から税制が見えるようになると期待しています。

　この版でも，内容と情報をアップデートし，よりわかりやすく解説しています。これらを通じて，読者の皆さんに主権者として税制のあり方について考えてもらえたら，こんなにうれしいことはありません。

　本書の改訂については，引き続き有斐閣編集部の井植孝之さんのお世話になりました。記して謝意を表したいと思います。

　　　2024 年 2 月

執筆者代表

三 木 義 一

初版　あとがき

　「『税理士・春香の事件簿』のような調子で，教科書を書いてくれませんか」，という依頼を有斐閣の山下訓正氏から突如Eメールで受け取った。この「事件簿」というのは『税研』という税の専門誌に「税理士が寝ころんでいても読めるような判例解説」として連載してきたもので，その一部をインターネットで公開していたのである。それを山下氏が見つけて，その調子で教科書を書けというのである。当時私は，税法の体系書か概説書を書こうかと考えはじめていたが，まさか税理士たち3人の会話で判例を紹介する「事件簿」の調子で書こうとは考えていなかった。

　しかし，しばらく考えているうちに，難解といわれている税法を親しみやすいものにするためには，この方がかえってよいかもしれないと思い直した。そこで，いくつか試作品をつくると，山下氏から面白い等々の励ましのメールが届く。「豚もおだてりゃ木に登る」から，もっと慎重に考えようと言うと，「どうぞ木に登ってくれ」という返事。こんなやりとりをしているうちに，だんだん私もエンジンがかかってきて，気がついたら私が授業で扱う内容をほぼそのまま反映した本書になっていた。

　本書ができたのは，直接には有斐閣および山下氏の薦めによるが，これまで私の授業を受けて様々な反応を投げかけてくれた学生達のお陰でもある。山下氏の後を継いで本書の校正および作成全般を担当してくれたのが五月女謙一氏であり，また，校正および事項索引等の作成に協力してくれたのが，佐々木潤子さん（香川大学法学部助教授），奥谷健君（島根大学法文学部専任講師），伊川正樹君（名城大学法学部助手）である。これらの方々にも心からのお礼を申し上げたい。

　　　2001 年 7 月

三 木 義 一

378

事 項 索 引

編著者紹介

三木 義一（みき　よしかず）

　1973年　中央大学法学部卒業

　1975年　一橋大学大学院法学研究科修士課程修了

　その後，日本大学，静岡大学，立命館大学を経て

　青山学院大学元学長，法学博士（一橋大学），弁護士

　なお，ミュンスター財政裁判所客員裁判官（1998年4月〜10月）

主要著作

　『新実務家のための税務相談（民法編）（会社法編）（第2版)』（いずれも監修，有斐閣，2020年)，『日本の税金（第3版)』（岩波新書，2018年)，『日本の納税者』（岩波新書，2015年)，『よくわかる国際税務入門（第3版)』（共著，有斐閣，2012年)，『よくわかる法人税法入門（第2版)』（編著，有斐閣，2015年）他多数

【有斐閣選書】
よくわかる税法入門〔第18版〕

Easy to Comprehend Introduction to Japanese Tax Law, 18th ed.

2001 年 8 月 20 日 初　版第 1 刷発行	2016 年 3 月 30 日 第 10 版第 1 刷発行
2003 年 3 月 10 日 新　版第 1 刷発行	2017 年 4 月 10 日 第 11 版第 1 刷発行
2006 年 3 月 25 日 第 3 版第 1 刷発行	2018 年 3 月 30 日 第 12 版第 1 刷発行
2007 年 3 月 20 日 第 3 版補訂第 1 刷発行	2019 年 4 月 1 日 第 13 版第 1 刷発行
2008 年 3 月 30 日 第 4 版第 1 刷発行	2020 年 3 月 20 日 第 14 版第 1 刷発行
2010 年 3 月 30 日 第 5 版第 1 刷発行	2021 年 3 月 30 日 第 15 版第 1 刷発行
2012 年 4 月 10 日 第 6 版第 1 刷発行	2022 年 4 月 1 日 第 16 版第 1 刷発行
2013 年 3 月 30 日 第 7 版第 1 刷発行	2023 年 3 月 30 日 第 17 版第 1 刷発行
2014 年 4 月 5 日 第 8 版第 1 刷発行	2024 年 3 月 30 日 第 18 版第 1 刷発行
2015 年 4 月 25 日 第 9 版第 1 刷発行	

編著者	三木義一
発行者	江草貞治
発行所	株式会社有斐閣
	〒101-0051 東京都千代田区神田神保町 2-17
	https://www.yuhikaku.co.jp/
装　丁	小野哲司
印　刷	萩原印刷株式会社
製　本	大口製本印刷株式会社
装丁印刷	株式会社亨有堂印刷所

落丁・乱丁本はお取替えいたします。定価はカバーに表示してあります。
©2024, Yoshikazu Miki.
Printed in Japan ISBN 978-4-641-28156-1